## 知识产权经典译丛

国家知识产权局专利局复审和无效审理部◎组织编译

# 专利战略实施指南：

## 发明人、工程师、科学家、企业家和独立创新者如何保护自己的知识产权

［美］唐纳德·S. 雷米（Donald S. Rimai）◎著

刘 艳 石 蕊 樊江波 等◎译

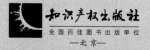

知识产权出版社

全国百佳图书出版单位

—北京—

A Guide for Implementing a Patent Strategy: How Inventors, Engineers, Scientists, Entrepreneurs and Independent Innovators Can Protect Their Intellectual Property by Donald S. Rimai, ISBN: 978-1-119-40705-8

**图书在版编目（CIP）数据**

专利战略实施指南：发明人、工程师、科学家、企业家和独立创新者如何保护自己的知识产权/（美）唐纳德·S. 雷米（Donald S. Rimai）著；刘艳等译. —北京：知识产权出版社，2023.7

书名原文：A Guide for Implementing a Patent Strategy: How Inventors, Engineers, Scientists, Entrepreneurs and Independent Innovators Can Protect Their Intellectual Property

ISBN 978-7-5130-8529-8

Ⅰ.①专… Ⅱ.①唐… ②刘… Ⅲ.①知识产权保护—研究 Ⅳ.①D913.04

中国版本图书馆 CIP 数据核字（2022）第 251361 号

**内容提要**

本书是作者基于其多年来与技术专家和许多专利律师合作的经验所形成的成果，以一名技术人员与另一名技术人员交谈的方式撰写，解释了申请专利必须完成的每一个步骤以及成功设计并实施专利战略的重要性，并为专利组合市场运行的成本效益工程提供了战略框架，展示了如何从知识产权中获取利润，以指导企业保护其在研发方面的投资和扩大这些投资所带来的市场优势。

责任编辑：卢海鹰 王祝兰　　　　　　责任校对：王 岩
封面设计：杨杨工作室·张 冀　　　　责任印制：刘译文

知识产权经典译丛
国家知识产权局专利局复审和无效审理部组织编译
**专利战略实施指南**
——发明人、工程师、科学家、企业家和独立创新者如何保护自己的知识产权
[美] 唐纳德·S. 雷米（Donald S. Rimai）◎著
刘 艳 石 蕊 樊江波 等◎译

出版发行：知识产权出版社 有限责任公司　网　 址：http://www.ipph.cn
社　 址：北京市海淀区气象路 50 号院　　邮　 编：100081
责编电话：010-82000860 转 8555　　　　责编邮箱：wzl_ipph@163.com
发行电话：010-82000860 转 8101/8102　 发行传真：010-82000893/82005070/82000270
印　 刷：三河市国英印务有限公司　　　经　 销：新华书店、各大网上书店及相关专业书店
开　 本：720mm×1000mm　1/16　　　　印　 张：16.75
版　 次：2023 年 7 月第 1 版　　　　　　印　 次：2023 年 7 月第 1 次印刷
字　 数：310 千字　　　　　　　　　　定　 价：120.00 元
ISBN 978-7-5130-8529-8
京权图字：01-2022-5942

# 总　序

当今世界，经济全球化不断深入，知识经济方兴未艾，创新已然成为引领经济发展和推动社会进步的重要力量，发挥着越来越关键的作用。知识产权作为激励创新的基本保障，发展的重要资源和竞争力的核心要素，受到各方越来越多的重视。

现代知识产权制度发端于西方，迄今已有几百年的历史。在这几百年的发展历程中，西方不仅构筑了坚实的理论基础，也积累了丰富的实践经验。与国外相比，知识产权制度在我国则起步较晚，直到改革开放以后才得以正式建立。尽管过去三十多年，我国知识产权事业取得了举世公认的巨大成就，已成为一个名副其实的知识产权大国。但必须清醒地看到，无论是在知识产权理论构建上，还是在实践探索上，我们与发达国家相比都存在不小的差距，需要我们为之继续付出不懈的努力和探索。

长期以来，党中央、国务院高度重视知识产权工作，特别是党的十八大以来，更是将知识产权工作提到了前所未有的高度，作出了一系列重大部署，确立了全新的发展目标。强调要让知识产权制度成为激励创新的基本保障，要深入实施知识产权战略，加强知识产权运用和保护，加快建设知识产权强国。结合近年来的实践和探索，我们也凝练提出了"中国特色、世界水平"的知识产权强国建设目标定位，明确了"点线面结合、局省市联动、国内外统筹"的知识产权强国建设总体思路，奋力开启了知识产权强国建设的新征程。当然，我们也深刻地认识到，建设知识产权强国对我们而言不是一件简单的事情，它既是一个理论创新，也是一个实践创新，需要秉持开放态度，积极借鉴国外成功经验和做法，实现自身更好更快的发展。

自 2011 年起，国家知识产权局专利复审委员会\*携手知识产权出版社，每年有计划地从国外遴选一批知识产权经典著作，组织翻译出版了《知识产权经典译丛》。这些译著中既有涉及知识产权工作者所关注和研究的法律和理论问题，也有各个国家知识产权方面的实践经验总结，包括知识产权案

---

\* 编者说明：根据 2018 年 11 月国家知识产权局机构改革方案，专利复审委员会更名为专利局复审和无效审理部。

件的经典判例等，具有很高的参考价值。这项工作的开展，为我们学习借鉴各国知识产权的经验做法，了解知识产权的发展历程，提供了有力支撑，受到了业界的广泛好评。如今，我们进入了建设知识产权强国新的发展阶段，这一工作的现实意义更加凸显。衷心希望专利复审委员会和知识产权出版社强强合作，各展所长，继续把这项工作做下去，并争取做得越来越好，使知识产权经典著作的翻译更加全面、更加深入、更加系统，也更有针对性、时效性和可借鉴性，促进我国的知识产权理论研究与实践探索，为知识产权强国建设作出新的更大的贡献。

当然，在翻译介绍国外知识产权经典著作的同时，也希望能够将我们国家在知识产权领域的理论研究成果和实践探索经验及时翻译推介出去，促进双向交流，努力为世界知识产权制度的发展与进步作出我们的贡献，让世界知识产权领域有越来越多的中国声音，这也是我们建设知识产权强国一个题中应有之意。

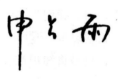

2015 年 11 月

# 译者序

本书由美国作者所著，主要介绍了如何实施专利战略。书中所阐述的专利的结构、获取专利的途径、识别可获得专利的发明、对发明和专利申请进行优先级排序、现有技术检索的方法等内容，对国内申请人和代理人也极具启发和指导意义，因此非常值得国内专利行业从业人员一读。

同时，这也是一本非常务实、注重实际操作的书。

首先，作者具有非常丰富的从业经验，是开发专利组合和帮助发明人实现发明专利化方面的专家。作者结合自身在专利战略方面的深刻认识和理解，将如何获取和识别专利、确定发明的优先级排序、撰写权利要求、开展现有技术检索、专利申请的审查、创新者和律师的思维模式等内容逐一展开，引用大量的案例进行详细讲解和剖析，阐明实施专利战略的重要性和如何实施专利战略，并深入浅出地说明如何运用以问题为中心的框架，来有效地创建具有自身价值的单个专利和专利组合，为发明人或企业的研发投资及投资所提供的市场寻求最大化的保护，给读者提供指导和帮助。

其次，本书以极其浅显的文字分别从工程师、企业家、自主创新者的角度描述了为什么要实施和如何实施专利战略，并为包括工程师、科学家、企业家和个人发明人等在内的技术创新者提供制定和实施专利战略的方法和工具，帮助他们获得有价值的专利组合，以在激烈的市场竞争中处于优势地位，既体现了作者丰富的专业知识和从业经验，又体现了其驾驭文字的能力。

译者团队在阅读和翻译原著的过程中，深深地感受到作者非常理解技术创新者、企业家在创建专利战略时的困惑，并通过多个层次、多个具体案例的剖析，给出针对性的解决方案。他循循善诱地指导创新者，如何从自己的创新中去识别发明，如何从法律的角度出发更好地撰写专利申请，以对自己的发明进行准确定义，并阻止他人简单地复制创新特征或推出竞争产品。他条分缕析地告知企业家，在成熟领域、新兴领域等不同情形下，如何找出那些优先级更高的专利，以构建有效的专利组合，从而保护研发投资，并扩大其市场优势。译者团队在此过程中，也收获良多，相信对于创新者和企业家们，将更有裨益。

　　从本书的筹划到最后翻译成书，前后历时两年多的时间，其间各位译者多次查阅文献、交流讨论、反复推敲，在大家的共同努力下完成翻译工作，使本书最终得以出版。在翻译过程中，译者们各司其职、通力协作，前后进行了四次校对，最后由刘艳和石蕊进行统稿。具体翻译分工为：刘艳负责翻译第 1 ~ 4 章，负责校对第 8 章和第 12 章；曾振文负责翻译第 5 ~ 6 章，负责校对附录 1、索引；石蕊负责翻译第 7 章、第 9 ~ 11 章、原书致谢，负责校对第 13 ~ 15 章；刘清泉负责翻译第 8 章、第 12 章、前言，负责校对第 5 ~ 7 章；樊江波负责翻译第 13 ~ 15 章，负责校对第 9 ~ 11 章；薛飞负责翻译附录 1、索引，负责校对第 1 ~ 4 章、前言、原书致谢。

　　当然，本书的出版还要特别感谢知识产权出版社的大力支持，感谢王祝兰编辑在本书翻译工作中提供的大量指导和宝贵意见，感谢编辑部其他同人在本书编辑过程中的辛苦努力和付出，正是他们严谨细致和一丝不苟的"工匠精神"，才最终促成了本书在国内的面世。

　　虽然各位译者翻译的态度是严谨的，也为此付出了巨大的努力，但是由于译者有限的知识和水平，翻译内容仍值得推敲。如果本书有任何不妥之处，请读者朋友谅解并不吝批评指正。

# 前　　言

作为一名电子照相技术领域的科研工作者，作者在伊士曼柯达（Eastman Kodak）公司（以下简称"柯达"）从事了 33 年的研发工作，并且在退休前几年开始担任知识产权经理，负责数字印刷领域的工作。围绕柯达的技术保护，作者的职责包括制定专利战略、参与主张专利权、提高专利组合的质量以及提出并处理专利申请。

在这个职位上，作者非常荣幸能够与来自不同领域的世界级科学家、工程师和技术人员一起工作。这些领域包括物理、化学、机械、电气和计算机工程、数学建模和影像科学。这些人的教育水平各异，覆盖范围从拥有副学士学位的技术人员到拥有学士学位、硕士学位和博士学位的专业人士。他们中的大多数人拥有多年丰富的经验，通过解决基于常规手段几乎无法解决的问题，推进电子照相和喷墨技术的不断改进。

由柯达技术团队研发的技术非常具有创新性，使得电子照相技术不再局限于办公用复印机，而是发展成为在质量、可靠性和速度方面可与卤化银照相和胶印技术相匹敌的技术，同时能够将数字时代的特性与硬拷贝印刷的功能相结合。

然而，尽管这些发明人高水平的专业技能通常会带来伟大的创新，但他们往往没有意识到自己的工作产生了发明。可以肯定的是，发明公开内容由技术团队的人员提出，而专利申请由律师提交和办理。柯达在每年提交的申请和获得的专利数量方面都非常成功。尽管如此，许多发明人仍未能准确地定义他们的发明，事实上，他们甚至常常没有意识到自己拥有发明。这是因为发明的法律概念往往与技术人员对于发明的认知存在差异。显然，他们也不可能对发明和专利申请进行优先级排序从而形成一个合理的专利战略。电子照相技术是一个非常成熟的领域，有大量正在进行的研发，导致有许多现有技术需要进行规避，这使上述的问题变得更加复杂。

尽管面临这些挑战，作者发现制定和实施合理的专利战略这一问题并没有超出技术团队中大多数成员的能力或意愿。相反，问题在于技术人员很少接受专利方面的培训。

　　本书是基于作者与这些世界级技术专家和许多专利律师合作的经验所形成的成果。它解决了工程师和科学家们经常向作者提出的问题。本书实际上是作者与各种团队合作的经验汇编，是以一名技术人员与另一名技术人员交谈的方式撰写的，解释了申请专利必须完成的每一个步骤，以及成功设计并实施专利战略的重要性——该专利战略应该能够保护您的技术并对您的公司来说具有价值。

唐纳德·S. 雷米
纽约州罗切斯特
2018 年 8 月

# 原书致谢

感谢我的妻子南希·I.（Nancy I.）和儿子本杰明·E.雷米博士（Dr. Benjamin E. Rimai）在本书的整个写作过程中给予我的大力支持。特别感谢他们对本书草稿的阅读、讨论和评论。他们的问题帮助我解决了技术人员在制定和实施其专利战略时的需求。

# 原书推荐语

本书为专利组合市场运行的成本效益工程提供了一个战略框架，其中，在创新者为解决客户的问题而开发了新技术的情况下，组织专利工程活动时，采用以问题为核心的思路取代以解决问题的技术为核心的思路。

在现代商业社会中，专利是一种重要资产。专利持有者可以向市场推出新产品，同时阻止没有进行类似研发投资的其他市场参与者简单地复制创新特征。在过去，寥寥几件专利或许就可以提供足够的保护。但情况已经今非昔比。在当今社会，创新公司要保持市场地位不动摇，至关重要的一件事，就是战略性地构建专利族或者专利组合来保护使其产品具有竞争优势的特征。如果专利组合能够阻止对手及时推出竞争产品，那么该专利组合的价值可达数十亿美元。如果做不到这一点，那么这样的专利组合仅仅只是浪费钱，甚至还可能分散注意力，对整体布局造成严重的干扰。

本书为专利组合的成本效益工程提供了一个战略框架，以保护您在研发方面的投资，并扩大这些投资所带来的市场优势。本书阐述了如何运用以问题为中心的框架来高效地创建具有重要价值的单件专利和专利组合，使公司能够掌控其产品的市场。本书还引入了专利工程师的概念，其职责是运用以问题为中心的框架来组织法律、商业和技术团队的投入，并处理专利组合和专利。

本书主要针对企业家、工业工程师、科学家和公司管理人员。对于需要保护其知识产权的初创高科技企业，以及寻求提高其专利组合价值，以期能够在市场上更有效地竞争的老牌公司，本书尤其值得一读。本书展示了如何从知识产权中获取利润，这对于专利律师事务所、投资公司以及非营利组织（如大学）来说也是非常有价值的。

# 目　　录

# 第 *1* 章
# 制定和实施专利战略的背景

## 为什么您需要寻求专利保护?

要回答这个问题,先假设以下几种情形:

假如您是一位就职于某公司的科学家或工程师,您正在开发一项既新颖又令人激动的技术,利用该技术所得到的产品能使您的公司在与其他对手的竞争中脱颖而出。无论您的公司是所谓的"高科技"公司与否,无论您从事的行业是生物力学技术、生命科学、制药技术,还是普通产品(如齿轮或工具等)的开发,都面临相同的问题:您的技术进步需要得到保护。

假如您是一位企业家,从主要投资者那里获得资金支持后,您将毕生积蓄投入公司。您肯定希望看到公司的价值呈指数级增长。当然,您也会担心外国公司盗版您的产品——它们的劳动力成本较低,而且它们没有像您的公司那样在技术研发或开发市场方面投入大量资金,因此它们能够以远低于您的成本生产类似的产品。您需要在提高公司价值的同时,防止这种情况的发生。

假如您是一位发明家,在自家车库或地下室开发灵巧而新颖的产品。您当然希望通过直接生产和销售这些产品,或者通过说服某知名公司生产这些产品并向您支付许可费用等方式,使得这项创新能够为您带来数百万美元的高额利润。然而,这么独特的产品,您免不了会担心技术被别的公司轻易地窃取。毕竟,它们可以毫不困难地通过反向工程掌握您的技术。如何保护您的创新?这个问题可能会使您忧心忡忡,甚至夜不能寐。

虽然以上讨论的三种具体情形看似在很多方面有所不同,但是本质上是相似的。我们首先重点讨论就职于公司的科学家、工程师和其他技术人员为什么

— 1 —

需要寻求专利保护，以探讨相似性和差异性的问题，因为这些人可以通过获得专利而受益。

## 作为雇员的科学家或工程师为什么应该寻求获得专利？

大多数科学家和工程师都面临一个显而易见的问题，即作为项目团队的一员，管理者给他们分配了复杂的任务。这些项目有严格的进度表，因为市场窗口期非常短，延迟推出产品的代价将非常高昂。此外，科学家和工程师通常更善于解决技术方面的问题，而不善于通过撰写文档详细描述他们解决了什么问题以及他们是如何解决这些问题的。由于该文档将来的受众是法律人员，而不是技术人员，因此如何通过撰写文档来详细描述技术问题变得越发重要。

对于这些人来说，尽管承受着压力，但是促使他们寻求获得专利的原因是对个人有益。这一点与雇主和企业家有所不同。而雇主和企业家争取获得专利的好处则是类似的，因此将在本章的下一节中讨论。可以说，创新型公司应该拥有良好的专利组合，正如《专利工程》（*Patent Engineering*）[1] 一书中所讨论的那样。

多年以前，一名工程师或科学家可能会在漫长的职业生涯中服务于同一位雇主。但这样的情况已经一去不复返了。如今，公司员工的平均任职年限大约是 5 年，科学家和工程师需要不断地为寻找下一位雇主而做打算。大多数行业内的员工都会签署保密协议，其中通常会承诺在指定的时间段，一般是离开公司 2 年之内，不公开原公司的技术信息。这对公司来说很有好处，但是对那些被解雇或正在寻找更好工作机会的员工呢？他们能向未来的雇主展示什么成就呢？毕竟由于受到保密协议的限制，他们完全不能谈论在原公司工作的内容。

然而，所有的专利和提交 18 个月之后的专利申请都是有公开记录的。事实上，它们就是您的出版记录——一份所有人可见的、突显您的专业能力和成就的出版记录。在争取某个有吸引力的职业机会时，您的专利可以清楚地把您和其他竞争对手区别开来，使您脱颖而出。

除了能作为您的出版记录之外，许多公司还针对专利设有经济激励的政策，以鼓励发明人提交专利申请并获得专利。如果您所在的公司有这样的激励政策，这也是您提高薪水的一种途径。

此外，在准备申请专利的过程中，您需要对所完成的工作进行解释说明。这可以使得您后退一步，回头审视一下工作的完备性：您真的已经解决了正在研究的问题吗？是否还有机会改进您的产品？您知道自己的技术进步和产品与竞争对手相比如何吗？"提交高质量的专利申请并建立专利组合以保护您的技术"这一过程，促使您采取比其他方式更具批判性的方式来解决这些问题。人们都知道一种"科学方法"，即在某个领域开始研究时，首先要进行文献检索以了解该领域此前研究的情况。这样做无疑是非常有必要的，因为当今世界竞争激烈，时间压力要求人们尽可能高效地工作。人们需要知道其他人以前是如何尝试解决类似问题的，以及他们从中学到了什么。"重复发明方形的轮子"* 对您或您的雇主都是没有任何好处的。此外，正如《专利工程》[1]一书第 10 章所讨论的，了解您计划推出的产品是否侵犯他人所持有的专利权是非常重要的。

## 企业家和公司为什么应该寻求建立专利组合？

建立和维护一个可靠的专利组合来保护您的知识产权，这无疑是一件既费钱又费力的事情。然而，如果没有强大的专利组合提供保护，您可能会损失更多的经济成本和时间成本，因为竞争对手会通过多种手段试图迫使您退出该业务，包括起诉您侵犯他们的专利权，针对您的公司申请禁令以阻止您的产品销售，以及从您的产品收益中榨取高昂的许可费用。

需要指出的是，术语"专利组合"一词已被广泛使用。正如《专利工程》[1]一书中所述，单独一件专利或者几件专利，并不能提供当今市场所需的保护水平。实现同一个目标，通常存在可替代的方法。假设您选择用专利对抗竞争对手（通常被称为主张您的专利权或提出主张），那么专利的数量越多越有优势。因为，竞争对手的代理律师将尽力使您的专利被裁定无效或不相关，声称他们的客户实际上并未实施您的专利技术。但是，如果竞争对手的代理律师需要挑战的专利数量众多，则上述操作将变得困难得多。

此外，专利还有市场价值。尽管专利不能衡量技术进步的程度，但设备或方法获得专利这一事实通常被用作营销工具，以吸引潜在的客户购买您的产品。而且，正如本章后续将全面讨论的那样，拥有可靠的专利组合，有助于您的公司使用受他人知识产权保护的技术，并能够通过收取许可费用而获利。

---

* "重复发明方形的轮子"为俚语，意指无谓地重复别人已经失败过的尝试，浪费时间做无用功。——译者注

## 自主创新者为什么应该建立专利组合?

显然,对于自主创新者来说,专利组合有价值的原因与企业家类似。但是,假如企业家已经创办了一家公司,那么对于创新者个人来说,还存在比企业家更紧迫的原因。这些原因包括专利组合能够避免其他更知名的公司简单地复制您的创新成果。如果没有适当的专利组合提供保护,那么任何可能对生产和营销您的产品感兴趣的公司都可以简单地复制它们,甚至可能还会对产品作出进一步的改进,使它们更受客户青睐。在缺乏适当的专利保护的情况下,其他公司无须向您支付任何费用,就可以实施您煞费苦心开发的技术。

此外,您可能正在寻找机会生产和销售自己的产品。如果您是一名自主创新者,您可能需要向投资者寻求资金支持。目前,有一档名为《鲨鱼坦克》(*Shark Tank*)的热门电视节目,节目嘉宾包括一些正在寻求投资项目的成功商人。在节目中,发明了新产品的创新者向这些商人(被称为"鲨鱼")展示他们的创意,争取以一定比例的初创公司股份换取所需的资金。而商人们常问的一个问题是:"有什么能够阻止其他人简单地复制该产品?"很多时候,寻求支持的创新者能够证明他们的技术已经获得了专利保护,或者至少已经提交了专利申请。这是"鲨鱼"在决定是否投资时考虑的因素之一。

当然,并不是说创新者必须准备好出现在电视节目中。但是,潜在投资者的目标是赚钱,并且他们希望能够确保所投资的新产品不会被简单地复制。

## 什么是专利?

到目前为止,作者已经论述了为先进技术寻求专利保护的重要性,但还没有告诉读者什么是专利。

专利是一种法律文件,允许专利所有者排除他人实施所述的发明。需要指出的是,如果一件专利的实施会侵犯他人所持有的专利权,或者说该专利描述了一项非法的发明,则专利权人并不具有实施该发明的权利。例如,假设您发明了一种安装到椅子上的扶手,使得坐在椅子上的人可以将其手臂放在该扶手上。然而,如果有人之前已经就不含扶手的椅子获得了专利,那么您就不能生产扶手椅,因为这会对在先专利构成侵权。但是,您的专利仍然是有价值的,因为它有助于您与持有该不含扶手的椅子专利的人达成协议,授权双方共同生产扶手椅,同时排除所有其他人这样做。这种类型的协议通常被称为交叉许可协议,可以使您获得将创新成果商业化所需技术的实施权。

专利的概念需要跟以下两者相区分。首先，不能将专利等同于象征发明重要性的学术奖项，例如诺贝尔奖。其次，虽然专利文件中必须包含对问题背景和发明本身的技术披露，但是专利与那些可能在科学期刊或技术会议上发表的科技论文也不能混为一谈。

波佩尔（Popeil）被授予了一项涉及渔具的专利[2]。可能很少会有人将这项发明的重要性或技术创新水平与晶体管[3]相提并论。然而，波佩尔是一个成功的商人，他将这件专利的技术"袖珍渔夫"转化为产品推出市场，而且他的专利很可能将潜在的竞争对手排除在这个领域之外。

实际上，许多专利所描述的技术重要性令人存疑，要么是因为方案一开始考虑不周，要么是因为技术已经不再符合社会的需要。

有趣的是，虽然约翰·巴丁（John Bardeen）和威廉·肖克利（William Shockley）因为与沃尔特·豪泽·布拉顿（Walter Houser Brattain）共同发明晶体管而分享了 1956 年的诺贝尔物理学奖，但是却并没有在相关的晶体管专利中取得合法发明人的资格。另外，杰拉尔德·皮尔森（Gerald Pearson）和罗伯特·吉布尼（Robert Gibney）虽然与布拉顿、巴丁和肖克利密切合作，并在晶体管技术方面提出了发明[4-5]，对晶体管技术的进步作出了创造性的贡献，但却并没有分享诺贝尔奖。由此可见，科学进步和可专利性是完全不同的两个概念。本书中将全面探讨发明由什么构成以及谁可以作为发明人。现在，应该记住的是，专利不是一份旨在教导读者的科技文件，而是一份法律文件，其主要作用是确定专利所有人的权利，以阻止他人在没有获得专利权人许可的情况下实施这项发明。在围绕产生有价值的专利申请这一目标制定专利战略时，牢记这些概念是非常重要的。

## 什么是发明？

如果说专利是一种权利，用以排除他人实施您的发明，那么接下来要讨论的一个问题就是，什么是发明。

《韦氏新大学词典》[6]中提供了关于"发明"这一术语的若干种定义，其中最贴切的定义也许是"通过研究和实验而产生的设备、装置或方法"。事实上，这种定义可能符合大多数技术人员头脑中所想象的发明的含义。但遗憾的是，从可专利性的角度而言，这种理解在很大程度上是不正确的。正如"专利"这一术语具有特定的法律含义一样，术语"发明"也具有特定的法律含义，并且在提交专利申请时必须使用发明的法律定义。

就法律定义而言，发明指的是针对某一技术问题的解决方案，该解决方案对本领域普通技术人员来说具备新颖性和非显而易见性。此定义引入了三个需要阐明的术语：①新颖性；②非显而易见性；③本领域普通技术人员。

首先说明什么是具备"新颖性"、什么是不具备"新颖性"。术语"新颖性"并非简单地意味着产品是新的。假如产品只是由已知的部件组合而成，并且各部件在这项产品中所起到的作用均为其已知的常规功能，则这样的产品无论多么有用或者有创意，也不满足"新颖性"的定义。下面以约翰（John）所发明的一件关于窗纱的专利为例来说明这一点。这件专利记载，该发明包括固定在一开口上的由金属丝或者纤维交织成的网状物，其中金属丝或者纤维之间的间距在 0.1mm 和 1.5mm 之间。发明目的是通过将该网状物固定到窗户上来防止昆虫进入房屋，从而既能够阻止昆虫通过打开的窗户进入，同时又能够保持房屋通风。

随后，山姆（Sam）发现他用来取水的溪流中携带了太多石头和鹅卵石，他希望过滤掉这些石头和鹅卵石。他设计了一种过滤装置，该过滤装置包括由金属丝或纤维交织而成的网状物，其中金属丝或纤维之间的间距在 0.1mm 和 1.5mm 之间，并且该网状物被固定在水流通过的开口上。山姆针对上述过滤装置提交了专利申请，但专利审查员❶驳回*了该申请，认为其相对于约翰的专利不具备新颖性。山姆答复审查意见时称，约翰的专利没有公开将网状物连接到框架上，其公开的是用钉子将网状物直接固定到窗户上。然而，审查员反驳了上述论点，认为在开始绘画之前，绘画者会将画布拉伸到一个框架上，以便牢固地固定画布，这是众所周知的事实；同样地，将网状物固定在框架上是显而易见的，因此，山姆的专利申请不具备新颖性。山姆的意见陈述没有被接受，申请再次被驳回。

和山姆一样，琼（Joan）也遇到了如何对水进行过滤的问题，她采用了跟山姆一样的过滤装置来过滤水中的沉积物。不仅如此，她还进一步认识到，该过滤装置中的网状物可能会被过滤掉的沉积物迅速阻塞。但是她想到，如果将其设置为与水流方向成倾斜角度安装，则在一部分水流穿过该网状物的同时，

---

❶ 在专利局最终接收该专利申请的个人被称为专利审查员或审查员。该个人将和他的主管或"主审查员"一起对该申请进行审查，确定该申请是否符合授予专利权的条件，并发出"审查意见通知书"，就发现的问题与申请人进行沟通。

＊ 由于美国专利审查程序与中国不同，此处所称的"驳回"并非指案件的审查结论，而是对应于美国专利审查程序中的非最终审查意见通知书（non‑final rejection）。美国专利审查意见通知书一般仅发出两次，包括一次非最终审查意见通知书和一次最终审查意见通知书（final rejection），上述审查意见通知书发出后，申请人可以在缴纳费用的前提下提出继续审查请求（Request for Continued Examination, RCE），要求对该申请进行进一步审查。在美国专利审查程序中，申请人可以多次利用继续审查请求程序，但需要承担相应的费用。关于美国专利审查程序的具体介绍可参见第 13 章。——译者注

其余的水流可以对上面的沉积物进行冲洗。为此她申请了一件专利，主题为一种用于过滤水中沉积物的自清洁滤网，该自清洁滤网包括固定在框架上的由金属丝或纤维交织而成的网状物，其中金属丝或纤维之间的间距在 0.1mm 和 1.5mm 之间，并且所述框架倾斜于水流的方向安装。由于现有技术没有教导将滤网采用倾斜方式安装，因此她的发明满足新颖性的定义，并且被授予了专利权。那么，为什么可以将上述技术称为发明呢？因为它解决了在过滤水的同时防止过滤器堵塞的技术问题。

现在说明"本领域普通技术人员"这一术语的含义。不管教育程度、工作经验和知识水平怎样，大部分人倾向于将自己看作所从事技术领域的普通技术人员。但正确的衡量标准并非如此。如果您长期从事某个领域的研究，则您应该被称为具有超出本领域普通技术能力的人员。例如，当巴丁、布拉顿和肖克利发明晶体管的时候，大概没有人会将他们看作半导体领域的普通技术人员。在当时，哪些知识会被认为是本领域的普通技术知识？那时无线电已经存在，电视机也开始投入商业使用。当然，掌握如何插接收音机或电视机的插头、根据需要将其连接到天线、开机并调谐到所选电台这些能力的普通消费者，可以被看作电子领域的普通技术人员。知晓如何更换真空管和进行焊接的技术服务人员，也可以被看作电子元器件制造领域的普通技术人员之一。当然，本领域普通技术人员绝对不是指受过高等教育的凝聚态物理学家小组的成员——其能够认识到通过适当掺杂半导体晶体和适当偏置晶体的部分可以实现放大和整流。非常重要的一点是，不要低估自己的技术能力并且预先假设自己仅具备所从事的专业领域的普通技术知识。

接下来说明术语"非显而易见性"的含义。下文通过作者所从事的电子照相技术领域[1]的一个实际例子来说明这个概念。

在电子照相打印机（例如，激光打印机或办公复印机）中，碳粉图像从感光器转印到接收器（例如，纸张）上。上述过程通常是通过施加静电场来实现的，静电场的作用力促使碳粉从感光器转印到纸上。如果要求实现在接收器的正反两面打印（例如，进行双面打印），则通常需要先将需要转印的第一碳粉图像定影到接收器的第一面，然后翻转接收器并通过打印机送回，以便通过第二次定影将第二碳粉图像转印到接收器的第二面。

这显然是一个复杂的过程，会降低打印机的可靠性，因为翻转和传送接收器的过程中容易发生卡纸的情况，从而增加整个打印过程的时间成本和经济

---

[1]　在本书中，将使用电子照相领域的适当示例。为了让读者更容易理解这些例子，作者在附录 1 中对电子照相技术进行了简要描述。

成本。

为了改进双面打印的过程，作者参与的研发团队的工作任务是设计一种打印机，其可以在接收器仅通过机器一次的情况下实现双面打印。为此，研发团队设计并制造了一种包含转印中间部件的打印机：第一碳粉图像直接从感光器通过静电转印到接收器；第二碳粉图像则先通过静电转印到所述转印中间部件，然后等待第一碳粉图像转印到接收器之后，将中间部件和接收器之间所施加的静电场的极性方向反转，从而使第二碳粉图像从中间部件转印到接收器的第二面。该技术相关的发明被授予美国专利[7]。

在电子照相打印机中通过静电生成并转印碳粉图像的技术是公知的，转印中间部件的使用也是公知的。但现有技术文献并没有揭示可以在不对位于接收器第一面或中间部件上的图像构成显著影响的情况下反转静电场的极性从而实现正反两面图像的转印。对于包括两名博士物理学家和一名专业电气工程师（他们在该领域具有多年的经验，并且被认为是技术精湛的）的团队来说，反转静电场的极性这一手段本身似乎是显而易见的。然而，在现有技术中并没有提及为实现双面打印而反转所施加的静电场的方向，也不知道这样做对于所要解决的问题是否有效。因此，采用该手段对于本领域普通技术人员来说是非显而易见的，由此所得到的技术方案是针对该技术问题的一项新颖的解决方案。

基于以上讨论，接下来重新审视"袖珍渔夫"专利[2]。使波佩尔获得专利的发明是什么？这可不仅仅是制作小型钓竿的想法。因为想法是不具有可专利性的。只有针对技术问题的解决方案才是可获得专利的。波佩尔的发明解决了若干技术问题，包括：如何储存钓具；如何可逆地转动钓竿以减小其尺寸从而方便运输和储存，同时又可以在需要时伸展成正常的钓竿；如何将抛掷卷轴和钓线集成到设计中。

尽管波佩尔的钓竿中没有一个专利特征表现出与晶体管相同的技术复杂性，但波佩尔设计并销售了一种符合新颖性定义的产品。（作者小时候有一条钓鱼用的钓线，其中钓线缠绕在木制框架上，它体积小且容易存放，但是没有办法抛线。）与之相反，传统的钓竿很长，通常不易收纳。钓线和传统的钓竿都没有储存钓具的装置，因此渔夫还需要有一个辅助钓具箱。对于本领域普通技术人员（渔夫）来说，波佩尔的发明是非显而易见的。

## 为什么需要制定专利战略？

为了解释题目中这个问题，需要先回答下面这个问题：如果作出了一项发明，为什么不能直接以这个发明提交专利申请呢？

　　针对上述问题的回答是，您当然可以直接就这项发明提出申请，但这样做可能并不是一个明智的选择。更好的做法是，综合考虑项目中所有可专利的方面，以便为正在开发的技术提供更全面的保护。通过这样做，您可以制定一份专利战略，相比于仅拥有与项目中特定创新点相关的单个专利的集合，该战略可以为您创造更大的利益和价值。

　　《专利工程》[1]一书中讨论了专利战略的重要性。《阁楼上的伦勃朗》（*Rembrandts in the Attic*）[8]一书中论述了专利组合的经济价值。这两个参考文献传达的信息是：专利组合是非常重要的。具体而言，专利组合可以产生巨大的商业价值。您可以通过实施专利技术许可来获得收益，还可以通过签署交叉许可协议来获权实施您所需但由他人所持有的技术。也许最重要的是，专利组合可以阻止竞争对手推出竞争性产品，从而为您的目标市场提供保护。即使组合中的专利未能完全阻止竞争对手，它们也可以迫使竞争对手延迟推出产品。它们还会增加竞争对手推出产品的成本。此外，通过适当设计和实施的专利组合还可以为您带来多方面益处：一方面可以降低竞争对手的效率，因为他们必须实施变通措施以避免侵犯您的专利权；另一方面，使您可以获得针对专利产品的法院强制禁令，从而保护您的专利技术免于被侵权；此外还可以帮助您建立合法的市场垄断地位。然而，上述提到的益处很少能通过保护针对某问题的单一解决方案的单件专利来实现。请记住，目前一件专利仅限于保护一项发明。您不能在一件专利中要求保护多项发明。

　　此外，专利的数量越多越有优势。如果您可以向竞争对手展示多件专利而不是单件专利，那么更有可能获得对您有利的交叉许可协议和更高的专利许可费。另外，在针对竞争对手主张专利权时，竞争对手首先会试图辩称您的专利权是无效的，以及对方没有侵犯您的专利权。在宝丽来针对柯达提起的一场著名的关于即时照相专利的侵权诉讼中，宝丽来宣称柯达侵犯其 11 件专利。柯达则辩称这些专利无效，因为其技术方案是显而易见的。最终，上述 11 件专利中，有 2 件被认定无效，其余 9 件仍被维持有效。柯达输掉了那场诉讼，不得不向宝丽来支付超过 9 亿美元的费用，并被法院判决强制退出即时照相业务。

　　您需要专利战略还有另一个原因。即使您尽最大的努力，也不能使得所提交的每一件专利申请都获得授权。因此，您的目标是最大限度地保护自己的技术。如果制定一个整体的战略，您将能够围绕您的知识产权和市场筑起一道保护墙。您根本不可能仅依靠一两项专利来提供所需要的保护力度。在提交专利申请时，如果您没有设计有效的战略，那么可能会因过早或错误地公开信息而破坏大局。所以，对整个技术项目进行评估并实施有益于您的战略是非常重要的。

## 作为技术创新者，您需要做什么？

由于本书的重点是如何获得专利以及如何制定和实施专利战略，以便保护您的知识产权，从而使您在市场上建立稳固地位，因此此处的讨论将集中在这个主题上。很明显，您知道如何解决问题和进行创新。您能够预见您的技术发展方向以及路径。本书旨在提供一种工具，帮助您避免到达目的地时发现那里挤满了利用您的技术的竞争对手。

本书将详细讨论您需要做什么，以及如何制定并实施一份好的专利战略。这时，有必要制定一个总的路线图，这样您就可以知道需要努力的方向。

首先，确定您和其他同事正在开发的技术的目标是什么。显然，您有一些创新产品的想法。这些产品可能会引入革命性的技术，改变客户的生活方式或业务模式。这通常被称为颠覆性技术，因为它改变了世界。手机已经颠覆了传统的固定电话通信技术。现代计算机已经改变了人们生活的方方面面：从交流和处理文件的方式，到汽车行驶方式，再到保存和共享医疗记录的方式。其他变化可能没有那么具有革命性。例如，每天都会产生新的工具来促进更加便利地完成任务。具有保温和排湿性能的登山服现在很常见，取代了多年前的老式羊毛服装。马尼拉攀岩绳已让位于由合成纤维制成的抗潮耐磨性能更好的现代克恩地幔绳索（kern mantle ropes）。这样的例子不胜枚举。您能在多大程度上保持在市场中的地位，能从您的知识产权中提取多少价值，取决于您制定和实施专利战略的水平。否则，如果未能实施适当的专利战略，只会让您的竞争对手根据您发布在网上、行业期刊或说明手册中的信息，以及您那些未获授权的专利申请或未能提供充分保护的专利中所公开的信息，轻易地学会您的技术并通过反向工程复制您的产品。

接下来，既然您已经确定了技术开发的目标，那么有必要确定您一直致力于解决的关键问题是什么。所谓"关键问题"，指的是那些能促使客户购买您的产品的问题或者是法律强制要求的问题。这些问题的解决方案将可能构成您的专利战略的基础，但不是全部。当然，根据现有技术的检索结果，情况可能会有不同。本书后面也将更全面地讨论那些意外情况。

如果您难以确定自己拥有的哪些东西可能被认为是发明，那么请问一下自己是什么原因阻碍了您在一两年前推出该产品。通常阻碍您更早推出产品的问题，是缺少针对您必须解决的技术问题的解决方案，这些方案可能构成可获得专利的发明。

与其他团队成员一起识别出潜在的可获得专利的项目是非常重要的。请记住，在不与团队其他成员合作、缺乏整体考量的情况下，由个人零散地提交申请，可能会过早地公开信息，从而阻碍获得更全面的专利组合，并且实际上可能与其他申请中的陈述相矛盾。后者可能会构成后续专利被判定无效的隐患。因此，很重要的一点是要始终牢记，您的目标是对正在推出的产品技术提供保护，而不是仅仅获得一件或多件单独的专利。

最重要的是，您和团队成员应该撰写一份详细的专利申请草案。大家都知道这需要耗费时间。此外，技术人员通常不喜欢写作的过程。但是，如果您想要获得准确而有价值的专利来保护您的技术，通常来说，您必须这样做。关于这方面的内容将在第 2 章中详细讨论。

## 为什么技术团队成员需要这样做？这不是法律顾问要做的吗？

对于撰写和提交专利申请来说，法律顾问是绝对必要的。毕竟，专利是法律文件，如果要从专利中获得预期的保护和价值，妥善处理所有法律问题至关重要。然而，获得这些专利必须是技术专家和法律专家之间通力合作的结果。很多时候，发明人撰写关于他们如何解决问题的简短描述，甚至只是与他们的法律顾问进行口头交流，然后就期望他们的律师或专利代理人❶将这些相当粗略的交流转化为专利申请。

不幸的是，这种方法不但对任何参与其中的人员来说效率不高，而且也无法使您获得重要的高质量专利组合。首先，律师是法律专家，而不是技术专家，虽然专利代理人通常具有某些技术背景。此外，对于有幸与内部律师（与您受雇于同一家公司的律师）共事的人来说，与对相关技术有一定的了解的人合作感觉会比较好。但是，这些内部律师仍然不了解，也不应该期望他们了解您正在从事的项目。而对于规模较小的公司、企业家和自主创新者来说，往往不得不依赖外部法律顾问——向任何合适的客户提供服务的律师。这些律师很少有与您的项目相关的特定技术专长。其次，外部法律顾问往往非常敏感，不会为客户增加过多的计费时间。如果他们必须基于最少的技术投入完成整个申请，则往往会导致工作完成得过于草率。

作为一名技术专家，您不仅能够更好地理解您研究的背景和解决的问题，而且您和团队成员也能够对这项技术整体上有全面的了解。而法律专家通常不具备这种能力。如前所述，在实施专利战略时，整合技术的各个方面是至关重

---

❶ 专利代理人不是律师。相反，专利代理人是参加过专利法强化课程并获得美国专利商标局许可从事专利代理职业的个人，但他们的职责范围不包括在专利法庭进行辩论。

要的。此外，工程师团队可以确定所要解决的问题。而正确地确定所要解决的问题是成功申请专利的第一步。此外，有时候，特别是在处理成熟技术时，所提出的发明可能不能构成可获得专利的、具备新颖性和非显而易见性的解决方案。但是，这些解决方案还可能因为能够解决另外一个问题而具有可专利性。由于专利权人有权获得针对该专利技术的全面保护，因此确定多个问题或可替代的问题显得非常重要。

从事技术工作的人员经常说，专利听起来法律性太强、难以理解。甚至有时发明人说他发明了一件东西，但最终的专利申请却与发明人的想法完全不同。像这样的评论令人非常不安。首先，每个发明人必须签署一份声明，声明他已经阅读并理解了该专利申请，否则将受到法律的惩罚。虽然很少见，但可以想象，如果您没有阅读和理解该申请，您可能会被起诉。此外，想象一下自己在法庭上。在主张专利权的诉讼中，贵公司的律师称您为专家证人。您需要能够向陪审团解释您的发明，而陪审团成员可能并不是精通技术的人员。如果您不了解自己的专利，或者如果授权的专利并没有准确地反映您的发明，您认为您的雇主会赢得这场诉讼吗？如果您的公司因为您的证词而败诉，您的职业生涯会怎样呢？

专利是用法律术语撰写的，因为它们是法律文件。话虽如此，但是这是有原因的。作为技术人员，您可以理解描述中所隐含的内容。还记得在所有教科书中经常把推导留给读者作为练习或者是作为章节后面的问题吗？但是在撰写专利申请时，必须明确地说明发明的各个方面，以便读者可以根据申请文件的教导实施该发明，而无须借助于想象力。在申请文件中，不能有未明确说明的内容。这种撰写方式与技术书籍、论文和演示文稿的撰写方式不同，需要一些时间来适应。好消息是，在撰写专利申请文件时，发明人必须仔细地说明该发明所解决的问题和该发明的具体内容。如果您作为技术团队的成员积极地参与到申请的撰写中，将有助于读者更好地理解您所做的工作以及该专利的实际内容。

关于为什么您应该直接参与专利申请文件的撰写，还有另一个原因。那就是不要忘记在撰写专利申请文件时，应聚焦于制定和实施能在市场上保护您的产品的专利战略。这通常涉及提交多件专利申请，因为每件专利只允许包含一项发明。

在过去的美国，专利被授予第一个作出发明的人。然而，随着签署《关税和贸易总协定》（*General Agreement on Tariffs and Trade*，GATT），美国开始向世界其他国家使用的标准过渡，根据该标准，专利将被授予第一个就发明提出申请的人。换句话说，申请的及时性成为获得专利的一个更重要的问题。然而，在开发技术时，并非所有发明都同时产生。相反，有些问题需要更长的时间才能解决。此外，有时直到研究工作取得某些进展后，才能意识到某些重要问题的存在。过早的公开信息可能会对您获得重要专利的可能性产生不利影响。有时多件专利申请需要在同一天提交。但是其他时候，不提及某些主题则很重要，因为它可能构成在先公开（现有技术），从而对未来获得专利构成阻碍。因此，在及时提交申请和出于合理的法律原因而延迟提交申请两项选择之间，往往存在微妙的平衡。这种平衡只能通过全面检查一个项目取得的所有进展以及尚未完成的工作来确定。这实际上取决于技术团队与法律顾问合作，共同决定提交申请的适当时机。

本书的目标是为包括工程师、科学家、企业家和个人发明人等在内的技术创新者提供制定和实施专利战略的必要工具，帮助他们获得有价值的专利，从而能够在竞争市场上处于控制地位。

## 参考文献

［1］ D. S. Rimai, *Patent Engineering*：*A Guide to Building a Valuable Patent Portfolio and Controlling the Marketplace*，Scrivener Publishing，Beverly MA（2016）.

［2］ S. J. Popeil，U. S. Patent #4，027，419（1977）.

［3］ W. H. Brattain U. S. Patents Nos. 2，537，255，2，537，256，and 2，537，257（1951）.

［4］ G. Pearson and W. Shockley，U. S. Patent #2，502，479（1950）.

［5］ W. H. Brattain and R. Gibney，U. S. Patent #2，524，034（1950）.

［6］ *Webster's New Collegiate Dictionary*，G. & C. Merriam Company，Springfield，MA（1981）.

［7］ D. K. Ahern，W. Y. Fowlkes，and D. S. Rimai，U. S. Patent #4，714，939（1987）.

［8］ K. G. Rivette and D. Kline，*Rembrandts in the Attic*，Harvard Business School Press，Boston，MA（2000）.

# 第2章
# 专利的结构

## 专利申请中包含的信息

在提交专利申请时，专利局会要求提供一些确切的信息。虽然这些信息的具体格式可能会因为国家的不同而有所差别，但通常所需的信息是基本相似的。本书将重点介绍美国专利申请的格式。读者可向美国专利商标局（USPTO）[1]了解更多详细信息。重要的是，必须遵循专利局所要求的法律格式和语法要求，否则申请将被驳回。还有一点很重要：如果专利申请成功通过审查，申请中包含的信息将随授权专利被完全公开。换句话说，专利申请的撰写必须是准确无误的。在整个申请过程中，需要牢记的是，专利申请不同于技术论文。类似美国这样的国家认识到，专利之所以会存在的基本前提是：专利对推动技术发展至关重要，因而给予发明人在规定时间内（目前是自提交申请之日起20年）以排他的方式实施其发明的权利。作为获得上述权利的交换，发明人需要公开发明的内容以教导他人如何实施该发明。同样重要的是需要牢记，无论专利申请最终是否获得授权，在向美国专利商标局提交申请18个月后，该申请都将被公布，从而使世界上的任何人都可以了解这项发明。因此，正确理解申请程序非常重要。同时不要忘记，申请专利的目的是全面保护您的技术，而不仅仅是本发明。

前言就到这里，下面言归正传，列出来构成专利的各个部分，它们包括：

a. 标题。标题通常比较简短（一般不超过7个单词），而且很少采用描述性的方式撰写。

b. 发明人列表。关于谁可以被列为发明人，有特定的法律要求。如果在这方面不符合法律要求，那么将来在法庭上受到质疑时，可能会导致

— 14 —

专利被宣告无效。本章还会更全面地说明这一点。

　　c. 发明所属的领域。这部分简短地写明本发明的技术领域，专利局将据此把申请分配至相应的审查部门。

　　d. 摘要。这部分一般是重申发明所属的技术领域，并简要描述本发明所解决的问题。

　　e. 发明概述。这部分通常指的是对本发明的简要描述，并且通常是对第一项权利要求的重述。

　　f. 发明背景。这部分非常重要。在这部分，将向专利审查员展现本发明所解决的问题。同时，这部分还将描述现有技术的状况，并说明为什么现有技术没有解决该问题。本章后面将对这部分进行更详细的说明。

　　g. 发明详述。在这部分，将具体说明本发明是如何解决发明背景部分中提出的一个或多个问题的。本章后面会更具体地说明这部分中应该包含哪些内容和不应该包含哪些内容。

　　h. 附图。这属于发明详述的一部分。本发明的所有方面都应在附图中体现。附图可以包括装置或装置的变型、流程图、图表、化学结构式以及任何其他有助于说明本发明技术方案的内容。如有必要，还可以使用附图来说明现有技术。对各个附图中的所有部件都应进行编号，并且每个编号都应该在部件列表和发明详述部分的正文中被提及。

　　i. 部件列表。这部分看起来就像五金店的购物清单一样，列举出各个附图中的每个部件，以便于理解该专利。这部分实质上就是组成部件的查询列表。

　　j. 权利要求。这是专利的核心部分。这部分将对发明进行全面详细的描述。

## 撰写权利要求

　　应当注意的是，一旦专利申请被提交到专利局，除权利要求部分之外，几乎不允许对任何部分的内容进行修改。对权利要求可以进行修改或删除，如果有需要还可以增加新的权利要求。但是，需要注意的是，如果权利要求超过20 项，则对于超出的每一项权利要求，专利局都将收取额外的费用。

　　权利要求是专利申请的核心。它们对发明进行了定义，并且一旦通过专利局的审批，就会赋予专利权人实施该发明的排他权。专利申请中的其他所有内容都是为了支持权利要求而存在的。如果申请中存在一些看起来与权利要求无关的内容，那么这些内容应该是可以删除的。

对于从事技术工作的人来说，能认识到一项发明，或者可能更重要的是，能认识到一组发明，往往都是比较困难的。他们知道自己正在解决某些技术问题，能够理解自己在实现项目目标时所遇到的困难是什么，以及自己是如何克服这些障碍的。然而，很多时候，这些人却往往会坚持认为他们并没有发明什么东西，事实上，也确实没有什么新的东西。但是，如果您想获得专利并通过主张这些专利权来应对其他公司的侵权行为，那么克服这种心态是非常重要的。那些认为自己没有发明任何东西的发明人，若在侵权诉讼中被传唤到证人席上，可能会对案件造成绝对毁灭性的打击。因此，在开始讨论一组权利要求中应该包含和不应包含哪些内容的具体细节之前，先研究一下为什么会存在这些障碍以及应该如何克服它们。

首先，提醒读者，研发团队的成员绝对不应该在任何文件中宣称他们所拥有的不是发明或不具备可专利性。这些都是法律方面的决定，而不是技术方面的决定，应该留给律师去处理。此外，任何这样的文件都要在庭审开始前经历调查取证（discovery）程序。如果被您的竞争对手发现您自己的团队成员已经留下了书面证据，记录了为什么您试图主张的专利权应该被认定无效，那就太不合适了。

工程师、科学家及其他致力于推动技术进步和推出新产品的个人，一般都针对其发明的构思进行了大量的思考，再加上他们深厚的专业背景、工作经验和教育经历，他们已经是具有超出本领域普通技术能力的人，而不是本领域普通技术人员。因此，区分哪些是具有本领域普通技术能力的人，哪些是具有超出本领域普通技术能力的人，是必须克服的第一块绊脚石。

此外，这些人通常已经在自己的项目上工作了很长一段时间。即使他们没有实际参与具体的项目，一般也都曾参与过与之密切相关的其他项目。这往往会导致他们对"显而易见的"和"新颖的"这两个术语的理解失真。再强调一次，记住这些术语在专利领域有特定的法律含义是非常重要的。下面看看它们是如何相互作用的。

您已经为解决某个技术问题而苦苦挣扎了一段时间。想想在浴缸里高喊"尤里卡"（eureka）* 的阿基米德（Archimedes），当时他突然间发现通过测量特定材料的比重，可以将金铅合金与纯金进行区分。而这是国王交给他的一项任务，因为国王担心造假者制造和散播假币。对阿基米德而言，这个问题的解决方案在他传奇式的洗澡之前是非显而易见的，但是一旦他认识到这个问题的解决方案之后，对他来说就变得显而易见了。然而，之所以指派阿基米德来解

---

* "尤里卡"（eureka）是古希腊语，意思为"我找到了"。——译者注

决这个问题，并不是因为他拥有这个领域的普通技术能力，就像经常处理货币的希腊商人所拥有的那样，而是因为他在这个领域拥有卓越的技能。正是因为如此，他必须向国王解释他的发现。

阿基米德应当把他的发现与哪些现有技术相区别呢？阿基米德肯定知道岩石在水中会下沉，船在水中会漂浮（除非船体被破坏），而人会游泳。然而，所排出的水的质量和体积与物质特有的内在属性❶有关这个观点似乎是一个新的发现。如果当时有专利局存在的话，阿基米德可以就其区分纯金和金铅合金的工艺方法申请专利。

应该认识到的是，阿基米德必须向一位学识渊博的同事（国王）解释他的技术改进。如果您不得不向一位学识渊博的同事解释您正在研究的某个技术问题的解决方案，哪怕只是解释一次，也说明它是非显而易见的。同样重要的是要认识到，国王虽然提出需要一种方法来区分纯金和金铅合金，但国王不能因此而获得专利。因为这只是一个想法，而不是针对技术问题的解决方案。

说到这里，读者应该能够理解到，科学发现和技术进步并不是凭空出现的。事实上，它们总是源于现有技术。伯克（Burke）在其著作《联结》（*Connections*）[2]一书中指出，现代技术源于几个世纪前的进步，只有认识到如何把各种不相关的产品组合在一起时，世界才能进步。

【示例 1】下面通过一个假设的例子来深入探讨一下什么是显而易见性和新颖性的问题。假设您的研发团队接到一个项目，在使用连续变速锥形齿轮的卡车变速器中，通过减少所使用的齿轮的重量来提高燃油里程。在这个应用中，通过让驱动齿轮穿过锥形齿轮，从而使传动比随着速度的变化而连续变化，来实现变速器的速度变化。您的第一想法是将重型钢齿轮更换为塑料齿轮。事实上，您知道制造商已经生产了带有塑料齿轮的变速器。然而，有报道称这种齿轮容易断裂，导致塑料碎片污染变速器。您的研发团队将尝试解决报道中所提到的在上述应用中使用塑料齿轮的缺点。

基于上述想法，您撰写了以下拟提交的权利要求：

一种在卡车中使用的变速器，包括：

1. 一个由塑料制成的锥形齿轮；

2. 一个由塑料制成的第二齿轮；

3. 其中所述第二齿轮与所述锥形齿轮啮合，以使传动比随着车速连

---

❶　物质的内在属性指的是那些不依赖于物质的数量的特性。例如，一种物质的温度或比重或密度与该物质的质量是 1 千克还是 10 千克无关。质量或体积等那些与物质的数量有关的属性被称为外在属性。

续变化。

这样的权利要求能被专利审查员审批通过吗？答案很可能是否定的。审查员将在审查意见通知书中称，塑料锥形齿轮以及将塑料锥形齿轮用在变速器中均是已知的。因此，在无级变速器（continuously varying transmission）❶ 中使用塑料锥形齿轮是显而易见的。

所述拟提交的权利要求还存在其他问题，因为它没有具体说明任何一个齿轮的任何属性。齿轮是否采用复合材料（例如石墨或玻璃纤维等包埋物质）？如果是这样，起作用的纤维的特性和含量是什么？如果填充的物质过多，齿轮会不会变脆？如果太少，齿轮的硬度会不会太低？是否限定了每个齿轮上的齿的尺寸和数量，以及它们的直径和中性轴的规格？最后，使用的塑料有哪些特性？它是一种热塑性塑料（一种聚合物，在温度高于玻璃化转变温度或 $T_g$ 的特定温度时会软化），还是一种不会软化的交联聚合物（众所周知的热固性材料）？重要的是，对使得本发明能够解决所报道的问题的每个要素都要明确地说明。

将塑料齿轮用于上述目的，是否有可能获得专利？这很有可能，但您必须证明采用一种具有确定性能的特定类型的塑料，相比于类似应用中通常用于齿轮的其他塑料表现出了实质性的改进。这就要求您提供测试结果，用以说明您所关注的塑料与用于类似应用的其他类型的塑料相比在性能上有什么样的改进。然而，如果您打算使用的塑料已经被公开，那么它就是已知的，您不能获得这样的专利，即使此前这种塑料没有在先前的专利中被要求保护。

现在，继续讨论这个例子。假设在类似应用中，使用塑料齿轮所遇到的问题是齿会在短时间内断裂；并且，使用现有的传动液会使齿轮塑化，从而加剧了上述问题。您会有两点发现：①如果在所有齿之间均设置直径在一定范围内的小孔，则齿轮将得到充分的加强以避免断裂；②如果在变速箱中使用 DOT 5 制动液❷代替普通传动液，则齿轮不会塑化并且使用寿命更长。基于这些发现能否获得专利？

众所周知，设置孔可通过消除应力放大位点来减少裂纹的扩展，从而提高材料的断裂韧性。然而，使用特定直径范围内的孔能够为特定的产品带来足够的强度，在这个示例所述的前提下，却是不为人知的。此外，尽管 DOT 5 制动液可用于液压制动器是公知的，但它可用于变速器却并不为人所知。因此，没有合乎逻辑的理由将 DOT 5 制动液与塑料齿轮在变速器中组合使用。这样的方

---

❶ 无级变速器是指可以连续获得变速范围内任何传动比的变速系统。
❷ DOT 5 被美国交通部指定为包含硅油而非矿物油的制动液。

案存在获得专利的可能性。然而，除非将设置孔和使用 DOT 5 制动液进行组合能够产生一些明显的有益效果，超出单独设置孔和单独使用 DOT 5 制动液的方案各自所能产生的有益效果，否则就必须提交两件单独的专利申请。请记住，一件专利仅限于一项发明。如果设置孔和使用 DOT 5 制动液各自具有有益的效果，并且两者可以分别单独使用以获得这样的效果，即使获得的效果没有组合起来那么好，那么它们仍是两项单独且截然不同的发明。

【示例 2】现在来研究第二个假设的示例。假设您是一个研发团队的成员，该团队的任务是设计一种装置，使树木修剪人员能够更有效、更安全地攀爬和修剪树木。在这个例子中，假设唯一相关的技术是攀岩者使用的防坠落安全带和绳索[3-5]。攀岩者的安全带被设计为可以通过一对彼此相对设置的登山扣夹住绳索，这样，如果一个或两个登山扣的锁扣受力时，最多只能打开其中一个登山扣。该装置的两个主要特点是：①使用的是动力绳索[6]，以便在攀岩者坠落时，它可以拉伸以消减攀岩者受到的力❶；②这个装置必须是轻便的，因为攀岩者必须能够比较舒适地携带该装置和绳索，以及用于将绳索固定在安全带或岩壁上的任何硬件。

通常情况下，攀岩者安全带上的腰带和腿环相对较细，绳子的直径一般小于 10mm。舒适性不是一个主要的问题，因为与树木修剪人员可能花几个小时悬吊在安全带上不同，攀岩者只会在坠落时被短暂、偶尔地悬吊。同时，攀岩者使用的绳索并不是用作攀岩的辅助工具，而是用作防坠落的安全设施。此外，由于绳索不会经常性、反复地受到强烈的摩擦，因此耐磨性虽然有一定的重要性，但并不像重量和绳索在施加载荷情况下的拉伸能力那样关键。再者，攀岩者可以将绳索连接到多个凸轮装置上，这些装置被楔入岩壁的多个开口处，从而提供多个接触点。在攀岩者上升或下降的过程中，凸轮装置可以很容易地被移除并插入其他的开口中。

与攀岩者所使用的器械不同，树木修剪人员通常不需要徒手到树上去工作。因此，这个装置的重量不是那么重要。然而，由于绳索在有负载的情况下会反复被拖过树干和树枝之间的交叉处，因此耐磨性至关重要。此外，由于摩擦会导致发热，绳索的性能不能随着温度升高而减弱。同时，绳索被用作攀爬的辅助工具。然而，当可以拉伸的动力绳索被作为辅助工具使用时，将不利于攀爬（向上两步则后退一步）。相反，静态绳索则更为合适。

研发团队需要解决的另一个问题是，树木修剪人员无法将绳索固定到多于

---

❶　在静态载荷的情况下，动力绳索的拉伸率在 5% 和 10% 之间；而在动态载荷的情况下，动力绳索的拉伸率在 30% 和 40% 之间；见本章参考文献 6。

一个的连接点（例如单个枝杈或树枝）。如果树枝折断，树木修剪人员就会直接坠落，且没有办法阻止这种坠落。这与攀岩者不同——攀岩者可以安装多个凸轮来固定绳索。

研发团队通过设计一种长度可调节、可拆卸的吊绳来满足多点连接的需求，以适配不同粗细的树干和不同体型的树木修剪人员。所提出的吊绳包括两根绳索，如图 2.1 所示。每根绳索上连接有一个钩子，最好是一个扣钩❶，以便将吊绳连接到安全带上。吊绳至少部分地缠绕在要攀登的树上，然后用钩子将每一端连接到安全带上，以便在必要时，例如需要穿越树枝时，可以轻松地卸下吊绳。为了调整吊绳的长度，第二根绳索使用公知的普鲁士结或挂钩连接到第一根绳索，如图 2.2 所示。

除了上述吊绳之外，研发团队还提出了多项创新，包括安全带和绳索。这里首先讨论关于绳索的创新。

**图 2.1　吊绳**

注：吊绳包括两根绳索和连接在每根绳索上的钩子。应该注意的是，即使两个或多个钩子连接到一根绳索上，这仍然符合本发明的定义，因为它至少有一个钩子连接到每根绳索上❷。

---

❶ 为了实施本发明，吊绳必须能够连接到吊绳环。这需要使用钩子。然而，显而易见的是，钩子最好不会无意中滑出吊绳环，但在需要时仍可方便地拆卸。为此，最好使用扣钩。因此，独立权利要求将被撰写为包括钩子。在随后的从属权利要求中，钩子将被限定为扣钩。这样则留有退路，以便应对专利审查员引用公开了使用钩子的现有技术的情况。这种情况下，从属权利要求可以被改写为独立权利要求。这虽然会限制专利的范围，但仍包含首选的使用模式。

❷ "包括"和"由……组成"这两个术语的含义不同，举例说明如下：如果权利要求被限定为包括某个特征，则意味着还可以包含更多同类特征或其他特征，这样的方案仍然被涵盖在该权利要求限定的范围内；相反，如果权利要求被限定为"由连接于各绳索的钩子组成"，则包含其他附加钩子的方案不在该权利要求限定的范围内。

图 2.2 普鲁士结

与攀岩者的绳索不同，研发团队指定的是直径在 11mm 和 14mm 之间的静态绳索。较大的直径提高了绳索的耐磨性和强度，而静态绳索的使用则有助于攀爬。

仅包括上述特征的绳索可能不具有可专利性。即使不是针对这种特定应用，使用较粗的绳索来增加强度和耐磨性也是众所周知的。此外，将静态绳索用于攀爬也是公知的，因为高桅帆船上的水手都使用这种绳索攀爬桅杆。如果研发团队做了任何改变绳子性能的工作，比如施加涂层，以便在减少绳子和树枝之间摩擦的同时仍然保持足够的摩擦力，使普鲁士结能够发挥所需的作用，那么这有可能构成一项发明。

为了使攀爬安全带更适合树木修剪人员使用，研发团队对其进行了许多改进。用于支撑树木修剪人员体重的腰带和腿环比普通攀岩安全带中使用的要粗得多。这样做是为了分散树木修剪人员在被安全带悬挂时受到的压力。但是，这种改进可能无法获得专利，因为审查员可能会认为进行这种调整是显而易见的。

研发团队还针对攀爬安全带进行了另外两项改进。首先，他们设计了一种由内腰带和外腰带组成的双腰带系统组成的安全带，取代由单腰带组成的安全带。外腰带从靠近前部的位置到位于佩戴者腰部的位置尺寸逐渐变宽，宽度由 1.5～2.5 英寸逐步变为 3～5 英寸，并从佩戴者两侧的臀部绕过背部固定在腰部。外腰带由具有足够强度的材料制成，使安全带无论在静态情况下还是在阻止坠落的情况下均能够为佩戴者提供较好的支撑。其次，所述安全带还包括内腰带，该内腰带通过适当的方式连接到外腰带，连接方式包括但不限于缝合到外腰带，或使用柔性黏合剂或机械紧固件固定到外腰带上。内腰带的宽度至少与外腰带相同，但不能大于外腰带的宽度 1 英寸以上，并且包括厚度在 3/16 英寸和 3/8 英寸之间的衬垫材料。研发团队最初设置内腰带的目的是提高舒适度，但是后来发现，它还有助于减少佩戴者在使用静态绳索阻止坠落时受到的伤害。

内腰带的厚度很重要，因为较薄的材料无法提供足够的舒适度或无法减轻伤害，而较厚的材料可能会移位，无法为佩戴者提供牢固的贴合感。

该安全带还包括两个腿环，用于支撑佩戴者的腿，以减少两侧腰带施加在佩戴者背部的力。每个腿环还包括一条宽度在 1.5 英寸和 3 英寸之间的外带和一条包括衬垫材料的内带，在使用静态绳索阻止坠落时，这种衬垫材料可以增加舒适度并减轻伤害。内带的宽度至少与外带的宽度相同，但不能大于外带宽度 1 英寸以上。

研发团队还在安全带的中心安装了一个攀爬绳连接环，可以通过扣钩或竖钩等机械紧固件将攀爬绳固定在该环上，也可以直接将绳索系在环上。另外还有两个附加环，被称为"吊绳环"，位于安全带上，在正确佩戴安全带后，该环位于不比佩戴者的髋骨前部靠后的位置。通过两个吊绳环可以将吊绳系在安全带上。此外，吊绳环位于距佩戴者两侧髋骨的前部不超过 3 英寸的位置。吊绳环连接到安全带上，使其位于外腰带和内腰带之间。之所以这样做，是因为若只是简单地将吊绳环缝到或粘到安全带上，无法确保吊绳环与安全带之间的连接达到足够的强度。

绳索连接件和吊绳环由坚固的金属制成，优选由钢制成，其可以支撑至少1000 磅的重量，内径在 1½ 英寸和 3 英寸之间，厚度在 1/4 英寸和 3/8 英寸之间。

吊绳和安全带的设计中是否存在发明？在本书假设的背景下，答案是"可能是"。作者之所以用"可能"这样的表述，是因为人们永远无法完全预料到审查员会在现有技术中发现什么。接下来从吊绳开始，研究一下这项发明的可能性。

使用普鲁士结使吊绳长度可调的方案有可能具备可专利性。然而，审查员可能会发现用于将洗窗工人固定在窗框上的安全带，这可以使得洗窗工人安全地将自己贴在窗框上，同时与窗框之间保持足够的距离，从而能够清洗窗户。因此审查员可能会指出，将吊绳用于上述目的是显而易见的。但是，由于现有技术并没有揭示出一种可连续调节长度的吊绳，也没有揭示出一种在调节长度的同时仍能将佩戴者固定在物体上的吊绳，因此使用普鲁士结的吊绳就可以获得专利。

这个安全带的方案中还包含多项发明。双腰带的结构是有可能获得专利的，因为每条腰带都具有现有技术没有教导过的独特功能。由于现有技术中已知有垫子，使用衬垫层来增加安全带的舒适度是否构成一项发明还值得商榷。但是，在使用静态绳索攀爬时使用衬垫层来减少坠落时的伤害是新颖的。至于使用本发明能否获得更多的有益效果则并不重要。这项发明（衬垫层）对于技术问题（减少使用静态绳索时阻止坠落时产生的伤害）是一种新颖的、非显而易见的解决方案。如果您提出的这项权利要求能获得授权，那么其他任何人都不能将您的发明用于任何其他目的。无论他人设想的具体应用或实施方式如何，专利权人都拥有排除他人实施该发明的全部权利。

虽然这些环的使用本身可能不会被认为是一项发明，因为攀岩安全带中也使用了一个连接攀爬绳索的环，但吊绳环设置的位置以及它们位于内腰带的柔性层和外支撑带之间的这种结构，是有可能获得专利的。这是因为：①使用吊绳时，吊绳环的位置很重要。如果吊绳环的位置太靠前，树木修剪人员就不能有效地借助吊绳进行攀爬。如果吊绳环的位置太靠后，当需要穿越树枝或快速滑下树时，树木修剪人员就不能很方便地将吊绳从安全带上解下来。②如果吊绳环只是通过缝线、铆钉等简单的方式机械连接到安全带的外腰带上，而不是固定在内腰带和外腰带之间，那么连接的强度就不足以为树木修剪人员提供安全有效的支撑。

为什么要对发明的各个方面进行如此详尽的解释？这是很有必要的，因为权利要求必须对发明作出明确定义。例如，设想一下，如果没有准确说明吊绳环的材质以及它们通过何种连接方式、在哪个位置连接到安全带上，而只是说明吊绳环连接到安全带上，可能会导致什么结果。有人可能使用塑料环，有人可能用 18 号线制作非常小的环，有人甚至可能将电线穿过安全带，然后简单地将两端扭在一起。这些选择都不会奏效。关键点不在于您和您的队友是否掌握更好的技术，而在于权利要求必须对发明作出明确的描述。

关于在权利要求中应该明确包含哪些细节，有一个提醒：如果某些技术特征对于实施本发明不是必需的，则不要将它包含在权利要求中。例如，只要腰带足够紧，那么树木修剪人员如何将其收紧则并不重要。同样，要求使用特定类型的腰带扣是没有意义的。因为只有当权利要求所限定的所有特征都被侵权者所实施时，针对这项权利要求提出的被侵权主张才能得到支持。

总而言之，研发团队似乎设计了一种至少包含 4 项不同发明的装置：①可调节吊绳；②双层安全带（包括腰带和腿环）；③吊绳环的位置；④连接件位于外腰带和内腰带之间的吊绳环，以便通过结实的外腰带将其固定在安全带上。那么，针对这些不同的发明，需要提交多少件专利申请呢？

看起来，似乎需要提交 3 件专利申请，因为将环连接在两条腰带之间以及所述环的特定位置可能构成一项发明。具体来说，需要将环夹在两条腰带之间，以确保足够的强度。然后，可以将环的位置包含在该专利申请中的一项单独的权利要求中，因为如果不先将环牢固地连接到安全带上，则实施有关环的位置的发明是不可行的。然而，其他几项发明可以彼此分开实施。请记住，一件专利仅限于保护一项发明。

## 发明背景

第 11 章和第 12 章还将进一步深入探讨权利要求的撰写。现在，先重点讨论"发明背景"这一部分。

正如前面所述，权利要求书对发明进行全面的描述。由于发明是针对某个技术问题所提出的新颖的且非显而易见的解决方案，现在是时候讨论所解决的问题到底是什么了。这些信息包含在专利申请的"发明背景"这一部分。

很重要的一点是，要清楚地定义所解决的问题是什么，并说明为什么现有技术，不管是单独的还是任意组合的，均不能解决该技术问题。如果您不能清楚地定义所解决的问题并解释为什么所提出的解决方案相对于现有技术是非显而易见的，专利局很可能不会批准该专利申请。

下面举个实际的例子来说明。作者的研发团队设计了一种在电子照相打印机中将碳粉从感光器转印到热塑性涂层接收器的新方法[1]。在这个转印过程中，承载热塑性塑料的接收器在进入由两个辊形成的转印辊隙之前被加热，两个辊将加热的接收器压在承载碳粉的感光器上。当接收器的温度被加热到高于热塑性塑料的玻璃化转变温度（$T_g$）时，碳粉能够嵌入软化的热塑性塑料中。[7-9]在离开由两个辊形成的转印辊隙时，接收器与感光器分离。充当热熔黏合剂的热塑性塑料使碳粉从感光器转移并黏附到接收器上。

研发团队所遇到的问题是热塑性塑料不仅会黏附到碳粉上，还会黏附到感光器上，这使得两种元件的分离变得困难，并且经常导致其中一个或两个元件被损坏。

接收器黏附到感光器上的问题可以通过在感光器中加入脱模剂来缓解。事实上，这样做似乎是显而易见的，因为脱模剂还可以增强碳粉向接收器的转印。然而，这种方法有几个难点。首先是脱模剂会迅速磨损并耗尽，以至于在几次打印后就无法发挥作用。如附录 1 中所讨论的，感光器在转印碳粉之后，在更换之前要进行至少数千次的清洗和重新成像。为了使用带有脱模剂的感光器，必须实施一种持续重新涂覆感光器的机制。这项工作成本高昂且复杂，除了需要涂层技术外，还需要为脱模剂设计一个储存器。

---

❶ 参见附录 1 中关于电子照相方法的介绍。

将脱模剂加入感光器中所面临的另一个难点是，它会影响碳粉对静电潜像的显影。这可能是摩擦电、黏合剂或者二者之间的相互作用引起的。显然，尽管脱模剂有助于改善热转印过程，但将脱模剂加入感光器中并不可行。

这就是整个技术问题，需要在发明背景部分中进行阐明。而清楚地说明这个问题是非常重要的。要解决的问题并不仅仅在于感光器和接收器相互结合，如果只是这样的话，简单地引入脱模剂就可以解决这个问题。必须解决的问题还包括，由于前面所述的原因，在实际应用中无法将脱模剂整合加入逻辑组件（感光器）。正如接下来在4968578号美国专利（1990年）[6]中所看到的那样，对技术问题的准确描述有助于专利权的获得。

## 发明详述

现在已经介绍了权利要求书和发明背景部分，其中权利要求书对发明进行全面的描述，发明背景部分则说明所解决的问题、其他人如何试图解决该问题以及之前所提出的解决方案存在怎样的局限性。现在到了讨论如何解决技术问题的时候了。在本示例中提出一种方法，即在不会降低或阻碍碳粉转印到接收器的情况下，将脱模剂连续引入转印辊隙。

为了实现将新的脱模剂连续地引入转印辊隙，在接收器的热塑性层上增加了脱模层。通常情况下，将脱模层设置在应该黏附东西的表面上，被认为会对黏附功能产生不利影响。但是，在上述示例的特殊情况下，由于碳粉嵌入热塑性塑料中，它能够穿透脱模层，因此仍然能够实现对碳粉的转印。

需要注意的是，第一项权利要求❶中明确地描述了将碳粉转印到接收器的方法。阅读权利要求书可以清楚地看到，本发明的所有方面都在权利要求中得到了描述。此外，权利要求中的所有内容都必须能够在发明详述部分得到明确

---

❶ 4968578 号美国专利的权利要求 1 内容如下：

"一种将包含碳粉黏合剂且粒径小于 8 μm 的干碳粉颗粒从元件非静电转移到接收器的方法，包括：

（A）使所述碳粉颗粒与接收器接触，所述接收器包括：

（1）基材；

（2）所述基材表面上的热塑性聚合物涂层，其中所述热塑性聚合物的 $T_g$ 温度高于碳粉黏合剂的 $T_g$ 温度但不超过 10℃；和

（3）在所述涂层表面上的一层脱模剂，其量足以防止所述热塑性聚合物在所述转移过程中黏附到所述元件上；

（B）将所述接收器加热到一定温度，使其在所述转移过程中的温度高于所述热塑性聚合物的 $T_g$ 温度；以及

（C）在温度高于所述热塑性聚合物的 $T_g$ 温度的情况下，将所述接收器与所述元件分离。"

的支持，而不应该给潜在的读者留出任何想象的空间。

发明详述部分还应包括用于说明本发明各个方面的附图。附图可以包括结构图、化学反应或化合物、说明方法的流程图、图表等。附图中的每一个组成部件都应该在这部分被列举出来，并标明编号和部件名称。

这部分的目的是对发明进行描述。换句话说，对每项权利要求的每一个方面都必须在发明详述部分进行准确的说明。这部分还应该包括对本发明的优选实施方式的说明。在这部分对发明内容进行充分的说明是有意义的，以便将来在审查过程中，若原始撰写的权利要求被驳回时，可以根据这部分记载的内容采取对权利要求进一步限定的方式进行修改。

在上述将脱模剂应用于接收器纸张的示例中，发明详述部分记载的内容包括在接收器纸张上包含脱模剂，并记载了将脱模剂加入热塑性塑料的方法。包含这些信息对于成功地提交专利申请并最终获得授权至关重要。如果当时仅仅提到加入一种脱模剂，以促进接收器与感光器的分离，则这件专利申请根本不会获得授权。具体而言，审查员一开始驳回了上述申请，声称使用脱模剂促进分离是已知的，因此本发明是显而易见的。然而，律师辩称，本发明中将脱模剂应用在碳粉必须附着的组件上，"没有一个头脑健全的人会为了改善转印功能而这样做"*。由于上述改进是预料不到的，因此被认为是新颖的。此外，它的加入解决了一个技术问题，从而符合授予专利权的标准。如果没有在发明背景部分明确地说明这项技术问题，并在发明详述部分详细地说明其解决方案，这件专利申请将不会获得授权。

虽然不是必需的，但在发明详述部分包括对发明工作原理的说明往往是有好处的，因为这有助于说服审查员这项发明是非显而易见的。但是，这并不是必需的，使人了解一项发明的工作原理并不是专利申请获得授权的必要条件。对于专利申请的要求仅在于：对所解决的技术问题以及如何实施这项发明作出说明，以便读者能够根据描述实施该发明。

专利被授予一个或多个发明人，通过教导他人如何实施该发明而推动技术进步。作为教导公众如何实施这项发明的交换条件，专利权人可以获得在法律规定的时间内禁止他人未经许可实施该发明的权利。然而，您应该认识到，教导有关这项发明的知识，并不意味着那些您所知道的与该发明没有直接关系的所有技术也必须被公开。换言之，注意不要披露那些超出支持权利要求所需的内容。请记住，权利要求是对本发明的准确描述。如果一项内容与权利要求没

---

＊ 此处是一种夸张的说法，意指正常人都不会想到为了改善转印的目的而使用脱模剂，从而表明使用该技术方案解决技术问题是非显而易见的。——译者注

有直接关系，则不应该被包括在专利申请文件中。

话虽如此，当您在一个问题上取得进展时，可能会产生多项发明。请记住，一件专利仅限于一项发明，因此您可能需要提交多件专利申请。例如前面所提到的关于攀爬安全带、吊绳和绳索的假设示例，就是如此。

正如前面所述的，在这个假设项目的开发过程中，出现了多项发明。每一项都需要单独地申请专利。但是，这并不意味着必须为每一件专利申请单独撰写发明背景和详细说明。在这种情况下，多项发明之间关联性很强，可以撰写一份共同的说明书，区别主要体现在分别撰写不同的权利要求书，各个申请的权利要求必须是彼此不同且唯一的。您不能为同一项发明重复要求权利。然而，如果研发团队正在开发进一步的技术，例如上升器、下降器和速降装置，用以方便在树的垂直或水平方向上移动，则在本申请中应当完全避免提及有关此类装置及其如何与本发明相互作用的内容。

还应当注意的是，使用一个共同的说明书，或者甚至不同的说明书来描述在其他专利申请中提交的发明时，即使有必要解释该发明是如何实施的，通常也要求所有相关申请在同一天提交，以确保一件专利申请公开后不会成为披露其他申请的现有技术。在实施专利战略以保护自己的技术时，必须格外小心，避免过早披露自己的技术，同时要认识到专利将被授予最先提交申请的人，毕竟人们生活在一个竞争激烈的世界中。

## 谁是发明人？

研发团队通常由积极性高、能力强的人组成，彼此之间密切合作。在这种情况下，您希望与其他队友分享荣誉是很正常的。但是，您应该抵制这种冲动，因为法律上对于发明人资格有特定的要求。

在发表科学论文时，如果某人对这篇论文作出了智力贡献，则可以被列为作者。然而，在确定发明人资格时，情况并非如此。要成为发明人，则这个人必须对至少一项权利要求作出可成为发明的贡献。具体是哪一项权利要求并不重要，但作为发明人，应当至少可以对一项权利要求宣称"这是我想出来的"。在他人的指导下进行实验或制造设备的人不是发明人。此外，由于理解发明的工作原理并不是获得专利的必要条件，因此对发明作出解释说明的人不会被视为发明人，无论这项解释工作有多么复杂。每一位发明人的姓名都必须与至少一项权利要求相关联。

由于在专利申请的审查过程中可以修改、增加或删除权利要求，因此发明人的名单可能会随之发生变化。最初被列为发明人的某人可能会被从名单中删除，或者另一个人可能会被增加到发明人列表中。重要的是要列出正确的发明人，因为如果在法庭上受到质疑，发明人资格出错可能会导致专利被宣布无效。

由于发明人资格是一个法律问题，因此在出现问题的情况下，建议向您的法律顾问咨询。研发团队的每一位成员都可以讨论他或她对本发明的贡献，然后由您的律师决定谁应该被列为发明人。您应当清楚，当针对推出的产品实施专利战略时，可以根据专利申请的情况将不同的团队成员列为不同申请的发明人。

# 结束语

撰写专利申请与撰写技术论文有很大的不同，尽管专利申请中确实描述了发明的技术特征。权利要求对发明进行全面描述，因此，应该首先撰写这一部分。专利申请的所有其他部分都应该是证明材料，用于支持拟提交的发明确实符合被视为发明的法律要求。这包括清楚地定义技术问题，并说明为什么现有技术无论单独或组合均不能解决该发明所解决的问题。说明书应当对实施该发明的所有方面进行描述。虽然可以为多件专利申请撰写一份共同的说明书，包括发明背景和详述部分，但每件申请的权利要求书必须是不同的，并且一件申请仅包含一项发明。如果对多件申请撰写了一份共同的说明书，则有必要在同一天提交所有申请，以避免在不同步提交的情况下，在先提交的申请披露在后申请的内容。

## 参考文献

［1］ www. USPTO. gov.

［2］ James Burke, *Connections*, Little, Brown and Company, Boston, MA (1978).

［3］ D. Mellor, *Rock Climbing*, W. W. Norton and Company, New York (1997).

［4］ J. Long, *How to Rock Climb*, Falcon, Helena, MT (1998).

［5］ J. Long and C. Luebben, *Advanced Rock Climbing*, Chockstone Press, Conifer, CO (1997).

［6］ https：//www. ems. com/ea－how－to－choose－climbing－ropes. html.

［7］ W. A. Light, D. S. Rimai, and L. J. Sorriero, "Method of Non－Electrostatically Transferring Toner", U. S. Patent #4, 968, 578 (1990).

［8］ W. A. Light, D. S. Rimai, and L. J. Sorriero, "Thermally Assisted Method of Transferring Small Electrostatic Toner Particle to a Thermoplastic Bearing Receiver", U. S. Patent # 5, 037, 718 (1991).

［9］ W. A. Light, D. S. Rimai, and L. J. Sorriero, "Thermally Assisted Transfer of Electrostatographic Toner Particles to a Thermoplastic Bearing Receiver", U. S. Patent #5, 043, 242 (1991).

# 第3章
## 获取专利的途径

## 引 言

　　您和团队成员已经起草了专利申请文件，并希望通过该申请使您的创新技术获得专利保护。在上述过程中，您已经遵循了第 2 章所讨论的步骤。在随后的章节中，作者将探讨如何制定专利战略（包括如何确定多件申请之间的优先级），如何开展现有技术检索，并深入研究具体如何撰写一份恰当的权利要求书。本章的讨论将围绕专利申请的整个过程展开，从起草披露发明内容的申请文件开始，到最终获得所期待的一项或多项专利权为止。

　　在起草专利申请的过程中，您对整个项目进行了综合考虑，并决定哪些专利申请适合现在提交，而哪些专利申请则更适合推迟提交。您进行了现有技术检索，草拟了权利要求，并针对一项或多项发明撰写了发明背景和说明书。在确保能够支持权利要求的前提下，您对说明书的内容进行反复思量，斟酌取舍，一方面避免不必要地披露过多的信息，另一方面保留足够的内容以便在必要时可支持撰写更多限制性的权利要求。现在您所面临的问题是下一步该去往何方。您即将进入下一个阶段，这个阶段被称为"审查"或"专利申请的审查"❶。

### 与法律顾问的首次会面

　　现在，您准备好了与法律顾问进行会面。此时，您可能会提出一个疑问，

---

　　❶ 术语"审查"（prosecution）通常用于表示试图使专利通过审批并最终由专利局授权公告的过程。当针对被指控的侵权人行使专利权时，所使用的术语是"主张"或"主张专利"。

既然您已经花费了那么多精力撰写专利申请，为什么还需要再花钱聘请法律顾问呢？对于这个问题，直接的回答是，专利是一份法律文件，一旦其成功通过审查，将使这件专利的所有者获得某些法律权利。因此，为了获得最佳的专利，您需要聘请一位具备专业法律知识的人。

在提交专利申请方面，具有适当法律专业知识的人包括两类，他们通常拥有两种认证资质中的至少一种。第一类人是专利律师。专利律师是指曾在法学院就读、获得律师资格并在专利法方面获得专业领域认证的人。一般来说，专利律师会有一些技术背景，他们通常具有理科或工科学士学位。

第二类人是具有专利法专业知识的专利代理人。专利代理人不是律师，不能在专利诉讼中代表您出庭。但是，专利代理人可以从事与发明专利有关的所有其他业务。专利代理人大多曾担任过工程师，之后决定学习专利法课程并通过律师资格考试，从而获得资质以代理人的身份处理专利事务。此外，专利代理人中也有一些是曾经在专利局工作过的审查员，他们后来取得了专利代理人资格。

相比之下，聘请专利代理人可能比聘请律师更省钱，因为专利代理人每小时的计费标准通常远低于律师。根据作者与他们合作撰写和办理专利申请的经验，专利代理人和专利律师都可以很出色地完成工作。但需要注意的是，专利代理人不是律师，因此可能并非都会受到律师－客户保密特权的约束，这取决于这位代理人是独立代理人还是就职于您或您的雇主所聘用的律师事务所。❶

当您的法律顾问（专利律师❷或专利代理人）审阅了您所起草的申请文件初稿后，可能会想要对您所提出的权利要求进行修改。他可能还会寻找与该发明有关的更多信息，以便在权利要求书中更全面地对其进行定义，同时在说明书中补充背景技术信息和更多细节。您的法律顾问具有与专利局打交道的经验，他希望确保您的发明在法律上能够与现有技术区分开来。请记住，如果仅仅是确认您所研究的技术与现有技术不同，或者您正在解决一个完全不同的问题，这是不够的。您的法律顾问所关注的是，该发明是否具备专利法所定义的新颖性，以及对本领域普通技术人员来说是否非显而易见。

各类文档通常都是针对特定读者而撰写的。科学论文一般面向与作者从事

---

❶ 应该注意的是，如果您的雇主雇用了该专利律师，那么受律师－客户保密特权保护的是您雇主的利益。在这些情况下，律师并不代表您个人的利益，并且如果讨论超出了您的雇主所规定的范围，他们可能不受该特权的约束。

❷ 除非另有明确说明，否则术语"律师"和"法律顾问"将互换使用，并且意在包括专利代理人。但是，应该注意的是，在主张专利权（起诉被指控的侵权人）时，您的法律代表必须是律师而不是专利代理人。在讨论主张时，法律顾问指的是律师而不是代理人。

类似领域研究的技术人员。维修手册是针对负责修理或维护设备部件的技术人员编写的。用户手册则针对实际使用所述设备的个人。尽管科学出版物可能包含高等数学或其他细节，从而有助于加深理解，但维修手册并不会包含此类信息，除非这些信息与技术人员的需求直接相关。同样，用户手册提供如何使用该设备的信息，但不会讨论其工作原理或有关该设备维修和服务的信息，因为此类信息仅对熟练的技术人员有用，设备的用户并不需要了解。在所有情况下，文档的撰写都会考虑目标受众。

撰写专利申请时，也必须考虑目标受众。在这种情况下，目标受众包括专利审查员和主审查员❶，尽管二者在发明所属的领域都有技术经验，但他们在审查时并不是从专利申请中所包含的技术信息这个角度来考虑，而是从法律的角度严格审查这件申请所描述的发明是否具有可专利性。

另外一类需要考虑的目标受众是潜在的陪审团成员，他们将在您提出权利主张时判断某人是否侵犯了您的专利权。然而，在主张专利权之前，必须首先获得专利权。第 7 章和第 8 章将讨论为了将来能够主张专利权，应如何撰写权利要求。

例如，我们来考虑 5772779 号美国专利[1]。该专利中描述的发明涉及一种在电子照相打印机中使用的清洁辊，其用于在将碳粉图像转印到纸张接收器之后从感光器上去除残留的碳粉。该旋转辊刷掉感光器上的残留碳粉，并通过真空吸尘对其自身进行清洁。

该清洁辊由一家公司生产的丙烯酸纤维制成。另一家公司将所述纤维织成毯子，然后卖给其他人，并用于各种用途——从大衣的衬垫到油漆辊等。事实上，一家主要产品是油漆辊的公司随后购买了这些毯子，并制造了打印机中所使用的清洁辊。

研发团队面临的问题是，如果使用新的、以前未使用过的清洁辊来清洁以前未使用过的感光器，那么感光器表面会很快形成浮垢。这将使得感光器无法在激光照射下正常放电，从而使静电潜像劣化，并导致打印图像中存在可观察到的缺陷。研发团队面临的问题是如何防止浮垢的形成。这非常具有挑战性，因为研发团队并不知道浮垢为什么会形成。特别是，如果该清洁辊或感光器中的任何一个或两者都是被使用过的，则浮垢的问题就不会出现。

经过广泛的科学分析，研发团队发现产生上述问题的原因是：新的清洁辊会在感光器上沉积一种未知的物质。这种物质具有黏性，在转印过程中会将纸

---

❶ 在专利局工作并直接负责确定您的申请是否可获得专利的人是专利审查员。主审查员是专利审查员的主管，负责在专利审查员的审查决定和通知书（被称为审查意见）发出之前对其进行审核。

张中的碳化钙填充颗粒黏合到感光器上，从而导致产生低质量的图像。而使用过的清洁辊和感光器上存在的碳粉能够使纤维与感光器分离，从而防止上述黏性物质转移到感光器上。

知晓浮垢是什么以后，研发团队需要回答下面的问题：这种黏性物质是什么？它的来源是什么？

很明显，这种黏性物质来自纤维，但纤维制造商不会向研发团队提供任何信息。显然，这种黏性物质是纤维专有制造工艺的一部分，而制造工艺是保密的。此外，由于制造商每年生产数千吨此类纤维，且主要用于地毯行业，而每年生产清洁辊所需的纤维供应量与之相比是微不足道的，制造商不会愿意为此而改变他们的制造工艺。

研发团队最终认识到，困扰他们的物质是为了便于纤维的制造而涂布在纤维上的一种整理剂，正是这种物质导致浮垢的形成。此外，研发团队能够确定该浮垢物质的物理特性，并且发现，通过在热水中用适当的表面活性剂或有机溶剂对清洁辊进行清洗，可以从清洁辊上去除这种物质。现在，研发团队有了针对技术问题的解决方案，并且认为其并非显而易见。研发团队针对这个解决方案提交了专利申请，该申请虽然起初被驳回，但最终获得了授权。下面请与作者一起来研究一下有哪些信息需要与法律顾问讨论，以及什么构成了发明❶。

应该强调的是，这个例子相对简单，因为它涉及的是旨在解决一个具体问题的单一专利，而不是旨在保护一个技术领域的专利族。然而，由于本章的重点是描述获得专利的步骤，从这个目的来说，这个例子已经足以说明问题了。

基于上述讨论，您应该向您的法律顾问提供哪些信息？答案是，应当提供与所解决的问题相关的所有信息，即使很多信息没有被纳入专利申请中。需要再次强调的是，专利文件是一种法律文件，您的法律顾问拥有相关的知识和技能，能够最大限度地提高您实际获得必要的专利保护的机会。然而，有些信息是至关重要的，有些信息可能重要也可能不重要。在上述关于浮垢形成问题的例子中，针对问题产生原因的研究，虽然可能是一项有趣的科学研究的主题，并且可能对解释发明有一定的价值，但对于获得专利而言并不重要。人们不必解释，甚至不必理解一项发明是如何起作用或者为什么起作用的。人们需要的

---

❶ 尽管根据当前的规定，包含多项发明的专利申请应当分案，但是在该专利授权时（1998年），这样的专利申请有可能获得授权。因此，研发团队最终获得授权的专利保护范围包括：表面没有涂布该整理剂物质的清洁辊的用途以及从成品清洁辊上去除该整理剂的方法。如今，该专利可能会被视为包含两项独立的发明，因为其中任何一项都可以被单独实施。

是，清楚地说明发明是什么，以及如何实施。因此，由发明人所撰写的权利要求书的初始版本很重要，这并不是因为它将成为该专利申请中提交的权利要求书的最终版本，而是因为它全面详细地定义了该发明是什么。同样重要的是对本发明所解决问题的陈述，以及对现有技术为什么没有解决或提出该技术问题的说明。同样重要的是，要包含实际示例的比较，通过对比实施该发明的示例和未实施该发明的示例，可以显示未实施该发明时存在怎样的问题以及问题的严重程度，从而使实施该发明所能获得的有益效果变得一目了然。此外，附图的草稿，即使不完全符合专利的法律要求，对于解释发明也是非常有帮助的，并有助于申请文件撰写者根据草稿绘制出符合要求的附图。换句话说，向法律顾问提供的信息应当包括：所有那些有助于专利律师或代理人理解您的发明的信息。

## 您应该从法律顾问那里得到什么？

您的律师可能对您所从事的专业技术领域有所了解或并不了解，但不要期望他或她具备您所拥有的专业知识。您的法律代表只是专利法方面的专家。而且，虽然律师可能会帮助您对发明作出定义，但实际上主要还是取决于您自己。法律顾问可以审查您的材料，针对审查员可能会提出的问题提供建议，并在专利局最终对您的申请授权时加强您的专利保护。律师还会建议您在专利申请的公开内容中包含可能的次选方案。如果在最初提交的公开文件中有足够的材料来支持另一组保护范围更小的权利要求，那么一旦在后续审查过程中，审查员发现相关现有技术而发出审查意见驳回您初始提交的权利要求时，您就能克服审查意见所指出的缺陷（法律上的说法是"规避"）。

法律顾问还可能询问每个被提名的发明人实际上作出了什么贡献。另外，如果在关于谁应该被列为专利申请中的发明人方面存在问题，法律顾问可以帮助解决这个问题。

非常重要的是，要向您的法律代表说明您此时正在考虑提出的所有申请。此外，要与您的律师讨论正在进行的研发工作，以便他或她能够了解全局。请记住，您正在试图创建的是一个专利组合，以便对您的宝贵技术进行全面保护，而不只是通常意义上的单件专利。通过与您的法律顾问正确地开展合作，将确保您在专利申请通过审查以及设计和构建有价值的专利组合方面获得最高的成功概率。

## 在您的专利律师或代理人审查过您的申请之后

确保所有的发明人都仔细阅读了拟提交的专利申请文件，这一点也是极其重要的。向每一位发明人询问一个问题：您是否理解申请文件所陈述的内容？如果答案是否，那就需要与您的律师进行沟通了。可能是律师对某些内容的陈述存在错误。或者，也可能是您不了解申请文件中作出某些陈述的法律原因。在任何一种情况下，针对申请文件的任何问题或疑虑都应在申请被递交（通常使用"提交"一词）到专利局之前得到解决。再次提醒，请记住，申请一旦被递交，能修改的就只有权利要求，并且对权利要求进行的所有修改都必须得到申请文件的支持，即必须在原始申请文本中存在恰当而完整的披露。

一旦您和法律顾问完成对申请文件的修改并准备递交给专利局，您将被要求签署几份表格。其中包括一份宣誓书，表明您已阅读并理解申请文件，并证明申请文件中的所有内容均真实无误。您还会被要求确认自己是该申请的发明人。最后，您可能会被要求签署一份转让协议，将所有权及所有权利授予另一个人或实体，如您的雇主。对于为完成受雇的工作而作出的发明，这份转让协议的受让方可能是与您签有雇佣合同的公司。如果您从政府机构获得与某非营利实体（如大学）合作所需的资金，您可能必须将所有权利转让给该非营利机构。获得转让的人或实体将拥有这件专利，并可以按照自己的意愿使用该专利。

## 提交申请

现在，您的律师将向专利局提交申请。优选的是通过电子方式完成，这样做既是为了方便和及时提交申请，同时也是因为如果您选择使用纸质方式提交申请，还需要缴纳额外的费用。申请提交完成后，您就可以开始等待了。在某些情况下，专利可能会在一年内完成授权公告。但通常情况下，专利最终完成授权公告需要花费两到三年的时间。如果存在某些复杂因素，比如第 13 章所述的情况，申请过程可能还需要更长的时间。

18 个月后，该申请将被公布。从这个时候开始，您就可以在美国专利商标局（假设您在美国申请）的网站上跟踪它的进展情况了。美国专利商标局的网站可以通过输入网址 www. uspto. gov 来访问。在页面上，单击"Patents"（专利）。如果想要获得该专利申请的公开号，可以通过单击"Patent Tools and Links"（专利工具和链接）下的 AppFT 工具来实现。复制查找到该申请的公开号。然后，您还可以通过搜索发明人的姓名（姓氏、分号、空格、名字）来查找该申请。

获得申请的公开号后，单击指定的"PAIR"（Patent Application Information Retrieval，专利申请信息检索）选项卡。然后单击"Public PAIR"（公共专利申请信息检索）❶选项卡。进入公共专利申请信息检索部分后，单击选项框中的公开号选项并输入您从该申请链接中检索得到的公开号。然后您将能够访问该申请审查过程中所有的历史记录，包括申请文件和所有的审查意见通知书。

很重要的一点是，您要明白，无论您是否实际获得专利权，专利申请的信息都是公开的，任何人都可以访问。因为，专利本质上是一种交易，您教导公众知晓您的技术，以此作为交换，希望能够在法律规定的时间内排除他人实施您所要求保护的发明。您的目标是认真地检索和分析现有技术，仔细地界定所解决的问题，并撰写权利要求书，使您的发明得到既细致又全面的定义，同时避免过窄地限定权利要求的保护范围。权利要求过窄会导致无法阻止竞争对手将类似产品商业化。如果操作得当，您应该能够使 70%～80% 的专利申请成功通过审查。这也是为什么应该从整体上审视您的专利组合以充分保护您的技术，而不仅仅着眼于为单个发明提交专利申请的另一个原因。

成功获得专利的第一步，是以深入全面的现有技术检索为基础，将检索结果纳入本发明的背景技术中，据此准确地定义问题，并仔细地描述本发明，使其相对于现有技术非显而易见。第 13 章将详细描述实际进入专利申请的审查所涉及的步骤。然而，由于已经提到应当仔细研究现有技术并相应地定义您的发明，因此有必要进一步讨论前面提到的关于清洁辊的专利，并研究其中一份审查意见通知书——在该案例中，是首次驳回申请的审查意见通知书。

在提交上述专利申请几个月后，研发团队收到了一份审查意见通知书，其以显而易见为由驳回了该专利申请。这份审查意见中引用了一篇描述油漆辊的专利文献，审查员虽认可所引用的专利文献没有记载有关对该油漆辊进行清洗的内容，但认为油漆工必然对其进行了清洗。

如果申请文件中仅仅将问题描述为由于清洁辊中黏性物质的存在而在清洁辊接触的表面上形成浮垢，那么审查员的观点是正确的，即通过对辊进行清洗可以防止其接触面受到污染。在这种情况下，虽然油漆辊和清洁辊二者有区别，其应用也不相同，但这并不重要。如果该申请所解决的问题为黏性物质从清洁辊转移到与之配合的感光器表面，则只需通过对其进行适当的清洗即可解决，那么该申请所提出的解决方案将是显而易见的。然而，申请人提出了两个

---

❶ "Private PAIR"选项卡仅限获得许可的专利专业人士访问，并且包含公众无法访问的信息。

反驳审查意见的论点。首先，审查意见中所引用的专利文献没有公开油漆辊曾经被清洗过。申请人陈述意见认为，油漆工很有可能只是在使用后把油漆辊扔掉，因为油漆辊很便宜，而对其清洗则需要使用溶剂，而且很费时。其次，如果油漆工要清洗油漆辊，那么他应该会在使用之后进行清洗而不是在使用之前清洗。毕竟，对尚未使用过的干净的油漆辊进行清洗是没有任何意义的。

在该申请中，由于在权利要求书和用以支持权利要求的说明书详细描述中均清楚地说明，辊必须在其初始使用之前进行清洁以避免形成浮垢，审查员接受了申请人陈述的观点，在后续对该专利申请作出了授权决定。

通过上述案例，可以得出几条经验，建议读者能够牢记。首先是必须明确地描述问题及其解决方案。如果申请文件仅仅披露对辊进行清洗去除其表面涂布的整理剂以避免污染接触面，而没有明确说明该清洗步骤必须在使用前进行，那么审查员关于"油漆辊可以通过清洗来避免这种污染，因而可以显而易见地得出本申请技术方案"的主张是正确的。其次，审查员引用的现有技术并不局限于您所工作的技术领域。由此可以推断，您根本不可能排除审查员能找到的、可能与您的发明有关的一切内容。这可能会成为一个难题，因为审查员可以把任意数量的现有技术组合起来。您可以做而且必须要做的是，集中精力选择一篇有代表性的最接近的现有技术，以此为基础定义该申请所解决的问题，使得无论是该现有技术本身，还是该现有技术与其他现有技术的任何组合都不能教导得出您的发明。如果将这些信息包含在专利申请中，您就能够很好地克服审查意见中指出的任何缺陷，甚至避免收到驳回申请的审查意见。

## 下一步工作

也许审查员经过检索并没有发现与您的专利申请有关的现有技术，从而会在首次审查意见中发出授权通知。这是非常有利的情况，因为这样的话，在专利局关于该申请的审查档案中记录的文件数量是最少的，而这些记录是可以被竞争对手的律师检索到的。当您主张权利时，被对方律师检索得到的相关文件数量越少越好。但是，这样还存在另一个问题：审查员没有检索到相关现有技术，可能是由于您的申请中权利要求限定的范围过窄所导致的。关于这个问题，您可以通过提交继续审查请求（在没有引入新的内容的情况下）或者部分继续审查请求（在必须引入新内容的情况下）来解决。无论哪种情况，您都需要提交一份新的专利申请。对有关内容将在第13章中进行更全面的介绍。

当然，审查员也可能会驳回您的权利要求。导致权利要求被驳回的原因可能是各种各样的，其中大多数是法律方面的。然而，最常见的驳回理由是不具备新颖性或非显而易见性。这种情况下，您可以与审查员争辩，就像清洁辊的专利申请中申请人所做的那样。或者，您也可以修改权利要求，使其相对于通知书中所引用的现有技术文献具备新颖性和非显而易见性。您可以通过与法律顾问进行充分讨论，从而选择采取合适的答复策略。

如果您所有的工作都做得很充分，同时运气不错，那么您最终会收到一份授权通知书，同时说明其可被授予专利权的理由。祝贺您！现在，您所需要做的就只有缴费和等着颁证，专利已经在到来的路上了。

**参考文献**

[1] D. S. Rimai, T. H. Morse, J. R. Locke, R. C. Bowen, and J. C. Maher, U. S. Patent ＃5, 772, 779（1998）.

# 第 4 章
# 识别可获得专利的发明

## 引 言

多年来，作者经常与科学家、工程师和技术团队会面，他们为创新产品的推出提供技术支撑。他们极具创造力、勤奋且非常聪明能干。为了突破制约产品取得商业成功的技术瓶颈，他们投入大量的时间进行研发，从而提出了新颖的解决方案。然而，很多时候，他们并没有为此提交专利申请交底书。当被问及原因时，他们回答说，自己并没有发明任何东西。可是，他们明明取得了技术进步，却意识不到自己作出了发明，为什么会存在这种认知上的脱节呢？然而，在其他一些情况下，他们过早地提交专利申请交底书，甚至有的时候发明尚且没有完成。为何如此高素质的技术创新人才却无缘取得专利？为了分析造成这种问题的原因，可以设想以下几种情况。

第一种情况下，之所以未能识别出可获得专利的发明，是因为研发团队已经为寻求问题的解决方案花费了大量的时间精力，对他们来说，该问题的解决方案似乎是显而易见的。这种认识的偏颇之处在于，当一群专注而技术娴熟的团队伙伴一起努力解决问题并提出了解决方案之后，这个解决方案在团队成员的眼中变得似乎显而易见了。但事实上，"事后诸葛亮"并不能使一个非显而易见的解决方案变得显而易见。

第二种导致无法识别可获得专利的发明的情况通常与第一种情况有关，原因是将技术团队的成员等同于法律要求中所规定的"本领域普通技术人员"。但事实上，二者并不能被混为一谈，因为技术团队成员所拥有的专业能力通常超出本领域普通专业技能。根据专利法的要求，一项发明对于本领域普通技术人员来说必须是非显而易见的。需要注意的是，对具有超出本领域普通技术能力的人员来说显而易见的方案，也是有可能具备创造性的，只要它对于本领域普通技术人员来说是非显而易见的即可。

第三种情况可能是由于发明人过早地提交专利申请交底书❶：他们认为自己拥有一项发明就提交了，但并没有首先将项目作为一个整体进行考量，没有全面地考虑为了使项目成功而必须克服的各种技术挑战。这种情况下，他们所提交的或许是可获得专利的发明，但也或许不是。有些时候，他们确实有一项可获得专利的发明，但不一定是针对所要解决的问题。此时虽然有可能获得专利保护，但必须对所解决的问题进行重新定义，以使其提出的解决方案看起来是非显而易见的。此外，尽管他们可能有针对技术问题的可获得专利的解决方案，但他们仅仅专注于特定技术问题的具体解决方案，而并没有从整体的角度考虑如何对其技术进行全面保护。

在未对项目进行通盘考虑的情况下提交专利申请，可能会导致其他团队成员错误地以为与该项目相关的所有发明都已获得专利。或者，提交此类专利申请可能而且通常会导致过早地披露信息，从而给后续争取获得更完整的专利覆盖范围带来困难，甚至造成阻碍。

发明人应如何识别可用于产生有价值的专利组合的材料，以保护整体的技术改进，并且不会因专利申请的过早披露而危及未来的申请？关于这个问题的讨论将贯穿本书的始终。

第四种情况通常发生在技术团队成员意识到他们拥有一种新的创新产品的时候。然而，他们并没有认识到仅仅通过组合已知技术就可以实现该产品。简单地将已知技术组合在一起，其中每个组件以已知方式发挥作用，通常是无法获得专利的，但针对组合技术时遇到的技术障碍所提出的解决方案是可以获得专利的。事实上几乎总是这样，新技术不是凭空产生的。相反，正如伯克（Burke）所论述的[1]，技术进步之所以发生，是因为有人认识到可以通过组合已知的组件来产生新的东西。然后，团队成员试图通过提交专利申请（通常被称为"组合发明"）来获得对其新产品的专利保护，其通过已知技术将各个组件组合在一起生产新的产品，其中每个组件只是按照其已知的功能发挥作用。但这样做只是在浪费时间和金钱，因为专利审查员会认为以已知方式使用已知技术的组合并获得预期结果是显而易见的，并因此驳回此类专利申请。但是，伯克和发明人们忽略了一点，即这些发明不仅仅是已知技术的简单组合。相反，这些发明克服了在将已知技术组件集成到一个功能产品中时所遇到的问

---

❶ 本书所用的术语"专利申请交底书"，一般是指对问题及其解决方案的简要描述。整个专利申请交底书的长度通常不到一页。

题。同样，必须在专利申请的背景部分对所解决的问题进行适当而准确的定义。创新产品可以获得专利的原因在于，其针对以前集成其他已知技术时所需要克服的技术障碍提出了解决方案。

下面用一个实际的例子更深入地探讨上述第三和第四种情况。某工程师团队正在开发一种高速黑白电子照相打印机。该打印机通过将两台打印机串联在一起提高了工作效率，这样第一台打印机用于打印纸张的一个面，与其串联的第二台打印机将接着打印另一面。而传统的打印机实现双面打印的过程是，首先打印纸张的一面，然后翻转纸张以打印另一面。作为一名专利工程师❶，作者的任务是围绕该产品开发一个专利组合。[2]

作者与这个团队的工程师们进行了会面。他们都是积极而专业的高级人才，致力于及时交付成功的产品。在与之前项目相关的多件专利中，其中几位已经被提名为发明人。他们都是忠诚的员工，希望尽一切努力为雇主谋取利益。

当作者询问团队成员他们有什么发明时，他们回答说没有，因为他们没有发明任何东西。事实上，他们声称他们所做的只是将两台打印机串联在一起。随后作者又问，如果他们要做的只是连接两台打印机，为什么他们不能提前一年完成这个项目？这个问题立即引发了他们关于该项目必须解决的一连串技术问题的说明，包括必须能够完美地实现两台机器之间的准确同步（因为相互耦合的打印机之间哪怕仅有毫秒的时差也可能导致严重的配准不良和对齐不佳❷）、能够将两台打印机耦合在一起的同时保持交叉轨道对准、能够有选择地翻转要双面打印的页面而不对单面打印模式下的纸张进行翻转，此外还要能够在改变纸张大小时控制耦合打印机中的打印同步，等等。

换句话来说，团队成员并没有意识到他们正在解决的问题。他们以为自己所解决的问题是：通过将两台打印机以串联方式耦合在一起，使每台打印机只在纸张的一侧打印，从而提高打印机的速度和生产效率。对他们来说，将已知技术结合起来是显而易见的，对于本领域普通技术人员（例如在图形艺术业务中，以印刷页面为生的人）来说确实如此。然而，实际上，他们所找到的可获得专利的解决方案所解决的是将打印机耦合在一起时遇到的技术问题。一旦认识到这种差异，他们就能够简明扼要地阐明他们是如何解决每个问题的，从而立即产生了大量可以提出的权利要求。据此，他们提交了多件专利申请并

---

❶ 专利工程师是深入了解相关领域的技术知识，同时具备扎实的专利工作技能的人。专利工程师的部分职责是帮助企业建立适当的专利组合，以保护企业的知识产权，并帮助其在市场上建立专有地位。

❷ 印刷品的正反两面之间的对准被称为"对齐"。

成功获得授权[3-9]。这些专利形成了一个坚实的组合,对竞争对手推出类似产品构成了壁垒,因为竞争对手也必须解决这些技术问题。提交这些专利申请是基于两点固有认知:①不可能预测到竞争对手为规避给定的专利可能会采用的所有替代方案,但是如果有良好的专利组合,那么竞争对手要规避所有专利则成本高昂且困难重重;②所提交的专利申请不太可能全部获得授权,而无论是否成功获权,专利申请一旦公开都会教导公众如何解决其技术问题。然而,充分地开展现有技术检索,在专利申请的背景技术部分说明现有技术的状况,并准确地陈述本申请所解决的技术问题,有助于使审查员理解本申请所解决的技术问题以及在现有技术中没有找到解决方案的原因,从而大大提高专利申请获得授权的概率,有力地阻止潜在的竞争对手推出类似产品。

从前面的讨论中可以明显看出,确定什么是可获得专利的,并建立一个能够全面保护您知识产权的专利组合,有时候可能是一件颇具挑战性的事情。一些情况下,如果某种产品以新颖且非显而易见的方式解决某技术问题,那么其本身就足以被授予专利。即便如此,也可能会有机会在产品构思的范围内提高专利覆盖度,从而打造更加强大、更有价值的专利组合。

之所以选择电子照相技术领域的例子,是因为该领域有大量的现有技术需要加以限制。尽管电子照相打印机是众所周知的,并且使用两台耦合的打印机实现双面打印来代替导致降低打印速度的翻转纸张的方式这一想法也是显而易见的,但针对将两台打印机串联时遇到的技术问题所提出的解决方案是符合专利性的法律要求的。因此,不仅要考虑新产品是什么,还要考虑为了开发该新产品必须解决哪些问题。现在请把关注的重点转到如何识别此类解决方案上来。

## 拥有问题

大多数专利战略都围绕着提交多件相互独立的、不同的专利申请而制定,这些专利申请分别揭示了不同问题的解决方案。通常情况下,这些申请之间几乎没有联系或协同考虑。这往往会导致建立的专利组合比较弱,这些专利组合教导了很多关于该技术的信息,且构建和维护成本很高,但是所提供的保护力度相比于最优战略要小得多。事实上,这样的战略给竞争对手留下了许多围绕这些专利进一步开展工作的机会,毕竟竞争对手也具有超出本领域普通水平的技术知识和能力,他们在阅读过这些专利后得到了相应的教导,能够很清楚地知道要解决的问题是什么以及如何解决这些问题。

《专利工程》[2]一书中介绍了一种更好的专利战略。这种专利战略被称为

"拥有问题"，其聚焦于获得能够为产品的整个技术基础提供保护的专利组合，而不仅仅只是保护某些特定问题的解决方案。

拥有问题的目标是围绕您的技术构建全面的专利保护，以防止其他人销售类似的产品。换句话说，使您能够保护自己在市场上的地位。如果您愿意，这种方法还能够使您从想要销售竞争产品的公司那里获得许可费用，并限定这些产品的销售地点和销售范围。相反，如果您的专利过于狭隘，仅专注于您的公司正在做的事情，而其他人对您的专利兴趣不大，那么这些专利就没有多大的价值了。因此，如果您只是拥有这类的专利，则您的公司无法通过与其他公司签订专利交叉许可协议的方式避免向其他公司支付许可费。

拥有问题而不仅仅是拥有具体的解决方案还有另一个好处：您的专利保护范围越广，其他公司需要使用您的知识产权的可能性就越大。通过拥有问题，您可以通过交叉许可协议使用您所需要的、但属于他人的知识产权。

对于大大小小的公司以及个人发明者和企业家来说，还有另一个问题应该关注。这涉及非实施主体（NPE）的影响。非实施主体也被称为专利流氓。

专利流氓是指那些只获得专利，但不生产任何产品的个人或公司。它们通过起诉其他公司来赚钱，声称这些公司侵犯了它们的专利权。

在过去，专利流氓的目标主要是财力雄厚的大公司。然而，正如《华尔街日报》（WSJ）最近发表的一篇文章[10]所讨论的，如今情况已不再如此。随着诉讼成本的增加，其中调查取证程序的成本高达数十万美元，法庭审判成本高达数百万美元，一些专利流氓现在将目标对准了那些根本无力在诉讼中为自己辩护的小公司。这些公司往往选择向专利流氓支付数万美元的许可费，无论其侵权诉讼的主张是否合法，只是为了能够早日结束诉讼案件以继续经营。这些公司中的许多公司都无力承担此类敲诈勒索费用，但面对昂贵的法律辩护成本，它们别无选择。

在《华尔街日报》报道的一个例子中，2016年提起法律诉讼最多的公司从未进入过庭审程序。因此，关于它们的专利是否实际有效的问题尚未裁决。可以说，它只是持有授权的专利而已。

构建一个使您的公司拥有问题的专利战略能否使您减少或免于来自专利流氓的困扰？答案是有可能。

如前所述，专利流氓并不会生产任何产品。它们不需要使用您的知识产权，所以不太可能通过签署交叉许可协议解决问题。类似地，在被提起侵权诉讼时进行反诉（这是针对产品生产公司经常使用的一种策略）也无法对专利流氓构成威慑。诚然，专利法中也发生了一些变化，使得专利流氓的勒索行为得到一定的控制，但这些变化主要是对在侵权诉讼中选择为自己辩护的大公司有效。

有两种方法可以降低因涉嫌专利侵权而被起诉的可能性。第一种方法是进行专利防侵权检索，如《专利工程》[2]一书中所述。防侵权检索将您产品中使用的技术与有效专利中的权利要求进行比较。虽然进行防侵权检索会减少被起诉的概率，尤其是被信誉良好的公司起诉的概率，但它并不能消除这种可能性，因为可能存在法律灰色地带。此外，与主张侵权的诉讼相反，意图收取许可费用的专利流氓可能并不在乎您是否主动侵犯他们的专利权，他们只是试图利用您进行法律辩护必须付出高昂成本作为威胁，来向您收取许可费用。

第二种补充的行动方案是制定和执行专利战略，让您的公司拥有问题。这样做会极大地防止其他人获得能够涵盖（read on）❶您的产品的专利。当然，为了获得专利，发明必须具备新颖性。任何形式的在先公开，包括在商业化产品中使用该技术、在科学或行业期刊上披露信息，或在行业展览会上展示该技术等，都会构成现有技术，审查员可以使用这些信息来拒绝批准专利。话虽如此，审查员更有可能在专利文献中而不是从其他来源找到现有技术，包括但不限于授权专利和专利申请。您最好能够阻止专利流氓或任何其他公司获得覆盖您产品的专利。

## 识别发明

现在重点讨论如何识别可获得专利的发明。具体来说，重点讨论如何对您的技术整体考虑后识别出能够形成专利组合的多项发明，该专利组合的重点是拥有问题，而不仅仅是拥有分散脱节的多件专利。如果多件专利只是分别单独揭示某特定问题的解决方案，那么不能被称为"专利组合"。需要提醒读者的是，通过拥有问题，能够围绕您的技术构建一道壁垒，从而建立并保护您的产品在市场上的垄断地位。此外，专利组合还使您能够通过签署交叉许可协议而使用他人所拥有的知识产权。最后，专利组合还有助于提高您公司的收益，因为如果其他公司需要使用您的知识产权，则需要向您支付许可费。

前面已经介绍了阻碍发明人和其他技术团队成员识别发明的常见误区，现在是时候讨论如何真正开始识别发明并构建一个使您拥有问题的专利组合，而不是建立只为特定解决方案提供有限保护的、分散脱节的单件专利的集合。如前所述，后者所提供的保护非常有限，且获取和维护的成本都很高。

---

❶　如果一个产品实施了一项权利要求保护的发明，则该产品被称为"被专利所涵盖"，即产品落入该权利要求的保护范围。

要开始制定专利战略，您需要一颗"种子"。"种子"是一个问题以及能够解决该问题的技术方案，其有可能成为一项可获得专利的发明，或者有可能"成长"为专利组合。更重要的是，随着项目的推进，"种子"是不断发展的问题及其解决方案的焦点。"种子"在被识别时，不需要有完整的解决方案。相反，它们是您认识到的机会。这些机会可能包括获得新产品或新工艺的基础专利，也可能包括做一些与其他人不同的事情，从而降低产品的复杂性或成本，或使其更易于使用。"种子"本身可能无法获得专利。前面所讨论的通过两台黑白打印机的串联耦合以改进双面打印，就是一个无法获得专利的"种子"的示例。*

"种子"可以源于对竞争产品的分析，从而使您了解这些产品的局限性和缺点。这样的分析可能恰恰是您和团队正在推进的项目来源。源于此类研究的"种子"尤其重要，因为识别了竞争对手的产品需要解决的问题，您的解决方案正是竞争对手所需要的。请记住，只有当别人需要这项发明时，专利才有价值。需要指出的是，"种子"也可以来自竞争对手的专利。毕竟，他们不是在专利中定义了一个问题，并提出了解决这个问题的方案吗？对于他们讨论的问题，可能存在更好的解决方案或者重要的增强措施。

"种子"也可以源自从您现有产品延伸到未来的内省分析。毕竟，一件专利从申请之日到授权公告之日通常需要数年时间，并且保护期限长达 20 年。在这个技术飞速发展的时代，20 年可能代表多个产品生命周期。所以，有必要进行长远考虑。

当您的团队正在讨论开发预期产品的替代方案时，不要忽视那些被"丢在剪辑室地板上的"***想法。这些想法也有可能产生专利，并可能成为进一步发明的"种子"。毕竟，您所认为的最佳替代方案是基于一定的预设条件确定的。如果该预设条件改变了，会发生什么呢？例如，多年以来，汽车点火系统依赖于一种被称为分电器的旋转机械装置，以便在适当的时间向内燃机中的每个气缸提供火花。可以使用真空机构或离心砝码，未来随着发动机转速的变化改变火花的定时。与此同时，IBM 360/370 这样的大型计算机已经存在。多年来，人们一直认为计算机受限于体积太大和/或运行速度太慢而无法在汽车上使用。但如果突破这种认知限定的条件呢？如果有人认为，在下一代中，可以

---

　　* 此处指的是，将打印机的双面打印方式改变为两台打印机串联耦合的方式，这种改变本身无法获得专利，但是为实现这种改变，针对打印机耦合时所存在技术障碍而提出的解决方案是可获得专利的发明，前者是后者的"种子"，"种子"本身无法获得专利。——译者注

　　** 此处为比喻，是指那些未被使用或删减掉的、暂时被舍弃的内容。——译者注

制造出速度快、体积小及成本低的计算机，那会怎么样？如果有一件专利提出在汽车内燃机中使用计算机产生火花并定时，从而无须使用分电器，同时提高燃油使用效率和减少排放，您能想象这件专利如今会具有多高的价值吗？因此，您应当经常对解决问题的预设条件提出疑问。实际上，"种子"包含了任何可能产生针对某些技术问题的、新颖而非显而易见的解决方案的想法——专利的来源。

您正在从事的项目显然是"种子"的来源。在这种情况下，"种子"通常来自识别与本发明的特定领域相关的关键性挑战。关键性挑战是现有产品或服务中存在的问题、限制或缺陷，尤其是与以下方面有关的问题：

- 确定成本、功能或盈利能力；或者
- 是监管要求的结果；或者
- 推动客户的购买决策或习惯。

据推测，您正在从事的项目提出了这些关键性挑战中的至少一个，甚至可能是多个。这些挑战包括从市场上没有什么能解决这些问题的产品，到提高客户购买决策或满足不断变化的监管要求的改进措施。所有这些都为您带来了重要的市场机遇。

列出所有关键性挑战后，问问自己在尝试应对这些挑战时遇到了哪些问题。换句话说，是什么阻止了您在更早的时间（可能是一两年前）克服关键性挑战，并生产出具有所需功能的产品？此外，您目前是否能够以令人满意的方式实现所有那些解决关键性挑战的功能，或者是您仍然面临着一些问题？如果所有问题都已被解决，那么制定专利战略就变得相当简单。但是，如果您仍然面临着问题，那么必须仔细权衡您目前可以披露的内容，以便及时提交专利申请。但是，申请文件中必须包含足够的附加信息，以便将来可以作为修改权利要求（如有必要）的依据，同时又不影响您后续根据研究的进展进一步提交其他专利申请的可能性。

您所从事的项目可能构成关键性挑战，也可能不构成关键性挑战，因此，其本身可能能够获得专利，或者也可能无法获得专利。如果产品以某种方式对已知特征进行组合，从而导致这些特征的组合能够产生预料不到的（新颖且非显而易见的）技术效果，则该设备可以获得专利。波佩尔所获得的关于紧凑型渔具的专利[11]就是这方面的一个例子。具体来说，通过缩短钓竿的长度使其更易于携带和储存是显而易见的。但是，解决包括安全且容易地保管相应的钓具等问题的方案被认为是新颖的。应该注意的是，根据当前专利法的规定，该装置可能会被视为包含多项发明，因此需要多件专利才能对当时所有可专利的特征进行保护。

即使设备本身是可获得专利的，也不要忽略对将单个组件组合到产品中时遇到的问题的解决方案申请专利保护。

相比之下，许多人会认为晶体管是一项单一的发明。然而，在法律上，该设备包含多项不同的发明[12-19]。引用的参考文献并非穷举，而是用于说明晶体管实际上由多项发明组成，而不仅仅是一项发明。

此外，不要忽视您的产品在使用或与其他产品连接时所面临的关键性挑战。例如，在各种电子设备都具有特定协议的情况下，如果您的产品可以与任何计算机、打印机或其他电子设备互联，并且这种性能可以使您的产品区别于竞争对手的产品，那么该性能有利于推动客户更倾向于决定购买您的产品，因此，这就是一个关键性的挑战。

当然，也有一些问题没有上升到关键性挑战的程度。例如，虽然在对汽车车身部件进行连接固定时，采用黏合剂代替焊接或机械紧固件可能会便于制造并减轻车辆重量，但不太可能有人会因为制造的黏合剂来决定购买车辆，即使它是一种高科技或专门的黏合剂。尽管您可能也需要考虑针对非关键性挑战提出专利申请，因为这类专利也可能是很有价值的，但它们不是目前关注的重点。❶

一旦确定了所有的关键性挑战，那么是时候列出在应对这些挑战时遇到的问题了。这些问题的解决方案将构成您的专利战略的核心。区分"基础性改进"和"关键性挑战"这两个术语很重要。基础性改进可能会解决关键性挑战，但也可能不会。您可以回想一下若干年前的 VHS 和 Beta-Max 录像系统。二者都代表了基础性技术，但 Beta-Max 提供的那些技术并不代表关键性挑战，因为它们没有推动客户的购买决策，并且其销售量迅速下降。

同样，再来考虑下柯达进军即时照相领域的例子。即时照相是埃德温·兰德（Edwin Land）和他的宝丽来（Polaroid）公司开创的领域。为了规避兰德在即时照相的基础化学方面的专利，柯达开发了自己的化学包。尽管柯达的化学成分与宝丽来的化学成分截然不同，但没有人会因为某种化学成分而购买即时照相系统。兰德的化学技术的推出为客户提供了便利，让客户可以在几分钟内获得彩色照片而无须处理胶卷。这推动了客户的购买决策，因此，这是一项关键性挑战。当柯达推出竞争性的即时照相产品时，使消费者无须将胶卷送入冲洗机即可制作和查看照片已不再是一项关键性挑战。因为宝丽来的产品已经可以使消费者在拍照后几分钟内查看照片。客户想要即时照片，但他们不关

---

❶ 如果这种非关键性的挑战专利有足够的价值而需要申请，则另当别论。如果就关键性挑战提出专利申请会导致非关键性技术的公开，那么，将这些申请纳入您的专利申请组合将是有必要的。

心，也不了解化学反应。宝丽来的技术推出得正是时机，使客户能够做一些他们以前无法做到的事情。相对地，柯达采用不同的化学技术却没有做到。是的，本来还有可能遇到一些其他关键性挑战。例如，与传统照片相比，即时照片的图像质量较差。提高图像质量可能是一项关键性挑战。此外，消费者不得不在宝丽来的照片上涂上一种令人讨厌的材料，消除这一步骤也可能构成一项关键性挑战。但柯达的技术并未解决这些问题。总而言之，关键性挑战是有时效性的，在某个时间构成关键性挑战的内容，在之后有可能就不再构成此类挑战。

除了上述基础性改进/技术外，宝丽来还开发了使能技术，并因此获得了多件专利。例如，宝丽来拥有一项关于形成辊隙的辊对的专利，消费者通过该辊隙拉动胶片包。这组辊对将显影剂挤入胶片包中，使得曝光的胶片产生即时照片。它易于使用，并解决了如何使化学品与曝光的胶片接触以在消费者选择的时间内进行显影的问题，这样消费者就无须将曝光的胶片送入照片洗印机来实现照片打印。为消费者提供在现场或随后其自由选择的时间拍摄并冲洗照片的功能，推动了消费者的购买决策。事实上，正是这件专利和其他 6 件相对简单的使能技术专利使柯达损失了超过 9 亿美元，并迫使其退出了即时照相业务。总而言之，简单的使能技术也可以解决关键性挑战，识别此类发明并为其申请专利可能会产生巨大的价值。

基础性技术也可以推动购买决策。例如，柯达在其彩色照相业务中使用与自然色彩非常接近的染料，并认为这是消费者想要的。事实上，与普通消费者相比，专业应用市场上更青睐这些颜色。然而，富士胶片开发了颜色亮度更高的染料，虽然不真实，但消费者更喜欢这些颜色，从而使得富士增加了市场份额。在这个例子里，基础性技术也代表了一项关键性挑战，因为它推动了客户的购买决策。

一旦确定了关键性挑战，您就需要确定如何解决它们。这将构成您的专利战略的基础。此外，正如前面所讨论的，针对问题的多个解决方案，思考您选择某些解决方案的原因，同时重新检查那些没有选择的备选方案。如果某些备选方案是因为存在根本性缺陷而未被选择，那就可以舍弃并继续检查下一个。然而，如果没有选择某些备选方案的原因是某种预设条件，或者是因为所选择的方案更容易集成到您的预期产品中，那么最好在您的专利战略中包含这些替代解决方案。再说一遍：专利的寿命相对较长，掌握替代方案可以让您掌握未来的市场。

## 确定您的竞争对手在做什么

到目前为止，您已经确定了在开发自己的技术时遇到的问题及其解决方案。现在是时候再来看看竞争对手是如何解决类似问题的了。

仔细而反复地研究竞争对手的产品很重要。首先，这种研究会迫使您将自己的产品与市场上已有的或即将推出的产品进行比较。您的产品是否以某种方式解决了关键性挑战，使得客户会选择购买您的产品而不是竞争对手的产品？在最坏的情况下，您可能会了解到竞争对手即将推出的产品也许会彻底破坏您的市场，使得您不得不决定完全取消您的计划。

检查竞争对手的产品，对您来说另外一个好处是，您可以认识到这些产品的缺点和不足以及改进产品的机会，这将有助于您开发出优于竞争对手的产品，从而争取到潜在的客户。在开发产品后，您将知道如何解决竞争对手的产品所存在的问题。对您构建的专利组合来说，这些能够解决竞争对手的问题的方案是非常有价值的补充，因为竞争对手可能需要这些解决方案，尤其是当您推出了不存在这些问题的产品后。

既然您已经确定了关键性挑战和"种子"，那么清楚地解释您的发明如何应对这些挑战是至关重要的。特别是，在说明发明背景技术时，重要的是要解释为什么现有技术，无论是单篇，还是与不限数量的多篇其他现有技术相结合，都不能解决这个问题。记住，为了获得专利，您的解决方案必须具备新颖性和非显而易见性。能够在本申请中说明竞争对手的技术所存在的缺陷将大大有助于确立您的发明的可专利性。毕竟，如果该缺陷容易解决且解决方案是显而易见的，为什么竞争对手还会推出有缺陷的产品？

然而，在讨论现有技术中所公开的技术存在的缺陷时，有一点忠告：在寻求新专利时，当提及现有技术的缺陷，特别是该现有技术是您自身的现有专利时，要格外谨慎。因为当您选择主张专利权时，此类信息将很容易被侵权被告方所发现，很可能会被其用来对付您。此外，竞争对手还可以基于此类信息来确立其专利申请的可专利性。

## 对可获得专利的使能技术申请专利

正如上文所讨论的，使您的基础性改进发挥作用所需的使能技术可能代表着关键性挑战，可能比基础专利更有价值。这是柯达在试图针对宝丽来提出的权利主张进行辩护时发现的。简而言之，我们无法先验地知道哪些专利是有价值的。您所需要做的，是尽可能地使您的专利覆盖自己所有的基础性改进。

## 结束语

重要的是要记住，如今，每件专利仅限于保护一项单一的、独特的发明。一般来说，一项针对某材料的发明，被视为不同于一项揭示了使用该材料的设备的优点的发明。使用该设备或该材料的方法通常是不同的发明。这是因为使用一种材料所获得的有益效果可以通过不同的设备获得。类似地，完成某件事情的方法可以与不同的设备或材料一起使用。

正如将在第 8 章中详细讨论的那样，在识别发明时要始终牢记，获得能够主张专利权的能力是非常重要的。您最好为那些只需要一个主体（无论是个人还是公司）就可以实施侵权的发明申请专利保护。因此，若一项发明首先需要某人制造某设备或配制某新化合物，然后再使用该设备或化合物，那么对这样的发明主张权利是比较困难的，因为可能实施侵权的主体有多个。因此，此类技术改进可能构成了不止一项的发明，应将其作为单独的申请分别提交。

最后，关键是要记住，您正在构建一个使您"拥有问题"的专利组合，从而保护您在市场中的地位，而不仅仅是一些为某些技术问题提供特定解决方案的分散脱节的专利集合。因此，专利申请之间将有很多重叠。要仔细确定哪些适合提交申请，哪些不适合。请记住，专利将被授予最先申请的人，而不是最先发明的人，因此专利的申请日或优先权日是至关重要的。然而，您需要避免过早披露您计划在将来提交的专利申请中的任何信息。这需要做到一个微妙的平衡。一方面您的申请文件中必须披露足够的信息，以便将来审查过程中，当审查员驳回了初始提出的权利要求时，可以据此对权利要求进行修改。但另一方面，又要避免在申请文件中披露不必要的信息。因此要做到这一点相当复杂。总之，在任何时候都要致力于实施成功的专利战略，而不仅仅是能够使单件专利申请通过审查。然而，建立一个可靠的专利组合需要您的大部分单件专利申请能够成功地通过审查，从而获得授权。

### 参考文献

[1] J. Burke, *Connections*, Little, Brown, and Company, Boston, MA (1978).

[2] D. S. Rimai, *Patent Engineering*, Scrivener Publishing, Beverly, MA (2016).

[3] M. T. Dobbertin and A. E. Rapkin, U. S. Patent #8, 019, 255 (2011).

[4] M. T. Dobberton and T. J. Young, U. S. Patent #8, 000, 645 (2011).

[5] M. T. Dobberton and T. J. Young, U. S. Patent #8, 224, 226 (2012).

[6] T. J. Young, D. J. Fuest, M. T. Dobberton, and C. B. Liston, U. S. Patent 8, 180, 242 (2012).

[7] T. J. Young, D. J. Fuest, M. T. Dobberton, and C. J. Liston, U. S. Patent #8, 099, 009 (2012).

[8] J. A. Pitas, A. E. Rapkin, and M. T. Dobbertin, U. S. Patent #8, 301, 061 (2012).

[9] M. T. Dobberton and T. K. Sciurba, U. S. Patent #8, 355, 159 (2013).

[10] http://www. wsj. com/articles/americas − biggest − filer − of − patent − suits − wantsyou − to − know − it − invented − shipping − notification − 1477582521.

[11] S. J. Popeil, U. S. Patent #4, 027, 419 (1977).

[12] W. Brattain, U. S. Patent #2, 663, 829 (1953).

[13] W. Brattain and J. Bardeen, U. S. Patent #2, 589, 658 (1952).

[14] J. Bardeen and W. Brattain, U. S. Patent #2, 524, 035 (1950).

[15] W. Brattain and R. Gibney, U. S. Patent #2, 524, 034 (1950).

[16] G. Pearson and W. Shockley, U. S. Patent #2, 502, 479 (1950).

[17] W. Shockley, U. S. Patent #2, 502, 488 (1950).

[18] W. Shockley, U. S. Patent #2, 654, 059 (1953).

[19] W. Shockley and M. Sparks, U. S. Patent 2, 623, 105 (1952).

# 第 **5** 章
## 识别尚未产生的发明

## 引　言

在大多数情况下，确定可获得专利的发明以及手头问题的解决方案是非常具有挑战性的。正如第 4 章所讨论的，当您需要将针对多个问题的大量解决方案集成起来以便制定一个连贯的专利战略时，这件事就变得更具挑战性了。您需要识别出尚未产生的发明，它们可能正在解决一个您尚未意识到的问题。为什么这是必要的？您要如何实现这一目标呢？

向前展望是有益处的，原因在于：首先，它让您专注于自己所面临的问题。问题列表是不断变化的。有些问题会得到解决，而有些原本在预期中的问题却可能并没有成为研发的主题，还有些问题似乎还不知从何而来。

多数情况下，问题已不再是构建基础性技术，而是转变为解决基础性技术实施的问题。再次提醒读者不要混淆"基础性技术"和"关键性挑战"这两个术语。虽然基础性问题通常与关键性挑战相关联，但情况并非总是如此。例如，5678617 号美国专利[1]描述了一种方法和设备，用于使饮料从调酒师准备饮料的位置开始，沿着吧台跳跃到顾客的位置❶。

很显然，发明人必须解决一些基础性问题才能使该设备起作用。然而，需要提醒读者的是，要成为一项关键性挑战，发明必须具备以下特点：

a. 确定成本、功能或盈利能力；或者

b. 满足监管要求；或者

---

❶　在对该专利授权的时候，美国专利商标局允许在一件专利中同时包含装置和方法的权利要求。但是现在，这种情况似乎被认为应当以两项发明分别提出申请，因为其中任何一项都可以单独实施而不必依赖于另一项。

c. 推动客户的购买决策。

　　这件专利中所描述的技术不太可能推动客户的购买决策。它当然也没有解决任何监管问题。此外，它也并不决定产品的成本或盈利能力。尽管其功能性可能还存在争议，到目前为止，这项技术似乎更适合被描述为"耍花枪"❶，而不是一个用于传送真实饮料的实际机制。

## 将电子照相印刷技术拓展到新的应用领域

　　说到这里，再来介绍一个创新技术开发的例子，其中所遇到的问题往往是无法预料的，并且需要经过几年的时间循序渐进地解决。这个例子涉及作者有幸从事工作的电子照相领域。

　　直到 1990 年左右，电子照相技术的应用还仅限于复印机。电子照相技术的图像质量适合字母数字文本的复制。随着技术的发展，可以通过静电转移将碳粉图像从感光器转印到纸张上❷，由此"普通纸复印机"问世了，从而将电子照相技术的应用扩展到了过去由平版印刷技术[2]占主导地位的领域。

　　然而，数字电子技术的进步改变了世界。数码相机的发明淘汰了采用基于卤化银（AgX）的胶片图像捕获方式的传统摄影技术。计算机电子技术和相关软件（如 Adobe Photoshop）的普及，使个人能够从图像采集设备下载数字图像并进行图像增强，如果有合适的印刷技术，还可以对图片进行打印。此外，如果能够实现高质量的打印，还可以有其他方面的改进，比如用数字成像技术取代基于卤化银的医疗成像技术。

　　基于电子照相的印刷技术是一种选择。然而，当时打印的图像质量太差，无法用于照片洗印等对图像质量要求比较高的应用。限制条件之一是静电转印的工艺。将碳粉颗粒保持在感光器上的表面力大于随着碳粉直径减小所能施加的最大静电转移力[3-4]，从而限制了那些碳粉直径大于 $12\,\mu m$[5] 的碳粉图像的转印能力（二氧化硅涂层碳粉颗粒的出现将可转印碳粉颗粒的最大直径降低到大约 $7\,\mu m$[6]）。因此，约 10% 的碳粉被留在感光器上，导致转印效率低于 90%。

　　为了使打印照片的图像质量满足要求，在转印技术方面存在两项非常重大

---

　　❶ 该专利摘要中的措辞是"然后饮料似乎从吧台上某个较远的地方跳跃一次或多次，最终落入顾客的玻璃杯中"。

　　❷ 在静电转印工艺出现之前，电子照相复印件通常是在涂有氧化锌（一种感光材料）的纸上制作的。这种纸的外观和手感都不好，与平版印刷的图像相比，在其上制作的图像质量也很差。

的挑战。首先，打印中使用的碳粉直径为 12 μm 或者至少 7 μm，导致打印照片的颗粒感远远大于采用传统卤化银技术的照片，这对于大多数客户来说是不可忍受的。为了减少打印照片的颗粒感，使其达到与卤化银照片相当的水平，则需要使用直径不大于 3 μm 的碳粉。其次，若生成图像的碳粉未能全部实现转印，则会导致打印的图像中存在斑块，这也是不可接受的。换言之，要生成满足质量要求的打印照片，则要求转印效率高于使用小粒径碳粉颗粒所能获得的转印效率，其中"小粒径碳粉颗粒"是指比通常所认为的可转印尺寸更小的碳粉颗粒。

此外，还有另一个重要的问题。在转印后，碳粉图像被熔化并永久地定影在纸上。在定影过程中，通过加热并挤压碳粉图像，使碳粉颗粒软化，从而铺展并黏合到接收器上。然而，铺展后的碳粉直径会变大，导致印刷品的颗粒感超出可以接受的程度。此外，采用电子照相技术生成的文档所具有的光泽度❶往往比较低，相比之下，照片的光泽度则高得多。本章后面的内容将更深入地探讨这一问题。现在继续讨论碳粉转印技术方面的关键挑战，以及在发展的过程中不断地认识并处理的问题。

第一个面临的挑战是，需要以更高的转印效率来对小粒径碳粉颗粒碳粉图像进行转印，其中该碳粉图像由以前无法转印的小粒径碳粉颗粒所组成，并且上述转印效率是采用传统尺寸的可转印碳粉通常无法获得的。显然，这需要进行基础性改进。此外，由于生成此类图像的能力将推动客户作出购买决策，并决定电子照相技术在新的、高质量应用方面的使用，因此这是一项关键性挑战。

上述挑战可以通过设计一种完全不依赖静电的新型转印方法来解决。与此前的方法所不同的是，该方法中通过将碳粉加热到一定温度，使其软化但不熔化，从而增强碳粉黏附到接收器的效果。应该注意的是，结合转印和熔化步骤的热转印方法在当时是已知的。然而，这些已知方法的转印过程往往比较缓慢，并且充分的加热还会导致感光器的退化。

4927727 号美国专利[7]公开了一种被称为"热辅助转印"的转印方法，以区别于那些将转印和熔化步骤进行组合（通常被简称为"热转印"）的传统方法。下面研究一下这件专利的第一项权利要求，看看它包含什么。

权利要求 1：

---

❶　一份典型的文档，即使是包含图形内容的文档，其光泽度水平都小于 10（用 G－20 或 G－60 光泽度计测量）。相比之下，照片的光泽度通常超过 90。

制造硬拷贝的方法，其中，通过向静电潜像施加包含碳粉黏合剂的干燥热塑性带电碳粉颗粒，使图像承载基底上的静电潜像显影，并通过使所述基底上的所述显影图像与接收器的表面接触，然后从所述基底上移除所述表面，从而将所述显影图像转印到接收器的表面，其改进包括：

权利要求的上述部分主要是陈述发明所属的技术领域。应当注意的是，审查员很可能会忽略这一部分，尽管在主张专利权的时候，这个部分很重要。该权利要求继续限定了：

（A）用粒径小于 8μm 的碳粉对所述静电潜像显影；

步骤（A）限定了使用粒径小于 8μm 的碳粉将静电潜像转换为可见图像。包括该步骤的原因是，必须首先在感光器上形成碳粉图像。换句话说，碳粉图像必须存在。此外，该方法旨在转印小粒径碳粉颗粒（在当时，大约小于 8μm）。限定该条件是为了避开所有使用较大碳粉的现有技术，包括传统的热转印工艺。❶

（B）在所述表面接触所述显影图像之前，将所述表面加热至一定温度，使得当所述表面接触所述显影图像时，能够将所述碳粉颗粒加热至介于超过所述碳粉黏合剂的玻璃化转变温度（$T_g$）10℃和低于所述碳粉黏合剂的玻璃化转变温度（$T_g$）20℃之间的一个温度；其中所述温度足以使构成所述图像的离散碳粉颗粒在所述颗粒之间的接触点彼此熔合，但不足以使所述接触颗粒流动成为一体；

步骤（B）限定了所要求保护的方法中的一个关键因素是将接收器在接触碳粉之前加热到指定温度。这有助于将该发明与传统的热转印方法区分开来——传统的热转印方法是加热感光器上的碳粉图像。此外，该权利要求中限定接触的碳粉颗粒不流动成一体，进一步使该发明区别于传统的热转印方法。这种限定对该发明很重要，因为与传统的热转印方法相比，该发明要求实现相对快速的转印，从而使感光体的加热程度最小化。

（C）将所述显影图像非静电转印到所述表面上，其中所述表面的平

---

❶ 应该注意的是，尽管设想的使用方案要求的是 3μm 的碳粉颗粒，但该权利要求将碳粉颗粒的尺寸范围限定为小于 8μm。这样，该权利要求所限定的方法能够适用于不超过 8μm 的碳粉颗粒。在独立权利要求书中限定这种相对宽的尺寸能够扩大专利所提供的保护范围。从属权利要求 8 进一步限定优选的尺寸范围是小于 5μm。这样，在审查过程中，如果所提出的第一项权利要求被驳回，该专利申请仍然可以通过改写权利要求而得到补救，由此可以删除权利要求 1，将权利要求 8 上升为独立权利要求。关于权利要求的问题将在第 8 章进行更全面的讨论。

均粗糙度小于所述碳粉颗粒的半径；以及

步骤（C）限定了转印过程不依赖于静电场的施加。这是该发明的核心。该技术要求碳粉接触接收器以允许表面力影响转印，并且还要求接收器粗糙度小于碳粉颗粒。相比之下，纸张的表面粗糙度通常大于碳粉半径的两倍。同样，表面光滑的要求对于该发明实现其功能是至关重要的，因此将其包含在该权利要求中。

（D）将所述显影图像从所述基底上移除后，将所述显影图像加热至足以使其熔合至所述表面的温度。

步骤（D）限定了转印图像没有被永久地固定在接收器上。这是该发明的转印工艺和常规的热转印（也被称为转印）工艺之间的区别特征。

权利要求 1 中包含该发明的技术方案实现其功能所需的所有组成部分，此外，还包括该发明中未实施但有助于将其区别于现有技术的各个方面。应当注意的是，对权利要求的内容也要在发明的详细描述中准确地描述。

权利要求和整个申请文件中都不包含关于如何解决未来可能遇到的某些问题的任何推测，无论这些问题是已知的问题（例如，如何在不增加颗粒横截面积的情况下实现碳粉定影以避免增大颗粒感，或者如何获得均匀的高光泽度），还是在该技术开发过程中所遇到的预料之外的问题。换句话说，在撰写申请文件时，您必须预见到，您还将发现更多需要通过创新方案解决的问题。您应该避免在申请文件中包含推测的内容，因为这可能构成信息的过早披露。撰写申请文件时，要充分考虑到将来要提交更多的申请。

这时研发团队将注意力转向开发能够提高热辅助转移过程性能的使能技术。研发团队很快意识到，与当时的大多数电子照相技术使用的情况不同，该发明所设想的应用需要在非常平滑、高质量并反光的接收器上打印，这种接收器看起来与照片洗印中所使用的接收器类似。换句话说，纸张通常不会像电子照相打印机那样被视为商品。但是，对于这项技术的任何预期应用，消费者都会预期接收器的某种外观和感觉。换句话说，这项技术的预期应用需要使用专用纸张。这一认识使得热辅助转印过程可以通过使用一种特定的纸张作为接收器来实现，所述纸张上涂覆有热塑性层，旨在增强转印过程中碳粉与接收器的附着力。4968578 号美国专利[8]对此进行了描述。

研发团队遇到的一个问题是，4968578 号美国专利中所描述的方法通常要求在沉积碳粉（例如显影）之前，在感光器上涂覆某种脱模助剂。该脱模剂必须经常在现场补充，导致使用复杂和成本增加。此外，感光器上的脱模助剂往往会对显影的效果构成不利的影响。

很显然，必须开发能够解决这些问题的使能技术，以便能够生成图像质量满足要求的打印照片。由于需要这些解决方案来推动客户的购买决策，因此这些解决方案显然构成了关键性挑战，尽管它们将被归类为使能技术而不是基础性技术。

由于接收器不必被视为商品（客户不会期望简单地将任何类型的纸张放入打印机并使其工作），研发团队决定通过在接收器表面施加涂层来增加碳粉对接收器的附着力，该涂层为热塑性材料，在转印过程的预热阶段会软化。在施加压力时，碳粉颗粒将部分地嵌入热塑性材料中，从而在接收器与感光器分离时影响碳粉图像向接收器的转印。

这是一个有效的使能技术改进，并且毫无疑问是针对碳粉图像转印问题的解决方案。更具体地说，它是针对技术问题的解决方案。但它是否构成一项发明，也就是说，能否获得专利呢？根据律师的说法，答案是"否"。提醒读者注意，专利审查员❶将忽略权利要求中"包含"一词之前的所有措辞。换句话说，尽管在主张权利的时候，发明的用途是非常相关的，但是在申请专利的时候，发明用途则关系不大。审查员只关注什么是新颖的。在这种情况下，表面上带有热塑性材料的纸是已知的，因为现有技术中已经存在许多由带有热塑性涂层的纸制成的物品，例如扑克牌、层压标牌和自助餐厅托盘等。因此，这种接收器将被认为是缺乏新颖性的。现有技术中的物品是否被以不同的方式使用或者甚至完全不同，这都无关紧要。能够以这种方式使用是该已知物品所固有的属性，这一事实足以否定其新颖性。

然而，一个问题往往会引发另一个问题，从而产生更多的发明机会，就像该技术一样。具体来说，热塑性材料涂层能够使碳粉被有效地转印到接收器上，因为在被加热和受到挤压的情况下，其起到了热熔黏合剂的作用。但结果是，上述热塑性材料不仅能黏附碳粉，而且黏附在感光器上。

针对上述接收器黏附在感光器上的问题，研发团队找到了四种解决方法。其中三种方法包括使用不同类型的聚合物作为接收器上的热塑性涂层，所述聚合物的表面能被限制在较窄范围内。[9-11]该表面能的范围不是这些类型的聚合物所固有的，而是这些材料通常具有的表面能范围的子集。由于在任何地方都没有教导它们在该申请中的用途，因此这三种方法被认为是可获得专利权的发明。第四种方法包括将脱模助剂加入热塑性材料[8]——碳粉颗粒预期要转印到的层。通过在接收器中加入脱模助剂，实现了脱膜助剂的自动补给，因此无须

---

❶ 专利审查员，根据第3章中已经给出的定义，是就职于专利局的人员，负责审查专利申请中所描述的发明是否可被授予专利权。

将其涂覆到感光器上。这样还解决了在感光器上使用脱模助剂会降低显影效果的问题，因为脱模剂没有被涂覆在感光器上。

研发团队所开发的使能技术清单非常广泛，包括能够转印到普通纸张、有纹理的图形艺术纸以及不能缠绕在辊上以支持连续转印多种原色的硬纸。其中许多使能技术都获得了专利，使受让人拥有该问题。此外，由于能够影响客户的购买决策，尽管它们不是基础性技术，但也是关键性挑战。

既然许多转印问题都得到了解决，现在是时候寻找针对基础关键性挑战的解决方案了，即在不增加颗粒感的情况下，将碳粉图像永久定影在接收器上，并获得所期望的类似照片的高光泽度。

通常，有光泽的印刷品是由光滑的辊在压力下对印刷品进行压铸而制成的。然而，这种方法不能适用于该申请的方案，因为具有热塑性材料涂层的接收器会黏附在辊上。换句话说，针对热塑性材料黏附在感光器上这一问题的解决方案不足以防止其黏附在光滑的定影辊上。解决这个问题的方法是，在将承载图像的接收器与定影部件分离之前，将定影部件冷却。然而，在连续运行的打印机中，这是不可能做到的，因为冷却定影辊所需的时间太长，会降低生产效率。取而代之的是，制作一个有光泽的幅材，位于幅材后面的加热辊和位于印刷接收器对侧的压力辊之间形成了加热熔合辊隙，由此可以在辊隙中将图像压铸到幅材上。然后传送幅材离开加热区域，从而实现冷却。冷却后，将打印接收器与幅材分离。[12] 使用这种技术可以使碳粉颗粒嵌入热塑性材料中而不铺展，同时使显露的碳粉和热塑性材料产生光泽。如果没有在接收器的整个表面均匀涂覆热塑性材料，就无法达到上述效果。

此时，读者可能会意识到，一个问题的解决方案往往会导致其他问题的出现，而这些问题必须得到解决，才能使用所发明的技术。在这种情况下，将接收器加热到足以实现碳粉图像定影并赋予图像光泽（明显高于完成转印所需的光泽）的温度会导致接收器卷曲。因此，有必要在接收器正面设置一防卷曲层[13-14]。到这里，接收器的结构已经足够新颖，从而权利要求中可包括接收器含有碳粉图像的内容。

# 启　示

以上介绍了使用 3μm 粒径的碳粉进行转印、定影和光泽印刷所需的创新过程，以说明制定专利战略和专利组合的一些因素。

第一点也是最重要的启示是，您不应该仅为一个问题的特定解决方案申请专利。竞争对手规避专利中的权利要求的难度越大，专利组合就越强大、越有价值。您应该尽可能多地为基础技术和可获得发明的使能技术申请专利。

第二点启示是，对于某一个问题非显而易见的解决方案并不一定意味着具备新颖性。如前所述，对包含热塑性材料涂层的接收器本身的使用并不能构成一项发明，因为类似的物品已经存在；仅仅因为设备被以一种新颖的方式使用，并不意味着它就是一个新颖的设备。由于扑克牌等热塑性涂层纸是已知的，因此包含热塑性材料涂层的接收器无法获得专利。应该指出的是，术语"已知"并不意味着"众所周知"或公知常识。如果某项技术解决方案本身或与其他技术相结合已经完全被公开，并能够据此获得您的问题的解决方案，则该技术解决方案是已知的。它是否被专门用于解决您的特定问题则无关紧要。

现在回到本章的主旨，即在实施专利战略时，如何处理目前尚无解决方案的问题，甚至是尚未认识到的问题。从上面的例子中可以清楚地看出，在某些情况下，研发团队一开始就面临着关键性挑战，例如需要熔合图像并提高光泽度。最初，研发团队不知道解决方案是什么。另外有的时候，研发团队甚至没有预料到会发现的问题，例如在转印后的分离过程中遇到的问题。您应该如何制定和实施一个专利战略，以包括那些您没有解决方案的问题以及您甚至不知道存在的问题？

综合考虑以下几个因素，对处理未来的开发有很大帮助。首先是要认识到，时间是一个关键因素。您想出了一个解决关键性挑战的方案，并希望团队能尽快对该解决方案作出评估。您需要与团队成员密切合作，以便使他们将评估过程中发现的任何问题都迅速告知您。考虑到从整理专利申请交底书的初稿到实际向专利局提交申请之间需要一定的时间，您通常有时间确保目前提出的申请不会过早披露任何可能在未来危及获得进一步专利保护的信息。

另一个注意事项是避免披露与描述正在解决的问题以及本发明如何解决问题不直接相关的任何信息。当然，在适合提交多件申请时，可以使用一份通用的说明书，但不应披露与所提出的权利要求没有直接关系的任何内容。话虽如此，如果有必要，确实需要足够的信息来支持权利要求后续可能作出的修改。然而，在所有情况下，有必要只关注特定专利申请或正在考虑的申请的目标，而不披露超出必要的内容。简而言之，不要推测未声称的问题的解决方案。此外，要知道当前提交的申请怎样与现有技术相结合会阻碍未来专利申请的成功获权。请记住，即使概括不一定能够支持权利要求，它们也可能会被视为披露了足够的技术信息，从而可能导致未来的申请被驳回。

要与团队的其他成员保持密切沟通，以确保自己准备提交的申请与其他人正在开发的申请相辅相成，并了解正在解决的问题。在提交申请之前，可能需要对拟提交的申请内容进行修改，甚至考虑基于正在开发的技术提出更多的申请。

随着问题的不断发展，相应的解决方案会不断产生，团队应始终考虑将来可能进一步提出的专利申请。

## 与他人合作开发技术时

如今，与他人合作共同开发往往是必要的。开发新产品的成本可能太高，您或者您的公司无法单独完成。与满足监管要求（例如在制药或生物医学领域）相关的工作所需要花费的成本，可能会导致您无法推出产品，无论该产品多么创新或有益。而且，您可能不具备解决设想的所有技术问题所需的专业知识。

要知道，如果您公司以外有人针对某技术问题发明了可获得专利的解决方案，那么那个人就是发明人。至于他到底是作为独立权利要求 1 还是从属权利要求 15 的发明人，则并不重要，都不影响他具有发明人的权利。这种情况下，除了您的公司以外，该专利的权利也可能由其他公司享有。当然，该公司所获得的专利权会受到一定的限制，例如不能将其出售给您的竞争对手。否则，在最坏的情况下，若该公司出售其专利权，可能导致该专利的技术被另一家公司完全控制。您的公司可能会遇到的情况包括：被迫不惜代价地从该公司购买子系统或专利许可，或者被迫以始料不及的方式分享利润。您当然希望尽可能地防止这种情况发生。

对于以上问题，最简单的解决办法是，对于合作开发的项目，在与人进行任何技术讨论之前，针对您想出解决方案的问题提交专利申请。如果申请是在讨论之前提交的，那么发明是如何以及何时产生的，就毫无疑问了。否则，如果在讨论开始后形成了解决方案，那么发明人是谁就成了问题。没错，如果不小心，这可能会导致信息被过早地披露。您必须小心地平衡好风险，避免将您的技术置于允许他人控制的环境中，同时降低在做好充分准备之前披露其他可获得专利信息的风险。

## 结束语

在实施整体专利战略的同时，解决当前或未来的问题是一项挑战。要成功地做到这一点，你需要不断地监控正在解决哪些问题，以及如何解决这些问题。您还需要认识到自己之前所没有认识到的问题。

您可能还需要根据不断发展的情况来修改提出的申请。然而，请记住，专利授予先申请者，而不是先发明者。时间不等人。您必须及时采取行动，并接受这样一个事实：您可能无法获得所有发明的专利权。然而，通过实施精心设计的专利战略，您应该能够保护您的技术和您在市场上的地位。

## 参考文献

[1] R. Kuykendal and R. Deichmann, U. S. Patent #5, 678, 617 (1997).

[2] E. M. Williams, *The Physics and Technology of the Xerographic Processes*, Wiley - Interscience, New York City (1984).

[3] D. S. Rimai, D. J. Quesnel, L. P. DeMejo, and M. T. Regan, "Toner to Photoconductor Adhesion", *J. Imag. Sci. Technol.* 45, 179 (2001).

[4] D. S. Rimai, D. S. Weiss, and D. J. Quesnel, "Particle Adhesion and Removal in Electrophotography", *J. Adhesion Sci. Technol.*, 17, 917 (2003).

[5] D. S. Rimai, D. S. Weiss, and D. J. Quesnel, "Particle Adhesion and Removal in Electrophotography", *J. Adhesion Sci. Technol.*, 17, 917 (2003). *

[6] D. S. Rimai, P. Alexandrovich, and D. J. Quesnel, "Effects of Silica on the Adhesion of Toner to a Composite Photoconductor", J. Imag. Sci. Technol. 47, 1 (2003).

[7] D. S. Rimai and C. Sreekumar, U. S. Patent #4, 927, 727 (1990).

[8] W. A. Light, D. S. Rimai, and L. J. Sorriero, U. S. Patent #4, 968, 578 (1990).

[9] W. A. Light, D. S. Rimai, and L. J. Sorriero, U. S. Patent #5, 037, 718 (1991).

[10] W. A. Light, D. S. Rimai, and L. J. Sorriero, U. S. Patent #5, 043, 242 (1991).

[11] D. S. Rimai, L. J. Sorriero, and D. Tyagi, U. S. Patent #5, 045, 424 (1991).

[12] D. S. Rimai, M. Aslam, C. D. Baxter, K. M. Johnson, E. J. Tamary, J. E. Laukaitis, H. E. Wright, T. J. Chen, and W. J. Staudenmayer, U. S. Patent #5, 089, 363 (1992).

[13] D. S. Rimai and M. Aslam, U. S. Patent #5, 516, 394 (1996).

[14] D. S. Rimai and M. Aslam, U. S. Patent #5, 691, 039 (1997).

---

\* 原版书中本条参考文献与上一条重复，为保持与正文中的对应性，本书未作删除处理。——译者注

# 第**6**章
# 对发明进行优先级排序

## 什么是对发明进行优先级排序？

谈到对发明进行优先级排序这个概念，读者可能会存在疑惑，这不是自相矛盾吗？毕竟，发明不是必须满足具备新颖性和非显而易见性的要求吗？简而言之，要达到可获得专利权的要求，针对问题的解决方案难道不是应该难以预料吗？既然难以预料，那么您如何能够确定发明的优先顺序呢？

事实上，如果您想以客户愿意支付的价格按时推出具有全部关键功能的产品，那么对发明进行优先级排序的过程就极其重要。

在对发明进行优先级排序时，以下几个因素需要被着重考虑。首先，所解决的特定问题对整个项目有多重要？如果不解决该问题会导致项目根本无法推进，那么针对该问题的解决方案的优先级必须被放在首位。正如本书前面所讨论的，将粒径约为 $3\mu m$ 的碳粉颗粒制成的电子照相印刷品从感光器完全转印到接收器的性能，对于将这项技术用于照片洗印用途来说至关重要。能够定影碳粉图像并获得与照片相当的光泽度的性能，虽然对项目来说也很重要，但在找到图像转印方法之后才需要完成。因此，解决印刷定影和光泽度问题的优先级被置于解决转印问题的优先级之后。

或者，如果针对一个问题设想了多种解决方案，则可能没有必要立即解决该问题。它的解决方案可以采用较慢的速度进行，而优先考虑更关键的问题。

除非代表了关键性的挑战，对有关在产品上增加功能的问题也可以推迟解决。这些问题有可能会形成下一代产品的"种子"。

基于上述相同的原则，对于应对监管方面的挑战应当与提供用户驱动相关的功能同等优先考虑。

当然，有创造力的人往往是善于创新的，但他们的创新不一定仅专注于手头的项目。应当注意，非必要的情况下，不要去阻止这种创新，因为这些创新可以在未来产生非常有价值的产品。然而，也不要让它们分散您实现目标的注意力。当您确定一项产品推出的时间表时，必须能够认识到：①时间就是金钱，进入市场的速度越快，能够获得的利润就越大；②市场窗口期很短，时间延迟会导致您的产品进入市场太晚从而失去竞争力。显然，您想要尽可能准确地确定产品开发所需要的时间，使其能够投放市场。此外，当对发明区分优先级顺序时，除了关键程度之外，您还应当考虑风险因素。这些因素会对项目能否按时、按预算完成产生影响。

在开发产品的过程中，风险因素大致分为三个等级。第一级同时也是风险最低的等级，是在规定的时间内完成明确的、可执行的任务的风险。这些风险存在的地方可能包括：例如，获得可以为您的产品生产所设想的特定组件的机器；与提供各种必要组件的供应商联系并签订合同，确保分销渠道到位；以及培训销售人员以便他们能够向潜在的客户解释和展示产品的优点。这些任务中的每一项都需要消耗时间和资源，并且必须及时完成。否则，您的产品就无法上市销售。但是，因为很少会在这些方面出现意外的问题，所以与之相关的风险水平相对较低。当然，也不排除有的情况下，也许您的预期供应商可能根本无法或不愿意承诺提供产品所需的大量组件，或者根本没有足够的运输能力可以将您的产品运送到全球各地。然而，一般来说，根据既往的经验（可以是您自己的经验，也可以是您从与供应商或顾问的讨论中获得的知识，或者是从任何其他可靠信息来源获得的知识），低风险的问题应该是可以在明确限定的时间和资源范围内解决的。当然，这么说有一个关键的基础，那就是问题是明确的。❶

第二级风险涉及许多问题，例如将所有子组件集成到一个功能良好的健全产品中。这可能包括按照统计学设计的实验的使用[1]，如帕德克（Phadke）[2]、福尔克斯（Fowlkes）和克里夫林（Creveling）[3]、劳恩斯伯（Launsby）和韦森（Weese）[4]以及施密特（Schmidt）和劳恩斯伯（Launsby）[5]所述的田口稳健性分析法。然而，这一阶段及其风险水平还可能包括以一种新颖的方式将已知技术进行组合所产生的问题。例如，在第4章介绍的将两台电子照相打印机串联起来以提高生产率的例子。

上述两种情况都存在风险。对于将已知技术集成以产生具有新功能的产品，可能而且确实会出现的问题是，其可能需要新的工程解决方案。并且在简

---

❶　应该注意的是，本段中的讨论仅限于可以从供应商处购买的商用子系统。如果必须专门开发用于产品的组件，则风险级别将提高，并且还可能会涉及需要解决的与可获得专利有关的问题。

单的稳健性评估中，允许子系统以功能性和/或足够稳健的方式集成的条件可能会受限甚至不具备条件。

从第 4 章讨论的两台打印机耦合的例子中可以明显看出，解决与已知组件集成相关的问题可能会产生重要的可获得专利的发明。然而，也应该认识到，即使是在没有预期会使用新的工程方法的稳健性分析中，也可能存在获得专利的机会。具体来说，如果发现一组范围狭窄但定义明确的操作参数能够正常运转，而尝试使用该范围之外的参数获得的性能却不尽如人意，则采用该较窄范围的技术方案存在获得专利的可能性。如果这些专利可以阻止竞争对手销售类似产品，那么它们是很有价值的。

第三级也是风险最高的级别，与在产品中使用未知的或尚处于发明阶段的技术❶有关。虽然有些问题可能是已知的，但其他可能出现的问题则不是。而且，即使是那些已认识到的问题，也尚未找到合适的解决方案。这些技术对企业的长期发展至关重要，但把眼前的盈利能力押注于它们的成功通常是不明智的。

基于以上介绍，下面具体来说明什么是发明优先级排序。对发明进行优先级排序涉及识别关键性和非关键性挑战，通常优先考虑关键性挑战。其通常包括基础性问题和必要的使能技术，包括制定时间线，用以确定必须在什么日期解决问题，以满足产品推出或上市日期的要求。

对发明进行优先级排序还可以包括识别解决竞争对手产品中可能存在的关键性挑战的机会。这可以增加您的商业筹码，有助于您从其他公司获得许可来实施其专利技术的某些组成部分，或者使您能够从其他公司收取许可费。换句话说，如果您发现竞争对手的产品存在问题或缺陷，而您能够解决，并且可以申请合适的专利，那么您值得为此申请专利。

如前所述，对发明进行优先级排序的一个重要考虑因素是让技术团队成员专注于根据发明的优先级来解决与当前项目相关的问题。技术人员往往富有创造力，对他们的活动进行集中管理就像"牧猫"一样困难*。虽然人们不希望过度限制这种创造力，因为这通常会成为您未来产品的来源，但重要的是要确保这种创造力不会分散您的项目目标。为非结构化的创新留出充足和适当的时间是宝贵的，应该给予鼓励，但仅限于在不危及您的项目的范围内。

---

❶　"尚处于发明阶段的技术"指没有已知解决方案，因此至少需要一项发明的技术。这大大增加了项目的风险，不仅是因为问题的解决方案未知，而且还因为，假设找到了解决方案（发明），可能还会产生如何将该发明与其他组件连接起来的未知问题，并且这些问题必须得到解决，项目才能推进。

*　此处是习语，用"牧猫"来比喻试图去控制或管理一群无法控制或者出于混乱状态的个体，代指很难做到的任务，因为猫都散漫成性，无法被驯服。——译者注

## 为什么有必要对发明进行优先级排序？

对发明进行优先级排序很重要，这关系到能否建立可靠的专利组合并及时推出成功的产品。优先顺序很重要的原因包括：

① 优先级排序帮助您持续地评估项目中的高风险任务是否得到及时的处理。

② 优先级排序的过程促使您不断评估竞争对手如何解决类似问题，以及他们要推出的竞争产品可能是什么样子。

③ 对发明进行优先级排序迫使您仔细检查所提出的针对技术问题的解决方案，并确定是否能够及时且经济高效地解决这些问题。在最坏的情况下，您可以决定取消这个项目，因为您没有可行的方向，或者因为您无法解决这项技术问题，或者因为实施相应的解决方案会侵犯您无权实施的专利。

④ 对发明进行优先级排序还可能使您获得专利，从而使您能够签订重要的专利交叉许可协议。

⑤ 对发明进行优先级排序非常重要，因为它使您能够提前识别要解决的技术问题，并设定解决这些问题的时间框架，使得所构想的产品按时推出。

此外，对发明进行优先级排序还有一个很重要的原因。请记住，您的目标是通过拥有问题而建立专利组合，以保护您的产品以及您在市场中的地位，而不仅仅是获得针对特定问题的特定解决方案。优先级排序的过程要求您不能仅考虑单个发明和专利申请，而是要将前沿技术（包括您的和您的竞争对手的前沿技术）视为一个整体，并根据分析结果制定专利组合。

在确定优先级的过程中，确定需要解决的问题可以分为以下三个类别：①上述问题的解决方案将构成发明；②上述问题的解决方案属于公有领域（解决方案不受当前有效专利的保护）；③上述问题的解决方案受他人专利保护。

接下来逐一探讨每一种情况。很明显，一个强有力的专利战略始于拥有有价值❶的发明。因此，始终有必要关注潜在的专利机会。这就要首先认识到，针对您的问题，哪些解决方案是新颖且非显而易见的。随着您的团队持续进

---

❶ 有价值是指另一家企业需要使用您的专利。

步，潜在可获得专利的发明列表将不断更新。有些解决方案可能不像最初设想的那样可行、广泛或恰当。还有一些解决方案可能会在遇到新的问题或预期的问题已经成熟到需要认真解决的程度时（如第5章中讨论的高质量电子相片打印的定影和光泽度问题）才会出现。

第二类问题的解决方案在完全属于公有领域的技术中获得，这当然可以推进您的项目。但需要再次强调的是，将已知技术组合起来解决某问题，其中每个组成部分都是按照已知方式发挥作用，即使该特定问题在以前没有得到解决，这样的方案也不能获得专利。要使已知技术的组合具有获得专利的可能性，所发现的解决方案必须是预料不到的，或者说必须没有理由考虑将现有技术组合在一起。获得专利的机会确实存在，但可能非常有限。无论如何，如果问题的解决方案是能够在公有领域中找到的，那么它通常是不具备可专利性的。您可以使用这个解决方案，但任何其他实施反向工程或复制您产品的人也可以使用。

第三类包括其他人拥有您需要的专利技术的情形。应该注意的是，专利权人可能根本不实施该专利技术，与专利流氓的情况类似，或者可能将该专利技术用于与您构想的产品完全不同的产品中。这其实无关紧要。未经所有者许可，您不能使用该技术。

在上述第三类情况中，当您所需要的专利技术属于其他人时，您有多种可寻求解决的方法。第一种方法是干脆放弃，不再寻求您的颠覆性产品。最近一个有关的例子是美国几个州禁止使用带有可拆卸弹匣的半自动步枪。两家公司开始制造和销售类似的设备，将 AR 式步枪中使用的可拆卸弹匣转换为固定弹匣步枪。然而，一家公司申请了一件专利，并最终被授予专利权[6]。这件专利一经授权，另一家公司就必须停止生产和销售其产品。

第二种方法是尝试改变产品的设计，使其不侵犯❶他人的专利。这可能很简单，也可能涉及对产品设计的重大修改，可能会导致成本增加或功能减少。并且，重新设计可能会导致延迟推出产品。

第三种可行的方法是向专利权人支付许可费。但是，这些费用可能会严重削弱您的产品盈利能力，并可能附加额外的限制，比如您可以生产的产品规模、产品的用途，以及您可以销售产品或服务的地域范围。在某些情况下，专利权人可能会从商业战略的角度不愿意让您进入市场，因此可能会拒绝与您签署许可协议，迫使你回到第一或第二选择。当然，如果专利权人是专利流氓，

---

❶ 法律的表述是"产品落入他人所拥有的专利的权利要求的保护范围"。

那么支付许可费用可能是最为可行的选择❶。

第四种方法是分析识别您所需专利技术的持有者所面临的关键性挑战，并通过解决这些问题和获得专利来应对这些挑战。这些挑战不一定存在于竞争产品中。它们只需要对您所需专利技术的持有者具有战略意义即可。此外，您针对这些挑战所获得的专利保护范围必须概括得足够宽，以避免其被轻易地规避。识别这样的机会应该是对发明进行优先级排序的一部分。如果您拥有另一家公司所需要的专利，则该公司可能会非常愿意签订对您来说非常有利的交叉许可协议，从而允许您为生产自己的产品而使用它的技术。

## 如何确定发明的优先级顺序？

如前所述，有价值的专利组合首先要拥有有价值的发明。什么是有价值的发明？不幸的是，这并不容易先验地识别。专利是旨在保护公司知识产权的法律文件，赋予某公司排除他人实施某件专利的权利要求所描述的发明的权利。专利本身不是科学论文，尽管它确实描述了发明以及如何实施该发明。此外，专利并非赋予专利权人任意实施该发明的权利。您的发明可能会由于他人专利权的存在而无法被自由地实施。考虑到上述讨论的情况，下面简要探讨一些在确定发明的优先顺序时经常犯的错误。具体而言，这些错误包括：将技术的基础性改进与关键性挑战混为一谈；以及与此相反的，由于不是基础性的技术改进，而忽略了所需的使能技术中出现的关键性挑战。

作为上述情况的一个例子，可以重新审视一下宝丽来主张柯达涉嫌侵犯其即时照相专利的案件。两家公司都发明了独特的化学物质并获得了专利，使它们能够制作即时卤化银照片。这些化学物质既是基础性也是关键性的挑战。然而，宝丽来认识到，化学物质本身并不足以产生这些照片。相反，它还需要解决一些非基础性但关键性的挑战。这些挑战包括，例如，当卤化银乳剂暴露在光下时，使用一对辊将化学物质挤入包含潜像的胶片卷包内。柯达未能认识到此类使能技术专利的重要性，并辩称此类专利的方案是显而易见的，因此应当被认为无效。事实上，这件专利的方案通过涂抹显影化学物质使消费者能够立即观看照片，推动了市场决策，因此，尽管这与即时照相的基础化学技术无

---

❶ 专利流氓过去会优先追查涉嫌侵犯其专利权的大公司，因为大公司的资金更雄厚。然而，这种情况最近发生了变化。如今，专利流氓经常将目标对准较小的公司，因为他们知道，为专利侵权诉讼辩护可能会让一家公司损失数百万美元，而迫使目标公司支付数万到数十万美元的许可费对他们来说往往更容易。

关，但它代表了一个关键性挑战。

宝丽来针对柯达主张9件专利，法院支持了柯达关于这9件专利中的2件应当无效的说法。然而，法院裁定，其他7件专利实际上是有效的，每件专利都要求保护一项对于即时照相过程的使用至关重要但却相当简单的使能技术。这一裁决迫使柯达向宝丽来支付超过9亿美元的赔偿金，退出了即时照相市场，并回购已售出的相机。

事实上，柯达与宝丽来签订了生产宝丽来胶片包的合同，这使得这一专利侵权诉讼的结果更加令人痛心。柯达本有机会开发宝丽来所需的技术并申请专利，但却没有这么做。假如柯达拥有宝丽来所需的任何专利，结果可能会大不相同。

两家公司都获得了与即时照相的化学技术相关的基础关键性挑战的专利。然而，柯达并没有围绕使能技术寻求将关键性挑战专利化，而宝丽来却做到了。实际上，宝丽来执行了一项旨在保护其技术的专利战略，而柯达没有这样做。

显然，宝丽来拥有的使能技术专利非常有价值。但是它的基础化学专利是否也有价值？据推测，因为这些专利的存在，柯达需要投入巨资开发自己的化学技术，而不能简单复制宝丽来的技术。因此，答案是肯定的，宝丽来的基础化学专利具有其价值。那么，柯达的化学专利有价值吗？答案可能是否定的。专利只有在别人需要时才有价值。很明显，即时照相市场对一家公司来说足够大，但不足以容下另一家公司。作者尚未掌握任何可靠的证据能够表明有第三家公司希望进入这个市场。应该清楚的是，宝丽来早期的基础化学专利作为其专利战略的一部分，保护了其针对关键性挑战所提出的解决方案，但柯达在后的化学专利却没有。正如本书前面所讨论的，柯达并没有能够在推动客户购买决策的技术方面寻求专利。

上述讨论旨在说明一个观点，即如果能够解决关键性的挑战，即使是微不足道的发明也能带来有价值的专利。

应该注意的是，在以下关于发明优先级排序的考虑因素的讨论中，"发明"一词可以指实际完成的发明（也就是说，确定了一个针对技术问题的新颖而非显而易见的解决方案），或者也很可能是随着项目的进展，需要一项发明以解决某个技术问题的情况。下面的讨论对完成每项发明通常需要的工作进行假设。

① 在对发明进行优先级排序时，首要考虑的因素是预期的发明是否能解决您所面临的关键性挑战。如果发明能解决关键性挑战，那么集中精

力解决该问题是否来得及？如前所述，技术必须以一种连续的方式被开发，因为针对早期问题的解决方案，既可能会给后续问题的解决带来机遇，也可能会对其构成限制。

② 下一个可能需要考虑的问题是，对于竞争对手或一家拥有您所需技术的知识产权的公司来说，一项发明是否构成关键性挑战。在当今竞争激烈的世界中，您很可能需要使用竞争对手的技术，或者竞争对手能够合理地证明您的产品侵犯了其专利权。很可能，在您的产品开发活动过程中，您计划提供一些功能，让客户能够克服这些产品的局限性或缺陷。相应地，针对竞争对手所面临问题的解决方案，可以使您获得竞争对手所需要的专利，从而使您获得更有利的交叉许可协议，迫使竞争对手向您支付专利许可费用，或阻止其引入更有竞争力的产品。

③ 另一个因素是实现类似效果的替代方案的难易程度。如果可能的话，你需要就这些替代方案申请专利。很可能基于某些预设的前提，您已经决定了产品的设计。这些因素包括成本、易用性、避免他人拥有专利等。其他因素也可能需要考虑，如现有技术的可行性。别忘了，在计算机技术变得足够强大、快速和低廉，从而替代对机械开关设备的需求之前，汽车分电器可是一项伟大的发明。专利的有效期长达 20 年。未来的技术是什么？在对发明进行优先排序时，您必须对自己预设的前提进行质疑，以确保没有给别人留下有价值的机会。

④ 您还应该考虑发明是否已经成熟到符合提交申请的时机。思考一下在第 5 章中讨论的电子照相定影和光泽度系统的例子。或许可以将其与热辅助转印工艺同时提交申请。但这样的话，可能会为时过早，并且可能只是披露了一些材料，使以后获得更强大的专利成为问题。

⑤ 话虽如此，但有时候紧迫性比完整性更重要。如果竞争对手正在申请类似的技术，或者如果您正在与另一家公司进行联合开发项目，或者如果您将要在展会等场合公开您的技术，你可能不得不比原计划更早地提交专利申请，从而提高专利的优先级。您甚至可能需要召集技术团队成员针对可预见的问题提出解决方案，以便提交合适的申请。然而，应注意尽可能少地披露信息，以最大限度地增加提交更完整申请的机会，从而保护未来的进一步发明。

⑥ 另一个应该考虑的问题是，一项发明有关的技术是否适合为公众所知。请记住，一旦您提交了专利申请，就会在全世界范围内公开您的发明内容。专利的保护期限是有限的，最终会过期，甚至有的专利申请可能根本无法获得授权。例如，可口可乐糖浆的配方等技术并未通过专利保

护。商业秘密也有其一席之地。一项发明可能很有价值，但在某些情况下，将其作为秘密保守可能更好。

⑦ 有些发明的产品生命周期预计可能会太短，或者其用途已经过时。针对这些发明申请专利通常不太值得。因为这样的申请会不必要地增加产品的开发成本，由此产生的任何专利通常都没有什么价值。因此，对这些发明应该给予低优先级。

⑧ 此外，有创造力的人经常会提出与关键性挑战关系不大的发明。虽然建立一个专利组合可能会让您的公司和发明人都感到满意，但它可能成本高昂，而且会分散您在产品和市场开发上的重心。这并不是说应该阻止此类创新。前文已经讨论了对处于发明阶段的技术进行创新和开发的重要性。您的未来发展可能需要以专利组合中包含的这些知识产权为基础。然而，支持此类开发时应谨慎行事。

⑨ 如果针对您的发明提出了一种替代方案，并且只是一种简单的替代方案，那么它仍然可能是有价值的。然而，如果它不是那么切实可行，例如可能是鲁布·戈德堡（Rube Goldberg）设备，或者是极其复杂和昂贵的东西，那么它可能就不值得追求。然而，在放弃此类替代发明之前，应谨慎行事。读者应重新审视预设的前提，并确定如果这些预设的前提发生了变化，是否会使该替代方案变得可行。

作为上述情况的一个示例，再来探讨一下汽车技术。许多人都记得，当化油器和分电器被用于为汽车提供动力时，转向和制动是使用液压泵完成的。而且，如果您在结冰的道路上踩刹车踏板太过用力，就会发生打滑。汽车工业的进步包括用齿轮齿条转向取代循环滚珠，用盘式制动器取代鼓式制动器，以及用电子点火器取代触点、转子和电容器。当时，由于计算机体积庞大且运行速度太慢而无法正确控制汽车中的子系统，因此很少有人（如果有的话）会设想使用计算机控制电子点火、转向（线控驱动）或制动（ABS）。换言之，很少有专利要求保护涉及包括微处理器控制的先进汽车技术解决方案。当时的预设前提是计算机永远不会用于汽车。这种预设前提显然是错误的。您能想象在汽车中使用计算机技术的专利多么有价值吗？因此，您真的需要不断地审视您的预设前提。专利的有效期为自申请之日起 20 年。谁能想象 20 年后的科技会是什么样子？

## 结束语

　　一项发明的价值，除了它在您提出的产品中被直接使用之外，通常很难确定。看似基础性的发明可能毫无价值，而显得微不足道的发明则可能非常有价值，反之亦然。如今，发明特定的应用可能是短暂的，但一项发明在其最初的用途消失很长一段时间后，可能会在其他用途方面显示出价值。

优先级排序应该是一个持续动态的过程。随着您的技术开发，之前提出的包含新的重要发明的解决方案可能会变成其他的发明。随着您了解的逐步深入，其他的发明可能变得不那么重要。

自始至终，时间不由人。第一个提交申请的人才能被视为发明人。此外，世界并没有停滞不前，其他公司也在取得进步，这些进步可能会影响您的特定产品和整个市场。打字机和计算尺几乎消失了，取而代之的是文字处理器和计算器。卤化银摄影已经被数码相机取代，而数码相机的市场份额又被智能手机所取代。这些技术进步通常发生在您认为与您的行业没有竞争的行业中。它们推出的产品会很快扰乱您的市场。然而，您的发明可以在最初的产品过时很久之后继续存在并产生收益。

**参考文献**

[1] G. E. P. Box, W. G. Hunter, and J. S. Hunter, *Statistics for Experimenters*, Wiley – Interscience, New York, NY (1978).

[2] M. S. Phadke, *Quality Engineering Using Robust Design*, Prentice Hall, Englewood Cliffs, NJ (1989).

[3] W. Y. Fowlkes and C. M. Creveling, *Engineering Methods for Robust Product Design*, Addison Wesley, Reading, MA (1995).

[4] R. G. Launsby and D. L. Weese, *Straight Talk on Designing Experiments*, Launsby Consulting, Colorado Springs, CO (1993).

[5] S. R. Schmidt and R. G. Launsby, *Understanding Industrial Designed Experiments*, Air Academy Press, Colorado Springs, CO (1994).

[6] C. Harris, S. Thomas, and R. Bernard, U. S. Patent #8, 756, 845 (2014).

# 第 7 章
## 对专利申请进行优先级排序

### 对发明进行优先级排序和对专利申请进行优先级排序二者有什么区别？

第 6 章探讨了对发明进行优先级排序的重要性及影响排序的相关因素。本章将讨论专利申请的优先级排序问题。读者可能会问，这两种排序难道不是一回事吗？对这个问题的回答是：二者不是一回事。虽然这两种优先级排序之间存在一些重叠，但是它们并不相同，并且各自是出于不同的原因进行的。为了理解这一点，下面回顾一下发明和专利这两个概念的含义。

在开发产品时，您不可避免地需要解决许多问题。其中一些解决方案涉及公知信息的组合。这些信息可能完全属于公有领域，也可能受他人的专利权保护。另外的一些解决方案则是新颖而非显而易见的，从而构成了发明。有些问题的重要性高于其他问题。例如，如果对于某个问题仅有唯一的解决方案，而这个解决方案对于提高客户对产品的接受度来说极为关键、能够驱动成本或者解决法规强制要求的问题，那么这样的问题是至关重要的，其构成了关键性挑战。相比之下，其他的问题则可能就不那么紧迫，或者可能具有多种可行的解决方案。

还有的情况下，尝试解决某个问题可能还为时过早。即使有时候这个问题是可预期的，但影响其解决方案的特定潜在因素可能还尚未被确定。或者，在当前解决这个问题并非最佳的资源利用方式，反而选择推迟也许会更好。

在任何情况下，制定一个路线图以明确必须在什么时候解决什么问题都是非常重要的，不为别的，就是为了确保项目的推进速度符合商业发展的需要。制定路线图还有另一个好处，就是能够促使您反复地评估产品所处的竞争环境，并根据市场情况对其属性进行微调，甚至有的时候需要完全放弃该产品。

换句话说，对发明进行优先级排序，是规划必要任务及其完成时间的一种方法，是为确保成功所需要实施的技术开发路线图的一部分。

发明是解决某一问题的技术方案，专利则与之不同。专利是一种由政府机构授权颁发的法律文件，其作用是为专利权人提供法律保护。专利本身并不能说明这项发明的重要性或意义。专利仅仅表明了其中描述的发明是一项针对某问题的技术解决方案，该方案是新颖且非显而易见的。与发明所不同的是，专利的价值取决于他人对这件专利保护的技术所需要的程度，而发明则可能与您所提出的产品的价值直接相关。专利本身并不能决定产品的适销性。* 事实上，许多非常成功的产品，例如可口可乐糖浆，并没有被专利所保护。获得专利并非销售产品的必要条件。相反地，如前所述，拥有专利也并不意味着拥有销售这件产品的权利。

话虽如此，构建合理的专利组合可以使您的公司增值。具体来说，一方面有助于您的产品获得市场垄断地位或技术优势；另一方面有助于您从其他公司收取专利许可费以实现公司创收，或通过签订交叉许可协议使您获得所需的他人专利技术的实施权。

显然，一个可靠的专利组合始于多项发明，这些发明包含您的产品中所使用的技术。但是还远不止于此。因此，对发明进行优先级排序仅仅是对您的专利申请进行优先级排序的开始。需要提醒读者的是，您的目标是构建一个连贯的专利组合，而不仅仅是由保护特定问题的特定解决方案的单件专利组成的集合。对专利申请进行优先级排序的目的是确保您能够构建适当的专利组合，以保护您的知识产权，并使您的公司能够持续增值，而不仅仅是增加开销而已。并且，需要再次强调的是，确定某些特定专利的价值是非常困难的。

许多个人和公司经常会把他们对于基础性技术的改进与专利多么有价值（如果获得授权的话，可能会有较高的价值）二者相混淆。然而，"基础性的"表示涉及基本技术的创新（例如，这种特定的改进具有开创性），而"有价值的"是指专利在防止他人对您的产品构成竞争方面有较强的阻断性。二者的含义截然不同，虽然不一定是包含关系或者排除关系，但是不应当被混为一谈。读者需要注意的是，基础性技术的改进通常易于在发明阶段识别，然而专利的价值则通常要在专利授权之后的很长时间才能被认识到。

---

* 将某些东西描述为是非常重要的、创新的或是最高级的，以至于被授予专利，这是一种众所周知的市场营销策略。当然，严格地说，这样做完全是为了促进公众消费，与所提出的产品的重要性无关。——译者注

　　另外还需要提醒您，并非每一件申请都能够获得专利授权。如果您谨慎地界定技术问题并阐明您如何解决该问题，同时仔细地说明为什么现有技术（无论是单独地还是组合在一起）都没有解决这个问题，那么您就有很大的机会被授予专利权。然而，如果您的成功率超过了 90%，则可能是因为您所提出的权利要求保护范围过窄，从而无法提供足够的法律保护，或者您所研究的是"空白领域"[1]。所谓的"空白领域"，是指那些几乎没有什么商业活动的领域，从而导致其他人在该领域寻求专利的兴趣不大。或者，如果您的成功率小于 70%，则可能是因为您试图保护的范围太大，或者没有仔细地界定技术问题或其解决方案，抑或是不足以解决现有技术所存在的问题。

　　在任何情况下，您都应该记住，无论专利申请最终是否获得授权，在申请提交约 18 个月之后，申请文件中所描述的内容都将成为公众所知的技术。因此，在实施专利战略时，您应当对其精心设计，从而使其能够保护您的知识产权，尽管事实上并不能 100% 成功获得专利。

## 决定专利申请优先级的因素类型

　　影响申请优先级排序的因素可以根据其技术影响力或时间方面的考虑大致进行分类。也就是说，技术重要性和紧迫性都是必须考虑的因素。

　　紧迫性或时间因素包括任何可能影响专利申请提交时间的因素。这些因素包括：在特定的时间公开发明的必要性、竞争对手或其他人正在进行相关活动的信息、与构建专利组合有关的申请公开内容连贯性的需要、先前所提交的申请公开成为现有技术的日期临近、专利应当被授予最先提出申请的人这一法律要求。

　　影响技术影响力的因素包括：发明是否解决了关键性挑战、发明对其他公司来说是否重要、发明是否是基于您的专利组合内的其他发明而构建的、申请中的拟议专利是否可实施。

　　接下来的内容将对技术和时间这两方面因素作进一步探讨。

## 对技术因素的考虑

　　首先考虑影响专利申请优先级排序的技术因素。之所以把这个要素放在前面考虑，原因其实很明显：如果一件申请由于技术原因而不值得提交，那么考虑它的时间安排是没有意义的。

　　尽管在理想情况下，人们可以为每一项发明提交专利申请，但是通常情况下，由于资源有限，人们并不会这么做。换句话说，可以提交的专利申请的数量受限于团队为提交申请所能投入的时间和成本。因此，您通常必须作出选择，考虑选择为哪些发明提交专利申请。现在，需要考虑一下那些使专利申请具有高优先级的技术因素，从而为提交申请提供参考。

需要考虑的首要因素是潜在的专利申请是否解决了关键性挑战。考虑到关键性挑战是推动客户购买决策、满足法规要求或影响成本因素的挑战，因此，解决了关键性挑战的专利申请可能是相当重要的。然而，根据其他因素，仅仅因为专利申请中请求保护的方案能够解决关键性挑战，还不足以将该专利申请提升到最高优先级。随着本书的深入，接下来作者将更加详细地讨论这一点。

需要注意的是，关键性挑战的解决方案并不一定就是您打算在产品中实施的解决方案。应当记住的是，专利战略的目标是保护您的市场地位，并建立一个能够为您的公司增值的专利组合。仅针对问题解决方案中您计划实施的方案提交专利申请是不够的。在项目的工程设计过程中，您的团队很可能需要针对每个问题提出多种解决方案，并从中选择最佳的解决方案。然而，这样的选择通常是基于一定的预设前提作出的，而该预设前提对于另一家公司在其竞争产品中实施的替代策略可能并不成立。因此，您需要对自己选择解决方案的预设前提进行质疑。

显然，相对于所寻求的解决方案而言，您不想浪费资源为那些不切实际或不可行的替代方案寻求专利保护。然而，仅仅因为您选择了更符合您需求的方案，并不意味着其他替代方案不会成为竞争对手所认为的更优选择。此外，即使您选择的技术路径在各方面都更好，并成功地就此获得了专利，那么您也需要问一下自己：其他的替代方案是否仍然不失为一种可行的选择？换句话说，是否还有合理的替代解决方案可供竞争者寻求？如果是这样的话，那么除了您打算实施的特定解决方案以外，为该替代解决方案寻求知识产权保护也是非常重要的。

最后，您在开发产品时，那些在早期阶段您认为优选的解决方案显然可能会遇到一些挑战。例如，它可能无法与其他子系统或产品需求很好地集成，或者无法使您的技术对产品族或之前舍弃的替代方案产生影响。正如《专利工程》[1]一书中所述的那样，您希望拥有问题，而不仅仅是拥有针对某个问题的特定解决方案。另外，请您一定要记住，每当您提交专利申请时，都会揭示所解决的问题以及如何解决该问题。单件专利申请可能会使竞争对手获知如何在解决问题的同时规避您的专利。因此，要尽力避免将可行的替代方案留给竞争对手，这一点至关重要。为此，您除了要针对计划实施的解决方案寻求专利以外，还应当拥有涵盖替代解决方案的专利。

在对潜在的专利申请进行优先级排序时，您应该发出这样的疑问：针对您所提出的权利要求，如果发生了侵权行为，能否被发现？换句话说，您能肯定地知道有人正在侵犯您的专利吗？如果您无法证明侵权行为的存在，那为什么还要向他人教导您的产品或生产工艺呢？您可能有合理的理由，希望通过侵权行为不易被发现的此类专利来扩充您的专利组合，但是它们不应该在专利组合中处于优先位置，而应该只是作为专利组合的一部分使其覆盖范围更广、包容性更强，但是涉及该专利组合中其他专利的侵权行为应当是易于被发现的。

曾经有一段时间，人们普遍认为针对工业生产工艺专利的侵权行为是不可发现的，因为需要进入竞争对手的工厂才能察看其生产工艺。在那个时代，员工通常终生服务于一家公司，并且将忠诚作为其工作准则。如今，情况已经大不相同。员工在其职业生涯中通常会经历多个职位，他们辗转于不同的雇主之间，并会带着在之前的工作中所获得的知识。此外，有些人从事顾问工作，他们辗转于不同客户之间，并在此过程中出售信息。可以说，公司秘密不再像以前那样安全了，专利权人有可能收集到公司内部工艺的足够信息，从而发现专利侵权行为并提起侵权诉讼。❶

此处有个建议：您最好在公开内容中包括如何检测侵权行为的方法。举例而言，如果权利要求包含特定的物理参数，例如杨氏模量或者表面能，那么有必要将该参数的确切测量方法写入申请文件。这是因为，在通常情况下，不同的测量技术会导致得出的参数值不同。如果您的专利中没有限定采用的测量技术，且按照被控侵权人的测量方法得出的参数值在您的权利要求保护范围之外，那么被控方就可以声称未侵权。相反，如果在专利中指定所采用的测量技术，那么通过采用其他测量方法来规避侵权的做法就行不通了。考虑到这一点，在说明如何确定一个参数值时，最好只描述一种测量方法，而不是给出多种可选的方法。需要记住的是，某人的产品是否被您的权利要求的保护范围所涵盖*，这取决于您是否能够证明侵权行为的存在。如果被控侵权人可以选择所采用的测量方法，特别是如果所选择的还是您所建议的多种测量方法之一，并且他们根据这种方法生产的产品并没有被您的权利要求所涵盖，那么您可能很难说服陪审团该产品确实侵犯了您的专利。

与是否可以发现侵权行为密切相关的是，您能否就（一项或多项）发明

---

❶ 上述来源所获取的信息会在名为"调查取证程序"的过程中进一步得到补充。在"调查取证程序"中，法院会下令出示相关的文件。在打侵权官司时，您很可能不会仅仅依赖于前雇员和顾问的报告，而是还会用到公司的文件资料。当然，"调查取证程序"是个双刃剑，被告也可以使用您的文件资料来质疑您的专利。因此，请小心选择创建您的文件资料。

\* 即产品落入权利要求的保护范围，该产品侵犯了专利权。——译者注

向陪审团作出解释，即解释专利中的（一项或多项）权利要求保护的内容，以及竞争对手所实施的方案是如何被上述权利要求的保护范围所涵盖的。重要的是，要认识到陪审团是由陪审员组成的。他们并不具有您的领域的相关专业知识，甚至可能根本就不是技术方面的专家。他们需要理解您的发明，即您所主张的专利中所请求保护的方案，以及被控侵权人所实施的方案是如何被您的权利要求所涵盖的。

基于上述观点，机械类发明通常最容易演示，因为可以向陪审团成员展示各个组成部件和工作原理。但是，基于复杂数学算法的权利要求则可能很难用非专业的术语来进行解释。

下面以作者亲身经历过的一起侵权诉讼作为示例进行说明。涉案专利涉及一种电子照相打印机❶中生成字体静电潜像的算法，该案需要判定另一打印机制造商的行为是否构成了对上述专利的侵权。[2]

在电子照相打印机中，首先对感光元件（通常也被称为主要成像元件）均匀地进行静电充电。然后，通过使用激光扫描仪或 LED 阵列（通常被称为写入器）将感光元件以图像方式曝露在光线下，从而产生静电潜像。然后，通过使静电潜像与带电标记颗粒（通常被称为碳粉颗粒）接触，所述带电标记颗粒黏附在所述感光元件的曝光区域上，从而产生可见图像。

激光器或 LED 阵列以某种脉冲方式来产生所需要的静电潜像，并且需要许多不同强度和位置的脉冲来形成单个字符。这些脉冲中的每一个都对应一个"图像元素"或"像素"。大多数读者都熟悉诸如 $600 \times 600$ dpi 分辨率之类的术语，该术语指的是写入器的空间分辨率。

写入器由复杂的数学算法驱动，这些数学算法决定了诸如静电潜像的清晰度、对比度和分辨率之类的属性。打印页面的质量不仅受到光导元件的曝光位置和强度的影响，而且还受到特定像素相对于其他像素的曝光顺序的影响。实际上，驱动写入器的数学算法必须是复杂的，其原因在于：不但需要考虑写入器和光导元件的响应，而且还要利用人类的感知能力以及人眼感知图像的生理特性。因此，所使用的算法显然会相当复杂。

毫无疑问，根据第 6 章中所介绍的指导原则，该发明本身是非常重要的，值得赋予其高优先级。具体而言，使用该发明获得的图像质量推动了客户的购买决策。但是，在对专利申请进行优先级排序时，应慎重考虑，例如要将由此获得的专利将来可能遇到的挑战考虑在内。具体来说，当作者所在的团队试图决定是否主张这项专利权时，花了几天时间与发明人和另一位技术专家进行了

---

❶ 附录 1 中详细讨论了电子照相的过程。请读者在本书的该部分查看关于这个主题的技术讨论。

激烈的讨论，以理解所要求保护的算法。所以，向未来的陪审团成员解释这种算法，将成为一件最具挑战性的事情。此外，对竞争者使用的软件进行分析基本上是不可能的。因此，任何侵权行为都必须是能够从可疑打印机上打印的文档中检测出来的。当然，也可以使用测试目标生成文档来突出可疑的侵权行为，但是即便如此，所有侵权行为都必须仅从文档中得到证明。这将变得更加复杂，因为在形成静电潜像之后，将首先通过将碳粉沉积到感光元件上而对潜像进行显影（显影步骤），再将碳粉转印到纸张上（转印步骤），然后将碳粉图像定影到纸张上（定影步骤）来产生打印文件。在潜像形成时，每个步骤都会改变在曝光期间产生的印刷图像。

此外，如权利要求中所呈现的，仅仅识别出当前文档中像素的形状或其他特征与使用这种写入算法生成的图像一致是不够的。您必须证明，像素形成的特定时序正如权利要求中详细说明的步骤那样来执行。最后，必须证明没有其他方法可以生成图像的类似特征。总而言之，最终的决定是不主张这项专利权。

这是否意味着不应该寻求覆盖这一发明的专利申请呢？在检测侵权行为和向陪审团描述发明方面，这件专利肯定遇到了重大困难。然而，尽管存在这些缺点，但由于这项发明教导了大量关于像素形成的知识，因此将其作为整个专利组合的一部分，该专利可能还是值得追求的。这件专利的价值还在于，它确实能阻止竞争对手获得这项发明的专利。别忘了，专利总是被授予首先提交专利申请的人。然而，如果仅仅作为一项单独的发明，可能并不值得为此提交专利申请。作出这些决定是评估过程的一部分，并且在每种情况下作出的评估决定都是独特的。申请在某些评估指标上存在不足并不一定成为其不应被提交的理由。相反，评估指标只是帮助您作出决策的工具。

当确定专利申请的优先级时，要考虑的另一因素是您的竞争对手正在做什么。具体来说，是否还有其他公司对您的技术感兴趣？这些公司包括竞争对手，它们已经或计划推出的产品与您的产品构成直接的竞争关系。另外，这些公司还包括那些虽然产品与您无竞争但其市场供应品受益于您的知识产权的公司。应当始终记住，只有当他人需要使用您的知识产权所保护的技术时，这件专利才是有价值的。如果没有人对您的专利感兴趣，那么获得专利仅仅意味着是一种花费，除了教导其他人知晓一个问题及该问题的具体解决方案以外，别无他用。然而，仅仅因为无法识别外部利益相关方，并不意味着不应该提交专利申请。您的产品可能极具创新性以至领先于市场，而一旦您的技术为人所知，市场上将迅速出现复制您技术的产品。但是，您应当实事求是地进行评估。要区分情况：到底是您的产品真的如此有价值，还是您只是处于"空白领域"——一个由于在现在和将来都没有重要市场，而导致所有人都不感兴趣的领域？

基于上述讨论，评估一下市场的规模对于您来说是非常有必要的。这可能并不容易。有一种可能是，您的产品非常有创新性，一旦该产品上市，就会引发竞争。但是也有另一种可能，如上所述，您的发明可能处于"空白领域"[1]中。前者的一个例子是切斯特·卡尔森（Chester Carlson）发明的电子照相打印机[3-5]。实际上，对卡尔森的发明进行更详细的讨论可以说明，当技术足够新颖时，确定专利申请的优先级别是多么的困难。

在卡尔森的发明出现之前，人们为某一文档制作一定数量副本的办法有限，较为困难。通过使用在纸张之间插入复写纸之类的设备，可以实现在制作原始文档的同时进行少量副本的制作。托马斯·杰斐逊（Thomas Jefferson）是一位多产的作家，他因使用一种名为"复写器"的设备（类似于缩放仪）而闻名。这种设备是由约翰·艾萨克·霍金斯（John Isaac Hawkins）[6]所发明的，通过该设备，可以在书写原件的同时生成一份副本。其他装置，例如油印机或复印机，这两种设备可以用于为一份文档打印多个副本，但都依赖于原始母版的制作。另外，也可以使用平版印刷技术，例如胶印机，来制作多份副本。然而，排版或制作印版非常耗时，导致这种设备的成本高昂，因此通常仅限于在需要制作的副本数量较多的情况下才使用。

当时，对已有文档进行复制的方法局限于诸如柯达的染料转印法（Verifax）[7]等技术。这种技术依赖于将胶体染料从供体纸转印到纸张接收器。虽然成本低廉、制作方法简单❶，但印刷速度缓慢且杂乱无章，生成的图像虽然比较清晰，但仍然质量不佳。

关于卡尔森发明复印机的历史是众所周知的。起初，他试图将自己的专利权出售给柯达、IBM 等公司，但没有成功。最终，他说服了约瑟夫·威尔逊（Joseph Wilson）——一家濒临倒闭的名为哈洛伊德（Haloid）的相纸公司的首席执行官，把公司的存亡押在了这项技术上。该公司最终将公司名称改为施乐（Xerox）。电子照相复印机成为快速生成小批量文档复印件的主导技术。如今，电子照相技术广泛应用于数字印刷领域，应用范围覆盖小型桌面打印机到大型商业印刷机。现在看来，电子照相技术确实是一项有价值的技术，但在卡尔森作出这项发明时，却很少有人认识到它的价值。

这里的教训是，没有人想要卡尔森的专利权。卡尔森接洽的公司认为此类产品没有市场。今天，电子照相技术是许多公司的支柱，每年产生数千亿美元

---

❶ 实际上，作者为一个高中科学项目制造了一个这样的设备。

的收入。显然，其他公司对这项技术缺乏兴趣并不能否定它的最终价值。然而，必须以谨慎的态度处理此类情况，因为使用这项技术的产品确实可能没有市场。虽然可能有充分的理由能够说明为什么没有其他公司对您的技术感兴趣，但同样地，也可能并没有很好的理由。

与其他公司需要您的技术密切相关的问题是，无法使用您的知识产权将会给对方带来多大的限制。如果您的权利要求保护范围足够宽，而且没有现成的替代方案，则您的专利价值会更高。然而，如果没有合适的替代方案，那么即使权利要求的保护范围较窄，这样的专利也可能有较高的价值。第 4 章所介绍柯达与宝丽来之间关于即时照相技术的专利诉讼案就是一个有力的证明。

那么如何知道是否有其他公司以及有哪些公司会对您的专利感兴趣？第一个指标是哪些公司正在生产竞争性产品。同样相关的是这些公司即将推出哪些产品。贸易展览会和科学会议通常是获取此类信息的重要来源。此外，还应关注其他公司已经提交了哪些专利申请，以及哪些申请被授予了专利权。

在进行现有技术检索时（作者将在第 9 章中进行更详细的讨论），请查看哪些公司引用了您的专利。如果它们引用您的专利，就很好地表明它们对您知识产权保护的技术感兴趣。它们可能会对您是否签订了交叉许可协议，或者从其他公司获得了专利许可费等问题感兴趣。最后，针对您之前的专利申请，审查员在审查意见通知书中引用了哪些现有技术？这些也可能反映了对您的技术感兴趣的公司，即使它们不是您的直接竞争对手。

在对潜在的专利申请进行优先级排序时，另一个考虑因素是拟议专利申请是系列发明中的一项还是一项单独发明。简单的经验法则是，拥有数量越多就越有优势。如果您拥有多件保护相关技术解决方案的专利，那么对于竞争对手来说就需要克服更大的障碍，而对于您来说就更容易主张您的权利。

## 对时间因素的考虑

如本章中前面所提到的，在对潜在的专利申请进行优先级排序时，技术改进不是唯一要考虑的因素。有些时间因素或时机因素也应该被考虑在内。在某些方面，对潜在的专利申请进行优先级排序时，考虑时间因素甚至比考虑技术因素更为重要。由于对技术因素考虑不周而不适当地赋予某些专利申请过高的优先级，可能会导致生成的专利组合成本过高而保护力度过低。然而，由于对时间因素考虑不周而导致优先级排序不当甚至可能会妨碍您获得专利。此外，即使您确实获得了专利，您的所有权也可能会因他人享有该专利受让人权利而大打折扣。接下来将研究一下对专利申请进行优先级排序时应当考虑的时间因素。

首先，应该认识到，根据 GATT❶ 的规定，专利被授予最先提交申请的人。在以前，美国将专利授予最先作出发明的人。先发明制的要求可能会引发法律纠纷，其中每一方都需要提供证据，以证明自己一方首先作出了发明。证据包括记载有发明内容的、见证并注明了日期的实验室笔记等。先发明制虽然能使人重视作出发明的时间，但同时导致了高成本的法律纠纷。而现行规定中，通常假设首先提交专利申请的人就是合法的发明人。换句话说，时间不等人。如果您延迟提交申请，则可能会错失保护发明的能力。然而，话虽如此，过早地提交申请，则可能会妨碍您获得更强大的专利保护覆盖范围，不利于您优化专利组合。这是因为，过早地提交专利申请会使您面临披露信息的风险，这些信息可能会导致披露未来的发明内容，或者成为可以与其他现有技术结合使用的现有技术。无论在哪种情况下，过早提交专利申请都会对您产生不利影响，包括妨碍您为将来更完备的发明申请专利，或者无法形成更有价值和更可靠的专利组合为您的技术提供适当的保护。

当您或其他人公开的信息不能准确地教导您的发明，实际上，甚至可能不属于同一技术领域时，时间也仍然可能是一个需要考虑的因素。您为什么应该关注这些信息公开的时间？在公开后一年内，这些公开的信息尚未被视为现有技术。然而，如果在信息公开一年后，从审查员的观点来看，此类信息可以与其他公开可用的信息一起结合使用，进而认为其他人能够基于这些公开的信息提出与您相同的发明，您可能会因此无法获得专利。* 即使是您自己的公开也要遵守一年的期限。❷ 简而言之，如果公众可以获得一些信息的组合，这些信息的组合可以引导某些人得出您针对技术问题的解决方案，那么您的解决方案就会变得显而易见并且丧失新颖性。

在贸易展览会或出版物中演示您的发明，会使其成为现有技术。重申一下，一旦这样做了，您有一年的时间来提交专利申请。类似地，任何形式的公开，如向顾问、外部承包商或客户展示您的发明，都可能会使提交申请的一年计时开始生效。当然，您可以坚持要求无论将这些发明展示给谁，他们都要首先签署一份非公开协议或保密协议。这样做确实能够阻止该特定公开内容被解

---

❶ 《关税和贸易总协定》。

\* 《美国专利法》第 102 条（b）款规定了新颖性的例外情形，给予申请日之前为期一年的"不丧失新颖性的宽限期"。——译者注

❷ 通常有一些法律途径，可以避免将您先前披露的信息解释为现有技术。例如，如果您能在宣誓书中发誓您的发明是早于先前披露的材料的，则有可能使该先前披露的材料免于被视为现有技术。然而，这需要法律手段的介入，且并不总是能够成功。如果有可能的话，最好要避免这种情况。

释为现有技术。但是，假设被展示过发明的个人随后无意或有意地向第三方披露了该发明，那么您的发明就被公开了，定时器已经开始计时，即使您还没有意识到该发明已经被公开了。当然，您可以起诉违反保密协议的签署者要求赔偿，但在扣除法律费用后，您最终能够获得的赔偿金额与您所遭受的损失相比可能是微不足道的。考虑到期限通常只有一年，您选择尽快提交申请文件要明智得多。

上述讨论也适用于外请承包公司帮助开发产品的情况。在与另一家公司的成员就任何发明的内容进行技术讨论之前，尽可能先提交专利申请，这对您来说是有益的。如果您不这样做，可能会导致另一家公司认为您所需要的发明是他们作出的。他们可能会针对该发明提出申请并获得专利。即使您与承包公司签订的合同规定您拥有该技术的独占实施权，他们仍然可以阻止您竞标受保护的组件。如果您在开始讨论之前就提交申请，则情况会好得多。

类似地，贸易展览会也是非常重要的平台，为您的新产品或开发中的产品提供了展示的机会，但同时也可能导致您的发明被过早地公开。这是另一个必须解决的时间问题，因为根据您的战略规划，贸易展览会规定的截止期限可能会导致留给您提交专利申请的时间非常紧迫。因此，尽可能在贸易展览会之前提交专利申请，以保障为您的技术寻求专利保护的机会，这一点很重要。但是，有时您可能尚未对发明作出充分的定义，以至于还不足以撰写权利要求书，那么您该如何做呢？一种方法是提交临时专利申请，此时申请内容仅包含必要的公开内容，不包含权利要求书。然而，即使在提交临时申请时不需要提供权利要求，您仍然需要对发明作出完整的公开，以支持所有随后提交的权利要求。考虑到这一点，必须注意不要披露超出临时申请所必需的信息，以及您可能希望在未来提交专利申请但尚未准备好的信息。

提交临时申请的一个优点是，可以用一份单独的公开来作为您的最终申请（包括权利要求书）的基础。而其缺点是，临时申请确实构成对发明公开的事实，因此必须在一年内完成最终申请的提交，以避免其构成现有技术。此外，在撰写临时申请时，必须要对权利要求作出预期，以确保公开的技术内容既能够支持这些权利要求，同时又不会公开超出必要范围的材料。最后，提交临时申请会产生额外的法律费用和申请成本。重申一下：提交临时申请确实能够提高最终申请提交的时间优先级。

另一个可以提高专利申请的时间优先级的考虑因素是，是否有其他人，无论是竞争对手、非竞争实体（包括专利流氓或大学）还是个人，正在计划提交申请。您如何才能知道是否存在这种情况呢？也许在科学会议或贸易展览会上获得的信息可以指引您得出这个结论。此外，在检索已公开的专利申请时，您可能会发现一种趋势，表明有人正在类似的领域中进行研究。如果您认为其他人即将提交申请，那么您应该先提交申请。

还有另一种情况可以提高时间优先级，这就是决定提交继续申请或部分继续申请。这些是指什么？

在某些情况下，根据市场反应和进一步的技术研发，您确认可以为您的知识产权寻求进一步的保护。换句话说，在您的申请中，还完全或部分地公开了一些其他的发明，但是您并没有要求对其进行保护。在某些情况下，您可能会这样做。这意味着您可以使用原申请相同的公开内容，提交一件新的专利申请并在其中包含新的权利要求，这种做法被称为继续申请。或者，您还可以在现有申请的公开内容基础上，增加新的内容来涵盖新的权利要求，这种做法被称为部分继续申请。在上述任何一种情况下，自专利申请授权之日算起\*，您通常有一年的时间来提交继续申请或部分继续申请。

然而，如果您决定选择提交继续申请或部分继续申请，则需要注意：虽然这两种做法能使您有机会围绕您的发明加强专利保护，但它们都被视为新的申请。您获得了在先要求保护的发明的专利，并不意味着您提出的覆盖新的保护范围的权利要求一定能够获得授权。此外，每件专利申请都会创建一个申请审查档案。当您将来主张专利权的时候，该申请审查档案在调查取证程序中将会被公开。同样，无论您的继续申请或部分继续申请是否获得授权，情况都是如此。风险主要在于，审查员可能会对新申请中请求保护的发明提出异议。您与审查员的交互内容也会被记录在申请审查档案中，使申请审查档案的内容进一步丰富。当您主张专利权时，这些记录的内容可能会被对方利用作为对您不利的证据。面对额外的风险（和费用），是否值得尝试通过这些方式强化您的技术保护，关于这个话题您应该与法律顾问讨论。

到目前为止，作者已经通过一个案例说明了在确定申请的优先级排序和提交申请时需考虑的紧迫性因素。然而，有些时候，保持克制可能是首选的行动方案。请记住，专利战略的目标是构建强大而有价值的专利组合，而不仅仅是多件单个专利的集合。

第6章讨论了如何对您的发明进行优先级排序。显然，您必须制定一个研发计划，其中包括对您的发明进行优先级排序，以便实现您的技术目标，此外还包括制定您的专利战略并构建您的专利组合。这需要您与队友一起紧密合

---

\* 根据《美国专利法》第120条的规定，不论是继续申请或是部分继续申请，提出申请的时间必须是在原始申请被授权、放弃或者终止前提出，即原始申请处于未决状态，也就是说原始专利申请程序没有终结。因此，此处不应是自专利申请授权之日算起，推测应为自专利申请公开之日算起。——译者注

作，并不断评估进展的状况。

在实施您的专利战略时，必须考虑的问题包括：一项发明是否已经足够成熟到可以提交专利申请，以及现在提交申请是否会对将来要提交的申请产生重大而不利的影响。

您应当认识到，研究过程中的每一个答案都会产生很多新的问题；如果您想在申请前等待获得所有问题的答案，您将永远没有机会提出任何一件申请。话虽如此，您确实需要保持应有的谨慎，以避免过早地披露技术信息。这需要您与团队成员紧密合作，并不断地评估进展状况。再次提醒您，专利战略的目标是围绕您的技术构建起一道坚不可摧的防护墙。只有通过持续考虑整个项目的情况，仔细思考和推进您的专利申请，才能做到这一点。

## 结束语

正如本书通篇所强调的那样，您的目标应该是实施强有力的专利战略，以建立一个可靠的专利组合，而不仅仅是保护针对特定问题的特定解决方案的单件专利的集合。您应该努力拥有问题，而不仅仅是单个的解决方案。要做到这一点，您需要根据对技术改进和时间因素的考虑，对潜在的专利申请进行优先级排序。

在某些方面，根据所解决的技术问题对专利申请进行优先级排序似乎更简单。如果您有无限的资金和时间，您可以对所有的发明提交专利申请。然而，这种情况是不太可能的。您需要作出选择。在进行优先级排序时，不可能预先确定哪些专利有价值，哪些专利没有价值。然而，目前已经提出了一些指导原则，应该有助于您作出决策。

时间因素往往更难解决，因为在确定哪些申请需要在短时间内提交、哪些申请可以推迟以及哪些申请应该推迟时，必须对风险 - 收益分析加以考虑。

在考虑技术和时间因素时，您需要牢记项目的目标和进度。您需要不断进行评估：如果对您在某些问题方面的改进提出专利申请，将会如何影响您在其他领域的专利申请。换句话说，您需要从战略上考虑专利问题，牢记现在和将来的全貌。如果您忽视了这一点，您将只是在针对特定的发明提出申请。由此获得的专利虽然可能也有价值，但与您所寻求的专利组合能够提供的保护价值是无法相提并论的。

**参考文献**

[1] D. S. Rimai, *Patent Engineering*, Scrivener Publishing, Beverly, MA (2016).

[2] JH. ‒T. Tai, C. ‒H. Kuo, and D. A. Gusev, U. S. Patent #7, 626, 730 (2009).

[3] C. F. Carlson, U. S. Patent #2, 221, 776 (1940).

[4] C. F. Carlson, U. S. Patent #2, 297, 691 (1942).

[5] C. F. Carlson, U. S. Patent #2, 357, 809 (1944).

[6] https://en. wikipedia. org/wiki/Polygraph_ (duplicating_device).

[7] H. C. Yutzy and E. C. Yackel, U. S. Patent #2, 596, 756 (1952).

# 第 **8** 章
# 提出和撰写权利要求

## 为什么发明人应该撰写权利要求？

权利要求是专利的核心。它们赋予您依法排除其他人实施您发明的法律权利。因此，是不是应该由律师撰写权利要求呢？如果发明人撰写了权利要求，那么留给律师的工作是什么呢？让我们在深入探究权利要求中应该包括什么以及如何撰写权利要求之前，先解决这些问题。

毋庸置疑，您的律师将最终撰写您在专利申请中提交的权利要求，并且极有可能对您提出的权利要求进行大幅修改。事实上，您的律师很可能会在您提出申请的整个过程中不断地提出修改建议。但是，如前所述，您的律师只是法律专家，而不是技术专家。即使是内部法律团队的律师，也不会像您一样专业，了解所遇到的问题及其解决方案。他们也不必知道相关技术中的内容。实际上，确实应该由发明人描述问题及其解决方案，也就是发明的内容。需要提醒的是，权利要求，尤其是第一独立权利要求，是对本发明的描述。换句话说，为了使您的专利有价值，需要向您的律师准确地描述本发明。要做到这一点，最佳方式就是：由身为发明人的您亲自撰写权利要求。您不必担心如何达到所有法律方面的要求，因为解决法律问题是法律顾问的工作。而您所需要做的是，在权利要求中对本发明作出准确而精准的描述。

为什么由发明人来撰写权利要求如此重要，还有其他方面的原因。作者在与发明人合作的多年经历中，曾多次听到这样的抱怨：他们向律师们描述了发明，但是却无法理解律师们在专利申请文件中究竟写的是什么。他们看不出自己的发明与律师们撰写的专利申请之间，尤其是与权利要求之间存在怎样的关联性。对于发明人来说，这是一个严重的问题，因为他们在签署申请文件时，要根据法律的规定进行宣誓，表明他们已经阅读并理解了该申请的内容。

有时候，律师对发明人传递给他们的信息会出现理解上的偏差，或者会自主地采取一些做法试图规避现有技术。这些情况有的时候会得到纠正。但也有的时候，由于不熟悉专利申请整个流程给发明人带来挫败感，他们在签署了所需的宣誓书后，就对该专利申请不再过问了。而且，甚至在某些情况下，发明人干脆放弃理解律师所撰写的权利要求。以上种种情况，都不利于获得一件可以用来主张权利的专利。

现在，让我们把时间快进到您的专利获得授权之后您或您的公司决定对被控侵权人主张专利权的时候。您很可能会被传唤到证人席，负责向陪审团成员解释您的发明，以及为什么现有技术无法预见到您的发明。对于这一点，您必须解释得足够清楚，以便使陪审员不但能理解您的发明本身，而且还能理解为什么您针对技术问题提出的解决方案不是显而易见的。在这种情况下，没有什么比您亲自撰写的权利要求更能让您感到舒服的了。

最后，您需要在申请文件的公开内容中论述您的发明及其与现有技术的关系，但无须提及与该发明无直接关系的内容。换句话说，正如前面所讨论的，您在申请文件的公开内容中所呈现的每一条信息都是为了支持权利要求，并确立它们的新颖性和非显而易见性。当您的专利申请文件所公开的内容是总体专利战略的一部分，而该专利战略旨在获得全面的专利组合时，这一点尤为重要。除此之外，您还必须对提出的专利申请进行优先级排序，以确保它们不会与其他后续的专利申请的公开内容及权利要求相冲突。要实现上述目标，最简单的方法就是由身为发明人的您来亲自撰写权利要求。

毋庸置疑，撰写权利要求书以及公开内容是非常耗时的。而且，许多从事技术性工作的人员并不关心撰写工作。尽管如此，向您的法律专家提交一份文档用以对发明作出相对完整的说明，提出建议的权利要求并解释问题提出的背景，将有利于节省您后续对律师所撰写的专利申请文件进行修改所需付出的时间和精力，并且能让您的律师专注于他们最擅长的事情——运用他们的法律专业知识为您争取获得最好的专利。

## 您是否拥有一项以上的发明？

多年以前，一件专利中可以包含当前规定下所认为的多项发明。但是，现在情况已经不再是这样。如今，只有相当严格地由一项发明组成的专利申请才能获得授权。这是什么意思呢？例如，一种可获得专利的装置，在按照规定的方式使用时，该装置能够以新颖的方式完成任务。过去，该装置和使用该装置的方法可以包含在一件专利中。如今，审查员更有可能将该方法和该装置判定为两项不同的发明。因为该方法可用于不同类型的装置，并且该装置能够以不同于该方法所描述的方式来使用。❶ 如果您试图在一份专利申请中要求同时保护这两项发明，此时审查员可能会驳回该申请，并通知您必须从中选择一组针对一项发明的权利要求来进行审查。而且，所有这些甚至都发生在审查员针对权利要求开展检索并就该申请是否包含可专利的发明作出决定之前！*

如果发生上述情况，发明人将不得不挑选出哪些权利要求要最先寻求保护，哪些权利要求要暂时放弃，延后一段时间再另行寻求保护。这些专利申请的公开内容可能是相同的，但是因为权利要求不同，所以将会是不同的申请。由此得到的专利申请被称为"分案"。应当注意的是，审查员可能要求将一件专利申请分成多个分案，而不仅仅是将其一分为二。

在提交专利申请之前，审查员可能提出的分案要求并不总是明确的。事实上，在某些情况下，申请人可能知道他们拥有多项发明，但无法自行根据发明恰当地划分出多件单独的申请。在这种情况下，发明人可以作出只提交一份申请的决定，并允许审查员对其进行划分。然而，通常来说，更好的处理方式应该是由申请人对发明适当地进行划分，并为每项发明提交恰当的申请，因为这样做能够减少案件审查档案中的记录，并有利于发明人更好地控制申请的审查进程。

## 权利要求和发明的类型

在本书的范围内，我们只考虑发明专利，这是最常见的专利类型。❷ 除非

---

❶　应该注意的是，如果设备和方法之间有足够的联系，以至于在不实施其中一个的情况下，另一个就不能实施，则审查员可能会认为二者属于同一项发明。类似地，新材料既可能被认为是与设备或方法不同的发明，也可能被认为与之属于同一项发明。

*　根据《美国专利实施细则》第1.146条的规定，如果审查员认为"总括性"独立权利要求无授权前景，而该"总括性"独立权利要求下的多个不同子类从属权利要求为专利性可区分（patentably distinct）的，则审查员认为这会严重加重其检索和审查工作负担，这时审查员可能会对该专利申请下发限制性/选择（restriction/election）通知书，以要求申请人从该多个不同子类从属权利要求中选择一组子类权利要求进行继续审查，从而使得该专利申请满足子类选择（election of species）的相关规定。由此可知，在一些情况下，尤其是对于美国本土的专利申请，审查员有较大的自由裁量权，当其认为检索和审查工作较繁重时，则可以对该专利申请下发限制性/选择通知书，从而限制申请人在单件专利申请中提出过多的技术方案。如此，限制性/选择通知书可以在审查员并未作出任何实质性检索工作之前就发出。——译者注

❷　此外，还有用以对物品的独特设计或"外观"提供保护的外观设计专利；以及与遗传物质有关的植物专利。这些专利将不在本书的讨论范围之内。

另有说明，本书中使用的术语"专利"都是指发明专利。

专利可以大致分类为：装置专利，其公开了一种新型设备；材料专利，其提出了一种新材料；方法专利，其教导了一种执行某些工作的新方法。

如前所述，专利的关键组成部分是其权利要求。权利要求具有两个作用。第一个作用，也是最重要的一个作用是，它们精确地定义了哪些内容是受到法律保护的。第二个作用与第一个作用紧密相关，即权利要求定义了本发明是什么。专利中呈现的所有其他信息都是用于支持权利要求的。换句话说，如果提出不是支持权利要求所需要的材料，无论是用来陈述问题的材料，或者用来说明其他人如何试图解决问题的材料，还是用来说明问题提出的背景（包括现有技术）以及您（发明人）如何解决问题等方面的材料，这类信息一般不适宜作为公开的内容。当然，有时您可能希望在公开内容中包含与一些权利要求没有直接关系的信息。包含此类信息的目的可能在于：防止其他人获得附加专利，或者在您提出的权利要求被驳回时，提供支持性的文件记载，以支持一组保护范围更窄的权利要求。请注意，作出这样的决定应当非常审慎，不符合战略目的的信息不应包含在公开内容中。毕竟，您提交专利申请的目的不会只是想要教导别人。

权利要求分为独立权利要求和从属权利要求。独立权利要求定义了基本的发明，而从属权利要求对独立权利要求或其他从属权利要求进行补充。例如，从属权利要求可以与独立权利要求实施的优选方式相关。在从属权利要求的措辞中，对其从属的在先权利要求采用引用的方式表明二者的关联。在任何情况下，这些权利要求都起着警告标志的作用：它们向所有人表明，权利要求中所描述的知识产权是受到保护的，不允许任何人非法侵犯。在独立权利要求中陈述实施本发明所必需的所有内容是至关重要的。换言之，如果某些内容对于实施本发明来说不是必需的，则不应将其包含在独立权利要求中。

典型的美国专利包含1~3项独立权利要求，以及最多20项权利要求。如确有必要，专利中可以包含额外的权利要求。然而，需要提醒读者的是，避免拥有过多的权利要求。其一，美国专利商标局对超过20项的权利要求收取额外费用。其二，对额外增加的权利要求的审查可能会增加申请审查档案的内容，这些内容可能会在您主张权利时被用来对付您。其三，超过20项的权利要求通常并不能为您提供更多额外的保护。如果您真的需要这么多权利要求，也许是因为您拥有不止一项发明，这时应该提交多份申请对其分别进行保护。别忘了，您在为实施一项专利战略而努力，而不仅仅是为了获得只能为某一特定问题的单个解决方案提供保护的单件专利。接下来用三个实际的例子进一步阐明上述观点。

### 1. 电子照相打印机专利

第一个例子涉及一种电子照相打印机。如附录 1 所述，在感光元件上形成碳粉图像，并将其转印给诸如纸张之类的接收器。但是，由于转印过程效率低下，并非所有碳粉都能被转印。为了能够重复使用感光元件，必须在清洁过程中去除感光元件上残留的碳粉，并且碳粉必须被以某种方式存储，直到准备将其从打印机中移除。一般来说，含有未使用碳粉的储存器和残留碳粉的储存器是分开的，残留的碳粉在维修过程中被处理掉。

在利盟国际公司（Lexmark International，Inc.）[1]获得的一项名为"将废旧碳粉与新的碳粉重新结合的系统和方法"的专利中，残留的碳粉与新的碳粉储存在同一个容器中相互分离的单独隔间里。然而，可以根据情况将残留的碳粉与新的碳粉混合，从而减少或消除浪费。该专利共包含 15 项权利要求，其中 3 项为独立权利要求，其余 12 项为从属权利要求。下面审视其中的几项权利要求。第一项独立权利要求指出：

> 一种用于电子照相图像形成装置的墨盒，包括：具有用于存储碳粉的容器的壳体，所述壳体具有用于将碳粉从壳体排出的出口和用于将废碳粉接收到壳体中的入口；以及将容器分为用于存储新的碳粉的第一腔室和用于存储废碳粉的第二腔室的隔板，所述第一腔室与所述出口是流体连通的，所述隔板可以在所述容器内的第一位置和第二位置之间移动，其中，当所述隔板位于第一位置时，所述入口与第一腔室是流体连通的，从而使得隔板位于第一位置时，通过所述入口接收的废碳粉沉积到第一腔室中，并且当隔板位于第二位置时，所述入口与第二腔室流体连通但是与第一腔室之间封闭，从而使得隔板位于第二位置时，通过所述入口接收的废碳粉被存放到第二腔室中，但被阻止进入第一腔室。

该权利要求值得注意的关键条文包括权利要求的前序部分，即以"包括"（comprising）一词结尾的部分（"一种用于电子照相图像形成装置的墨盒，包括"）。尽管该前序部分在主张专利时相当重要和有意义，但在审查过程中常常会被审查员所忽略。对于所提出的申请，如果审查员发现存在针对同一问题的其他类似解决方案，无论应用的技术领域是否相同，他或她都会认为该发明的解决方案是显而易见的，进而得出其不具备可专利性的结论。换句话说，如果有人用类似的装置来回收面包店揉面团时用于脱模的面粉，那么当前发明提出的用途会被认为是缺乏新颖性的。*

还应当注意的是，"包括"（comprise）一词具有特定的含义，其与"组成"（consist）一词的含义并不相同。具体而言，"包括"是指所描述的设备、工艺或材料，除了包含权利要求中所描述的特征之外，还可能存在其他组件。如果有人生产一种设备，其包含权利要求书中描述的特征，并且具有另外一些附加特征或组件，那么该设备仍被该权利要求的范围所涵盖（read on the claim），其制造商将被认定为侵犯了该专利权。然而，如果专利申请人使用"组成"而不是"包括"一词，那么该专利将只适用于仅包含了权利要求中所描述的技术特征而不包含另外的附加特征或组件的情况。

应该注意的是，墨盒权利要求包含了实施这一特定发明所必需的许多要素，但这些要素本身并不是新颖的。例如，权利要求1包括"具有用于存储碳粉的容器的壳体"。由于几乎每个碳粉补充瓶都包含一个碳粉容器，因此该组件本身并不是新颖的。然而，该组件是实现本发明所必需的，因此，其必须包含在权利要求中。如果权利要求中缺少这些特征，该设备将无法工作。同样，每个碳粉容器必须包含一个出口，以允许碳粉进入显影站。每个废碳粉收集瓶必须包含一个入口，以便废碳粉进入瓶内。该专利的新颖之处在于瓶子的两个部分之间的连通性。

权利要求2~4❶是描述该隔板如何移动的从属权利要求。需要注意的是，权利要求2和权利要求4引用了独立权利要求1，而权利要求3引用了从属权利要求2。

权利要求5和权利要求12是独立权利要求，其描述了一种回收碳粉的系统和方法。因为这些权利要求使用了权利要求1中描述的同一装置，并且按照其撰写的内容，不能以其他方式实施，因此，尽管该申请包含多项独立权利要求，审查员似乎认为它们属于同一项发明，所以可以授予一件单独的专利，而无须要求申请人进行分案。其余的权利要求是从属权利要求。

从属权利要求描述了能够使回收的碳粉和新的碳粉相结合的特定组件或方

---

\* 也即，只要现有技术中有类似结构的粉盒，那么无论这种粉盒是用来回收用于电子照相图像形成装置的碳粉的，还是用来回收面粉的，都会导致该权利要求不具备新颖性。——译者注

❶ 2. 如权利要求1所述的墨盒，还包括位于所述容器内的可旋转轴，其中所述隔板能够通过所述可旋转轴的旋转而移动。

3. 如权利要求2所述的墨盒，其中所述隔板安装在所述可旋转轴上并且可沿着所述可旋转轴轴向地移动。

4. 根据权利要求1所述的墨盒，还包括桨叶组件，所述桨叶组件位于所述第一腔室内，用于在所述第一腔室内将废碳粉与新的碳粉相混合。

法。由于这些组件或方法并不是以最宽泛的方式实施所述发明所必需的方式，但却是优选的和重要的方式，因此将它们作为从属权利要求进行添加。应该指出的是，如果审查员认为撰写的独立权利要求过于宽泛，那么通过修改独立权利要求，使其包括一项或多项从属权利要求的特征，从而对独立权利要求的保护范围进行限制，这样该专利申请就有可能被授权。然而，这将缩小专利的有效范围，导致其更容易被规避。❶ 如果审查员对权利要求进行限制，那么该专利是否还值得寻求，将是您必须要作出的决定。

## 2. 格洛克手枪专利

第二个例子是加斯顿·格洛克（Gaston Glock）在 20 世纪 80 年代初推出的半自动手枪❷专利[2]。

格洛克 17 型手枪之所以为公众所熟知，也许是因为它在制造枪支的枪身时使用了聚合物❸，而不是钢。使用聚合物是一个显著的进步，这减轻了枪支的重量并提高了其寿命，但这只是加斯顿·格洛克推出的一系列创新中的一项。为了理解这些技术进步和相关专利的权利要求，有必要首先概述一下当时可用的半自动手枪技术。

手枪大致分为"单动"（single action，SA）或"双动"（double action，DA）两种。在单动手枪中，必须首先用手扳动用来撞击撞针的击锤。扣动扳机只会释放击锤并开火。因为击锤已经被手动扳起，所以扣动扳机时所需要的距离以及开火所需要的力量相对较小，通常只有一两磅。由于击发所需的距离和力量较小，因此人们可以相对比较容易地实现准确射击。然而，让手枪处于击锤被扳起的位置是危险的。

与单动手枪相比，在双动手枪中扣动扳机时，会先扳起击锤，然后再释放击锤。因此，扣动扳机将实现以上两个作用。这需要更长的扳机扣动距离和更大的扣动力量，虽然使得枪支更加安全，但更加难以实现准确的射击。

单动、双动左轮手枪和半自动手枪目前都还在生产。由于此处的讨论集中在格洛克所持有的专利上，因此将完全地聚焦于半自动手枪。此外，半自动手

---

❶ 读者应当注意，作者并未对本章节中讨论的任何专利的有效性、重要性或价值发表评论。它们仅限于被用作示例性信息。

❷ 半自动枪械经常被误认为是自动枪械。半自动枪械每次只发射一发子弹，每次扣动扳机时，都会将一发新子弹装入枪膛。与此相反的是，自动枪械在释放扳机前会持续地开火和装弹。

❸ 由于担心这种枪支不能被常规的磁力计检测出，聚合物枪身引起了公众的极大不安。事实上，这种枪支虽然比同类手枪轻得多，但所述枪支的其他组成部件中仍含有超过一磅的钢，因此很容易被检测出。

枪通常被称为"自动手枪"（尽管这是错误的），由于这个术语已经逐渐成为流行的白话，因此我们也将采用这个术语。读者应该记住，从这一点来说，当我们把手枪称为自动手枪时，我们实际上描述的是半自动手枪，也就是每次扣动扳机时发射一发子弹，同时进行下一轮装弹的手枪。

所有的自动手枪都包括枪身和枪管，手枪的所有部件都安装在该枪身上，被击发的子弹通过该枪管射向目标。枪管具有一个枪口和一个开口端，枪口是枪管的一部分，子弹从枪管中射出时从其中穿过，而开口端位于枪管上与枪口相对的一端。

子弹通常包括容纳弹丸或弹头的壳体。壳体内有快速燃烧的推进剂。与容纳弹头的一端相对的壳体的末端是底火，被撞击时，底火产生火花，点燃推进剂。推进剂燃烧时释放的气体推动弹头顺着枪管，从枪口冲出，飞向目标。

在自动手枪中，子弹被装在一个叫作弹匣的弹药供给装置中。弹匣被固定到枪支的枪身上。最常见的情况是，它被插入到被射击者的手所包围的、被称为把手的枪身部分中。

枪管的开口端是枪膛，其功能是在发射时准确地保持子弹。子弹从弹匣被送入到枪膛中。

枪管被一个被称为滑套的部件所包围。滑套被固定在枪身上，以便它能够在关闭位置和打开位置之间滑动。当其位于关闭位置时，将覆盖弹壳的底火端；当其位于打开位置时，则允许废弹壳通过滑套上的弹出口弹出。

当枪支被击发时，滑套向后滑动，弹出废弹壳，装入新的子弹，并根据枪支的设计，扳起手枪的击锤以准备发射下一发子弹。想要枪支正常运作，所有这些都必须在几毫秒内精确地完成。

现在来看看在格洛克发明时期两种常见的自动手枪设计。第一种是单动手枪，如柯尔特（Colt）1911 型手枪。这种类型的手枪中，在插入装弹的弹匣后，当射击者将滑套一直向后拉并将其释放［这一过程被称为"推压"（置弹）］时，击锤被扳起。如前所述，作为一种单动手枪，对柯尔特 1911 型手枪只需要轻扣扳机，就可以将其扣动到击发所需的短距离。这显然是不安全的。为了弥补这种情况，对柯尔特 1911 型手枪一般设有两种保险装置。第一种被称为握把保险装置，在枪支被正确握持的情况下，必须由射击者的手将握把保险压下才能解除保险。第二种被称为拇指保险装置，包括一个必须由射击者的拇指手动按压的杆，经由拇指按压来解除保险。这种枪支必须在两种保险装置都解除后才能实现开火，也必须在两个保险装置都接合后才能实现安全运输。

除了单动自动手枪❶，在格洛克 17 型手枪被推出时，还有双动手枪，例如瓦尔特（Walther）P38 型手枪。这些枪支通常被称为 DA，尽管自从格洛克 17 型手枪和其他具有类似扳机设计的枪支问世以来，这已经变得有些混乱。❷对这种混乱的根源将在下文中讨论。然而，为了避免混淆，采用与瓦尔特 P38 型手枪等类似动作的枪支将被称为 DA/SA。相比之下，每次射击都需要扣扳机从而扳起击锤并开火的枪支将被称为纯双动或 DAO（double action only）。

在 DA／SA 自动手枪中，枪支通过滑套扳起击锤。这是在枪发射时自动完成的。在滑套向后运动时，除了弹出废弹壳并上膛新的子弹外，还使枪支的击锤扳起。在这种情况下，扣动扳机只释放击锤。因此这种枪支是以单动模式动作的。换句话说，在第一枪射击后，实质上这种枪支就是一支单动手枪，只需在扳机上施加一个短而轻的力，就可以进行下一轮射击。当射击者手动进行第一轮上膛时也会出现这种情况，这需要射击者手动推压滑套。然而，正如前面所讨论的，这种情况下的枪支携带起来是不安全的。

为了纠正这种情况，必须在枪支中加入降下击锤或待击解脱＊的方法。显然，待击解脱机构必须能够在不需要扣动扳机的情况下降下击锤。

在待击解脱后，DA/SA 手枪的射击要么需要手动扳起击锤，从而使枪支处于单动模式，要么需要长时间用力扣下扳机，从而先扳起击锤，再发射子弹。在第一枪发射后，手枪将在 SA 模式下进行后续所有射击。因此，射击者在使用该枪时必须为不同的扳机扣动方式做好准备。

在 SA 和 DA/SA 枪支中，射击者在射击后，必须通过使用手动安全装置或将手枪解脱待击状态，以确保枪支安全。这种情况不一定会发生，尤其是射击者不得不在紧张的自卫情况下开枪时，可能会忘记将手枪解脱待击状态。与 SA 手枪一样，DA/SA 手枪必须释放撞针以发射子弹，将滑套向后移动以弹出废弹壳，并在再次扳起击锤的同时在精确的位置重新装填新的子弹。所有这些都必须在几毫秒内可靠地完成。

应该指出的是，到目前为止讨论的这些枪支都是高质量的。这些枪支或采用类似机构的其他枪支仍然普遍可用，而且往往是许多人的首选枪支。

对半自动枪支机构的讨论并不意味着要对优质枪支使用的每一项技术都有

---

❶ 请读者注意，"自动手枪"一词是一个错误的说法，因为当前所讨论的枪支是半自动的。然而，由于这一术语通常用于指代半自动枪支，因此，出于同样的目的，当前也使用该术语。

❷ 由于书中讨论的原因，这种枪支目前通常被称为 DA/SA 或"传统双动"（traditional double action）手枪。

＊ 解脱待击意为通过某种机构/方式解除手枪的待击发状态，使手枪切换为无法击发的状态，以保证枪支不会走火。——译者注

透彻的了解。相反，讨论这个话题是为了让读者熟悉半自动手枪，尤其是在格洛克发明之前的半自动手枪极其复杂的特性。具体而言，一支优质的手枪必须在发射数千发子弹的情况下仍能无故障地工作，并且无论外部环境如何，也无论枪支内部因射击而产生的污垢如何，即使是使用各种弹药射击，或者在射击时遇到反复的冲击，枪支都必须能够做到这一点。这些条件并不容易满足，这就使得手枪非常复杂和昂贵，需要许多精密加工的部件。这就是格洛克的创新之处。

故事[2]发生在1980年，一家汽车散热器工厂的经理名叫格洛克，他没有任何枪支设计或制造经验。他了解到奥地利军队正在招标，以替换其老化的瓦尔特 P38 手枪。格洛克申请获知了军队对该枪的要求，并决定竞标该合同。通过研究其他知名制造商生产的枪支，格洛克确定，他能够以更低的成本制造出一种高度可靠的手枪，同时还可以进行多项技术改进。

格洛克获得了当时可用的大量高质量枪支，对它们进行拆卸、重新组装，并对比制造这些枪支的方法[2]，在此基础上开始了他的开发。实际上，他这是在进行现有技术检索，从而获得竞争产品的一手资料。利用这些知识，他设计出了以他的名字命名的枪支——格洛克 17 型手枪。

该手枪的创新之处很多，其不仅用聚合物制成的枪身取代了当时常用的钢铁枪身，从而制造出重量更轻的枪支，而且还改变了整个射击机构，将众多零件减少到只有三十四个，同时还消除了对激活手动控制的保险装置和/或待击解脱装置的需要。虽然他的设计是用于双动手枪的，但该设计也免除了第一枪射击时需要长时间用力扣动扳机的特性，并在后续射击中通常需要使用单动扳机。实际上，该手枪在每次射击时需要同样的扳机扣动力。格洛克的创新不但降低了手枪的复杂性，还使他能够以更低的成本生产枪支。格洛克因其创新获得了 3 件专利[3-5]。应该指出的是，这 3 件专利都没有就聚合物枪身提出权利要求❶，虽然这可能是对普通公众来说最引人注目的特征。相反地，这些专利聚焦于使格洛克实现其技术目标的发明上。

下面以第二个被引用的格洛克的专利作为示例说明。它的标题非常简单，叫作"自动手枪"[4]。正如第 2 章所讨论的，专利的名称很短，而且几乎不具有什么描述性。显然，此处情况就是如此，因为标题传达的有意义的信息很

---

❶　读者应该注意到，第一支包含聚合物机匣的枪支可能是雷明顿尼龙 66（Remington Nylon 66），这种相对低威力的 0.22 英寸口径的长步枪于 1959 年首次销售。黑克勒－科赫公司（Heckler and Koch）在 1970 年推出了 VP70 型选择性射击机构。二者都可以作为教导使用聚合物枪身的现有技术，从而排除了格洛克就其或许最出名的特征获得专利的可能。

少，甚至可能还会产生误导，因为当前描述的手枪实际上是一种半自动手枪，而不是一种自动手枪。然而，考虑到"自动"一词的白话用法，该词在这里是可以接受的。事实上，这件专利描述并请求保护格洛克设计的扳机工作机制。

该专利的公开内容包含 39 个附图，其中每个组件都在各个附图中被仔细地列出。该专利中缺少题为"部件列表"的部分，这部分通常被包括在当前专利中，并通过附图中所标注的数字列出每个部件及其名称。

格洛克专利的背景技术部分仔细地描述了当时自动手枪的局限性。这一点很重要，因为瑞士巴拉贝鲁姆（Swiss Parabellum）1900 型手枪、鲁格巴拉贝鲁姆（Luger Pistole Parabellum）1908 型手枪和柯尔特 1911 型手枪是已经存在了 70 多年的半自动手枪，其他制造商，如斯太尔（Steyr）、伯莱塔（Beretta）和瓦尔特，也在制造半自动手枪。但要提醒读者的是，目前，根据康塞尔公司（KSR）诉泰利福公司（Teleflex）案（以下简称"KSR 案"）[6]给出的启示❶，背景技术部分的描述应当更加详细。当然，需要注意的是，格洛克专利中的背景技术部分是在上述 KSR 案裁决前几十年就已经写成并提交给美国专利商标局的，并且遵守了专利提交时的相关要求。

应该指出的是，在这件特定的格洛克专利中，背景技术部分中也包括了与权利要求不直接相关的信息。例如，背景技术部分讨论了一些半自动枪支存在设置拆卸工具的需求。虽然这一观点本身是正确的，但是在权利要求中没有包含任何与消除对此类工具的需求有关的内容。此外，并非当时存在的所有枪支都需要用于日常清洁和维护的工具。虽然关于工具需求的讨论不会对这件专利造成损害，但似乎也没有什么必要。然而，由于这是在发明的背景技术部分而不是在发明详述部分，它可能有助于引导审查员理解在实施相关技术时遇到的限制因素。

基于以上讨论，现在把注意力转回到该专利的权利要求上。具体来说，这件专利包含 8 项权利要求，第 1 项是独立权利要求，还有其他 7 项引用独立权利要求 1 的从属权利要求。现在来看看第 1 项权利要求的细节，其中声明：

> 一种手枪，其中包括：
> 一个具有纵向轴线的枪身和一个安装在所述枪身上的枪管；

---

❶ 在该案中，美国最高法院扩大了可以考虑的现有技术的范围，并限制了关于为什么应该排除该技术的论点。此外，法院还裁定，本领域普通技术人员并不是一个机器，而是应该被允许通过进行测试来选择备选方案。这一裁决大大地扩展了发明被认为是显而易见从而不具有创造性的情况。关于这一案例的详细讨论超出了本书的范围，读者可以与法律顾问讨论其相关性。

　　一个安装在枪身上的滑套，以便能够朝着枪管向前滑动到枪身与枪管接触的关闭位置，并且还能够向后滑动到关闭位置之外；一个反冲弹簧，用于将滑套偏置至关闭位置；

　　所述滑套包括后膛块，所述后膛块在所述滑套的所述闭合位置关闭弹膛；

　　一个撞针，其可纵向移动地安装在后膛块上，并且具有朝向枪身突出的鼻部，一个撞针弹簧用于偏置撞针，撞针弹簧的张力能够沿着朝向枪管的方向释放；

　　所述枪身还包括具有触发装置和支座的触发机构，所述支座可通过触发装置从最初平行于撞针的初始位置移动，使得撞针鼻部与支座接合并移动，并使得撞针弹簧张紧，该支座可在释放方向上进一步移动，直到支座和鼻部脱离；滑套限定控制装置，在击发期间使所述支座从所述释放位置移动到所述鼻部的移动路径中；

　　改进之处包括，

　　具有第一端和第二端的一止动弹簧，其第一端作用在枪身上，其第二端作用在触发装置上，其中止动弹簧作用在触发装置上的方向与撞针弹簧作用在支座上的撞针鼻部上的动作方向相反，所述撞针弹簧的张力大于所述止动弹簧的张力。

　　在最后一段中，从"改进之处包括"开始的部分，显然是发明之所在。那么，为什么该权利要求还包括前六段呢？经过仔细的阅读，可以明显发现，这部分所描述的特征，例如枪身、安装在枪身上的枪管、扳机和撞针，几乎存在于所有半自动手枪中。这些特征包含在该权利要求中的原因在于，它们对最后一段所描述的创新特征的可实施性是至关重要的。换句话说，这些要素中的每一个都必须存在，即使它们本身并不具有创新性。如果没有这些细节，该发明将无法工作。这里的经验在于：创新工作所需的每个细节都是发明的一部分，都必须包含在权利要求中。

　　相反地，与权利要求的实施无关的任何内容都应当在权利要求中省略。请读者注意，被控侵权人必须是实施了权利要求中的每一项内容，以使其侵权产品涵盖了权利要求的所有技术特征。这意味着，对所有生产包含枪管、扳机和撞针的手枪的制造商来说，除非其还实施了最后一段中描述的所有方面的内容，否则不侵犯格洛克的权利要求所限定的专利权。相反地，鲁格-马克Ⅳ型（Ruger Mark Ⅳ）手枪就不包括"安装在枪身上的滑套，以便能够朝着枪管向前滑动到关闭位置"这个特征，而是将手枪设计为：枪管保持在固定位置而没有滑套，但是具有连接到枪管内的枪栓。因此，鲁格 – 马克Ⅳ型手枪可以实施最后一段所述的创新点，但很可能不会因此被判定为侵犯该专利，因为它似乎没有按照权利要求完全相同的内容实施。

当阅读权利要求时，您可能会发现其中的语言显得有些生硬和难以理解。存在一些通常不会在枪支文献中遇到的术语，例如"撞针鼻部"和"滑动限定控制装置"等。对于此，只要在专利中对不常用的术语进行适当的定义，那么在专利中是可以使用这些不常用术语的。专利申请的作者可以是他自己的词典编纂者，但是必须确保他的术语能够被理解。此外，附图（包括在发明的公开内容中标注的数字编号）以及发明详述部分和部件列表的作用是：努力确保这些术语是可以被理解的。事实上，这件专利及其 39 个附图，在审查期间应该能够让审查员充分地理解，并且在主张权利期间应该能够向陪审团成员进行解释。

最后来讨论一下该权利要求中使用的一些短语。第一个短语是"在手枪中，包含（including）……"。这里使用"包含"一词来代替"包括"（comprising）。审查员在审查过程中可能不怎么考虑这个短语。如果发现了任何其他描述类似机制的技术或技术组合，审查员可能会认为该申请缺乏新颖性。本发明的具体用途，例如在手枪中，可能不会被考虑。但是，在主张权利期间，情况并非如此。在那时，这种用途很可能会被考虑在内，因此，如果有人将类似的技术用于完全不同的应用，很可能不会被认为是侵犯了该专利权。

在撰写权利要求和支持性公开内容时，对不定冠词"a"和定冠词"the"的使用也有特定的要求。在第一次提及某一事物时，例如第一段中的"枪身"一词，在"一个（a）具有纵轴的枪身（frame）和一个安装在枪身（the frame）中的枪管"中，要使用不定冠词"a"是因为之前没有提及任何特定枪身。然而，后续的术语"枪身"要使用定冠词"the"，因为它指的是第一段中提到的特定枪身。这些都是您应该知晓的事项，您的撰写技能会随着使用而不断提高。然而，您的法律顾问无疑将会纠正此类错误。更重要的是，您要准确、完整地描述您的发明。

### 3. 灰度电子照相打印专利

在关于权利要求书的讨论方面，要考虑的第三件专利的名称是"用于灰度级打印的装置和方法"[7]。其涉及一种用于控制电子照相打印机中的写入器的渲染算法。在深入研究该专利之前，有必要讨论一下灰度是如何产生的，以及为什么它们很重要。

我们看到的世界既有非常暗的区域，也有非常亮的区域，其间还有各种阴影。极亮的或白色区域与极暗的或黑色区域之间的阴影往往包含着大量的信息。例如，人们可通过面部色调被识别。在阴影区域也可以获得信息。在场景的亮部和暗部之间可以分辨的差异叫作对比度。如果人眼能够处理的全部信息仅限制在暗区或高密度区域以及亮区或低密度区域，那么，不幸的是，人们将失去自身大部分的感知能力。

在制作打印件以试图捕获某个场景中的信息时，控制对比度非常重要。在一些应用中，例如字母数字文档的打印，通常优选的是浅色（例如，文本书页面中的空白处）或深色（例如，其中打印的字母或数字），而很少有灰色。这被称为高对比度打印，因为即使有也只有非常少的可感知的灰度级别。然而，在打印具有图片内容的文档时，对于打印品中包含的美学和信息来说，尽可能多地捕获灰度是非常重要的。这就是低对比度系统。

在打印文档中，通常使用以下两种方法之一来产生对比度。第一种方法被称为连续色调打印，以卤化银照相打印为代表。通过在彩色打印件的各个部分产生不同量的染料，或者在黑白照片中呈现的金属银的量，从而产生不同的灰度水平。

打印文档中第二种类型的灰度被称为半色调，通常用于传统打印，如胶印机和平版打印。使用这种灰度的原因在于，这种打印机不能调节单位面积上的墨水沉积量。相反地，墨水要么高密度地沉积，要么根本不沉积，留下这块特定区域成为空白。

当使用半色调工艺进行灰度打印时，要打印的页面被通过线划分为一个虚拟的网格，这些线类似于图表纸张中呈现的真实的线。对于高质量的打印品，使用精细的划线，每英寸大约在 150 行到 200 行以上。对于较低质量的打印品，例如报纸，使用典型的划线是每英寸 66 行到 80 行。

胶印机在网格的每个顶点上沉积一个墨点，墨点的大小是可变的，其大小可以从很少或完全没有墨，到覆盖网格线之内的整个区域之间变化。从本质上说，灰度是通过对网格的区域调制以及人眼将网格中未标记和标记的部分整合在一起来实现的。

半色调印刷是一个二值化过程。在某一特定区域上，要么有墨水存在，要么没有墨水存在。与卤化银照片的连续色调打印不同，半色调印刷没有调制墨水的沉积密度。与之相反，它仅通过沉积墨水的区域调制来实现调制和灰度。

在电子照相中，灰度的产生通常是混合了连续色调打印和半色调打印的技术而形成的。在电子照相印刷中，例如在平版印刷或胶版印刷中，形成一个假想的网格，作为半色调印刷的基础。然而，与传统墨水印刷不同的是：传统墨水印刷的墨水沉积的中心位置和形状都是固定的，而电子照相印刷可以在网格内的任何位置沉积碳粉颗粒。这就产生了改变半色调印刷的墨点形状的性能，以及在网格图案的任意位置沉积碳粉的性能，从而允许在单次打印中同时打印半色调灰度和连续色调灰度。这种性能允许打印出更多级别的灰色，还可以降低打印的表观粒度❶。然而，要做到这一点，需要一种复杂的写入算法。该算法可以产生静电潜像，并最终将其调色为可见图像。通常，写入算法解决了在连续或半色调打印中无法控制的因素，包括半色调墨点的形状、在墨点内沉积多少碳粉和在墨点外沉积多少碳粉，以及静电潜像的成分实际形成或写入的位置和时间。

基于上述背景，接下来对发明名称为"用于灰度打印的设备和方法"的6538677 号美国专利（2003 年）的第一项权利要求进行讨论。其内容如下：

> 一种使用电子照相法产生可变密度半色调图像的方法，包括以下步骤：将多组相邻的像素分组成为一组相邻单元，其中每个单元对应于图像的一个半色调点；为灰度写入器选择性地设置曝光等级，以使得半色调点从零尺寸增长到等于或小于最大尺寸的期望尺寸，一次一个曝光级别地增加单元中一个像素的曝光，直到该像素达到第一总曝光级别，并选择性地对其余像素重复该步骤，直到所述单元达到期望尺寸和初始密度；选择性地调整最大尺寸单元的初始密度的曝光，依次将最大尺寸单元中每个像素的曝光级别每次增加一个曝光级别，直到所有像素处于相同的下一曝光级别，然后重复该步骤以进一步将单元密度增加到期望密度；根据先前步骤选定的曝光级别，对带电的图像部件的区域进行放电，以在图像部件上形成可变密度半色调点的潜像；将一个圆柱形磁辊封闭在一个同心套筒中；沿着第一方向旋转所述磁辊；将所述磁辊和套筒置于装有双组分碳粉的容器中，所述双组分碳粉包括硬磁载体颗粒和碳粉颗粒；以与磁辊旋转方向相反的方向以及与图像部件共流的方向旋转所述同心套筒；让套筒与图像部件上的潜像相接触；将碳粉颗粒从套筒上转印到潜像上以显影所述潜像；将显影图像转印到复印纸上；将显影图像定影在复印纸上。

对上述权利要求进行审查，能够迅速发现其中有许多方面削弱了这件专利的价值。事实上，这件专利似乎清楚地表明了为什么第 6 章讨论的一项发明或技术改进的优先级顺序，可能与第 7 章讨论的相应专利申请的优先级顺序有很大的不同。然而，为了充分理解该发明的价值和专利的价值之间的差异，首先

---

❶ 粒度是由于密度的不规则和意外变化而产生的噪声。在连续色调打印中，它是因区域内光学密度的意外变化而产生的。对于半色调打印，则因印刷墨点的大小和形状的意外变化而产生。

需要简要地描述该发明中涉及的技术。读者可以参考附录1，以便获得更完整的介绍。

为了证明上述主张的合理性，可以回顾一下碳粉颗粒是如何沉积在电子照相引擎的感光器上从而产生可见图像的，以及该过程与目前所讨论的专利的缺陷有什么关系。

在旨在产生碳粉图像的周期开始时，感光元件均匀地带电。然后通过将感光器在光线下成像式曝光，从而产生静电潜像。在复印机的时代，通常是通过将从原始打印件反射的闪光灯的光聚焦到感光器上而获得曝光的。在光照下，感光器在曝光区域放电，而在未曝光区域保持带电，从而产生静电潜像。

在现代电子照相打印机中，曝光是通过激光扫描仪或 LED 阵列获得的。这被称为写入器，因为它可以写入静电潜像。通过在微处理器中输入数学算法，由微处理器驱动写入器，实现写入器对感光器曝光的强度、持续时长和定时的控制。

静电潜像一旦形成，就可以通过使带电碳粉颗粒与感光器操作性接近，而将其转换成可见图像。这至少引出了三个问题：第一个问题是操作性接近的含义，第二个问题是碳粉颗粒如何带电，第三个问题是如何让带电的碳粉颗粒与感光器操作性接近。

术语"操作性接近"是指碳粉充分接近感光器，以便碳粉被吸引并黏附到静电潜像上。通常，这意味着必须让碳粉与感光器接触。

碳粉颗粒通过摩擦起电而带电。虽然这可以通过几种方法实现，但最常见的方法是通过制备包含碳粉颗粒和较大磁性载体颗粒的显影剂来实现。这些颗粒中的至少一种或两种含有合适的充电剂，以便在混合碳粉颗粒和载体颗粒时，碳粉颗粒与载体颗粒之间由于摩擦而带电，从而获得所需的电荷符号和电荷量。

磁性载体颗粒不仅仅被用来给碳粉颗粒摩擦充电，它还有别的作用。显影剂被装入显影站，显影站包含一个导电圆柱形壳体和一个同轴磁芯。通过适当地旋转显影站的正确部件，使显影剂与感光器操作性接近。最常见的是，载体颗粒直径为 $100 \sim 200\,\mu m$，而碳粉颗粒直径通常为 $3 \sim 12\,\mu m$。显影站被设计为外壳旋转，而磁芯是固定的。

在电子照相引擎只是用于复制字母数字文档时，这个系统能够很好地工作。然而，随着对含有图片内容的文件需求的增加，以这种方式制作的图像的质量就显得不够好了。具体来说，上述技术能够很好地复制细线，但无法恰如其分地实现更大区域的打印。这是因为潜像的前缘会带走被输送到辊隙中的碳粉，从而耗尽显影剂。碳粉补充的速度不足以使足够多的碳粉颗粒填充大区域。

在 20 世纪 80 年代早期，柯达的科学家们[8-9]设计了一种方法，通过将载体颗粒的直径从 100μm 和 200μm 之间减小至 20μm 和 30μm 之间，并且在显影站中除了旋转外壳之外，还旋转磁芯，来显影实心区域。这就使得更多的碳粉能够被输送到显影区域，从而缓解了碳粉耗尽的问题。可以说，这一改进使柯达在当时的市场上拥有了决定性的技术优势。

基于上述讨论，现在可以回到 6538677 号美国专利[7]的权利要求，讨论其存在的缺陷以及可以采取哪些措施对其进行加强。下面按照重要性递减的顺序来考虑这些缺陷。

第一个缺陷是由于似乎不必要地混淆了写入算法和旋转磁芯的使用，从而导致该专利覆盖的范围明显偏窄。到该专利公告的时候（2003 年），弗里茨（Fritz）等的早期专利[8]已经有 19 年的历史并且已经过期。很显然，旋转磁芯是公知的技术特征。与之不同的是，写入算法是一项独特的发明。显然没有必要将写入算法限定为与旋转磁芯一起使用。对这样做可能的动机将在本章后面讨论。但是等一等！之前引用的 3 件格洛克专利不是也在其第一项（独立）权利要求中包括了旧的、众所周知的限定条件吗？答案是肯定的。然而，在格洛克专利中，这些限定与使用格洛克发明的改进有关。换句话说，如果没有这些限制，格洛克对技术问题的解决方案将无法发挥作用。因此，这些限定必须被包含在权利要求内，这与本专利的情况明显是不同的。

在本专利中，该写入算法还可以被用于其他显影系统。旋转磁芯的使用与改进是不相关的。换句话说，作为一项公开了重大技术改进（写入算法）的专利，其权利要求对发明定义的限制程度远远超过了实施该发明所必要的程度。此外，将写入算法与旋转磁芯结合使用的条件联系在一起，让这项专利毫无价值。因为除了柯达之外，很少有公司使用包括旋转磁芯的显影系统。这件专利教导了公众很多东西，但由于这一限制，其权利难以被主张。

此外，由于要求与双组分显影剂❶一起使用以及该显影剂包含"硬铁氧体"颗粒之类的条件，该权利要求进一步受到了不必要的限制。从技术角度来看，这些限制都不是实施改进所必需的。

重要的是要记住，要想确定一件专利被侵权，被控侵权的公司的产品必须涵盖权利要求中的每一句话。如果其产品涵盖了一项权利要求的 95%，但没

❶ 并非所有的电子照相显影剂都由两种成分组成。在一些显影系统中，显影剂只包括标记颗粒，事实上，旋转磁芯可以与其中的一些颗粒一起使用。这些就是所谓的"液体显影剂"，包括液体载体中的亚微米级标记颗粒，例如惠普（Hewlett Packard）公司生产的一些产品。

有涵盖另外 5%，那么就不存在侵权问题。

这可能是能够说明为什么建议由发明人自己提出权利要求很重要的一个例子。具体而言，发明人需要清楚地阐明实施发明所需的每个方面，并去除所有不需要的方面。在该发明中，如果将这种算法与旋转磁芯一起使用有特别的好处，则该旋转磁芯应包含在后续的从属权利要求中。

该专利的第二个缺陷是其主张权利的可行性。举个例子，看看权利要求中的这句话：

> 为灰度写入器选择性地设置曝光等级，以使得半色调点从零尺寸增长到等于或小于最大尺寸的期望尺寸，通过一次一个曝光级别地增加单元中一个像素的曝光……

这句话显然要求，在主张权利期间，必须证明驱动写入器的软件在每个单元内一次曝光一个像素，以便在该单元内达到初始密度。这将是非常困难的，因为这需要对竞争对手的软件有详细的了解——而这是不太可能发生的事情。此外，即使可以获得此类信息，竞争对手对该算法的任何轻微修改都将导致该专利权不被侵犯。如果该专利公开的是使用某些测试文档，以模拟像素按照期望的方式进行曝光的情况，并根据可观察到的效果来撰写权利要求，而不是用软件驱动过程的结果来撰写权利要求，则在主张权利时将更为有利。

第三个缺陷涉及是否易于向陪审团解释，让其理解权利要求和用于证明竞争对手的产品涵盖了权利要求的每一个特征的证据。如果陪审团不理解该专利或其权利要求，则索赔者不太可能赢得诉讼。如果专利公开了借助性能测试或印刷品来定义和阐明权利要求，而不是依赖于对复杂数学结构的解释，这更有利于使陪审团更好地理解，效果将会好得多。

为什么这件专利会出现以上提及的严重缺陷？我们只能去猜测。然而，柯达所制定的专利战略很可能仅仅旨在拥有对某一问题的特定解决方案，而不是拥有问题本身。这意味着什么呢？

柯达应该尝试拥有的问题是将静电潜像转换为高质量的电子照相印刷品的能力。高质量包括一些指标，如在大范围内形成均匀的密度，保持高分辨率，并尽量减少颗粒度。然而，柯达并未尝试去拥有该问题。该公司发现，通过在一个电子照相显影站中既旋转磁芯又旋转外壳，并使用较小的载体颗粒，可以提高大范围的均匀性。从 1984 年授权公告的第一件专利到现在，柯达获得的31 件专利在权利要求中使用了"旋转磁芯"这一短语，并且该短语出现在132 件专利的公开内容中。在其专利组合中，还有许多侧重于载体、碳粉、充电剂、背景最小化、补充等方面的其他专利。*

　　柯达似乎已经认识到它的技术改进以及旋转磁芯带来的市场价值，并积极地用专利保护它的知识产权。然而，显而易见的是，在显影站中旋转磁芯和外壳既复杂又昂贵，需要额外的电机和电机控制器以及精密加工的部件。这些都增加了制造成本，导致产品价格昂贵。

　　与此同时，其他公司认识到，利用电子照相技术生产高质量印刷品的能力对它们来说是有价值的。这种认识至少在一定程度上是由柯达的专利及其销售的产品中的教导所带来的。由于无法使用旋转磁芯技术，这些公司开发出了替代技术，以更低的制造成本制作出可与之相比拟的图像。与此同时，在这些替代技术方面没有专利的柯达发现，自己拥有的专利是其他公司不需要的，并且面临着激烈的竞争。此外，由于缺乏替代技术的专利，在与竞争对手签订交叉许可协议方面，柯达处于弱势。

## 结束语

　　权利要求是一件专利的核心和灵魂。由于权利要求被用于定义发明，因此必须清楚和完整地撰写权利要求，同时不应在其中包括任何多余的材料。在撰写时，应当考虑到您今后可能会向被控侵权人提出权利主张。考虑到这一点，建议您要尽可能地避免以下情况。

　　第一种情况涉及需要多个实体才能侵犯一项专利权的实例。考虑一个假设的例子。在这个例子中，假设您生活在许多个世纪以前，以做木匠活为生。然而，在没有商店的情况下，您还必须自己制作工具和紧固装置。因此，您发现可以通过驱动被称为"钉子"的紧固装置，穿过一块木板并钉在另一块木板上，从而将木板固定在一起，以便于建造房屋。此外，您还发明了一种用于驱动紧固装置、被称为"锤子"的驱动器。您想让自己比其他木匠更有竞争优势，所以您为自己的发明申请了专利。在专利申请中，您的权利要求是：

　　　　一种紧固多个木板的方法，包括：
　　　　制作锤子；
　　　　用锤子驱动钉子穿过一块木板钉入第二块木板。

　　当然，这个假设的权利要求存在许多问题。然而，先聚焦于一个问题，即

---

　　* 以上专利组合说明，柯达的专利战略只是试图拥有对某一问题的特定解决方案，而不是拥有问题本身。——译者注

谁会侵犯该权利要求所保护的专利权。

正如所限定的，该权利要求需要同一个人或同一个公司既制造锤子又使用锤子。如果木匠雇用铁匠制作锤子，然后用锤子将木板相互固定，那么就没有人侵犯该权利要求所保护的专利权，尽管该权利要求实际上还是被侵权了。因此，重要的是，在起草申请时要始终牢记自己今后主张专利权的可能性。*

第二个注意事项涉及所谓的"手段加功能"撰写方式。该短语表示在权利要求中定义了组件及其功能的情况。例如，考虑一种必须装在真空中的设备。为了组装该设备，首先必须打开容器，然后，在插入设备后，容器的各部分被相互黏合在一起并进行密封。这是通过使用一条连续的珠状黏合剂将容器的各部分密封在一起实现的，黏合剂既黏合组件，又密封容器。如果权利要求中提及黏合剂的部分指出：

......容器的各组成部分由黏合剂相互黏合，以密封该容器......

黏合剂的作用是粘贴和密封容器。这是一个手段加功能的示例，因为在权利要求中既限定了手段（使用黏合剂），又限定了其功能（粘贴和密封）。如果有人使用黏合剂，以不能密封的方式（例如，黏合剂没有形成连续的珠状）来黏合组件，并且使用其他不同的部件来密封容器，则不会侵犯该权利要求所保护的专利权。如果只是简单地说，容器的各部分连接在一起并且是密封的，那么就会好得多。

最后，再次提醒您，您的目标应该是建立一个专注于保护您的知识产权的专利组合，用一个可靠的专利组合来确立您公司的地位，使您能够排除他人对您的市场的侵犯，或者使您能够通过他人使用您的专利而获得的许可费来增加您的利润。为了实现这一目标，您必须了解您计划提交的其他专利申请。请记住，您在一件专利中只能申请保护一项发明。对一项发明提出两件专利申请是不被允许的，因此要确保您提交的专利申请集合是最有力的。

**参考文献**

[1] L. A. Bejat, M. A. Gist, M. C. Leemhuis, P. J. Mehta, E. C. Stelter, D. S. Schneider, and K. M. Wright, U. S. Patent #9, 454, 125 (2016).

[2] P. M. Barrett, *Glock: The Rise of America's Gun*, Broadway Paperbacks, New York, NY

---

* 作者的意思是：在撰写权利要求时，要避免要求同一个主体实施权利要求的所有特征才会造成侵权的情况，这种情况会影响您后续主张专利权。因为如果存在多个不同的主体分别实施权利要求的一部分特征的情况时，您将无法指控他们侵犯了该权利要求，因为没有一个主体实施了该权利要求的所有特征。——译者注

（2013）.

［3］ G. Glock, U. S. Patent #4, 539, 889（1985）.

［4］ G. Glock, U. S. Patent #4, 825, 744（1989）.

［5］ G. Glock, U. S. Patent #4, 893, 546（1990）.

［6］ 550 U. S. 398（2007）.

［7］ J. R. Thompson, Y. S. Ng, E. Zeise, H－T. Tai, and E. C. Stelter, U. S. Patent #6, 538, 677（2003）.

［8］ G. F. Fritz, G. P. Kasper, A. S. Kroll, and M. Mosehauer, U. S. Patent #4, 473, 029（1984）.

［9］ E. T. Miskinis and T. A. Jadwin, U. S. Patent #4, 546, 060（1985）.

# 第 *9* 章
# 开展现有技术检索

## 引　言

　　全面开展现有技术检索是极其重要的。之所以说检索非常重要，其中最重要的原因是，它可以使您了解到其他人是如何解决类似的问题并明确技术发展的方向。然而，那些作出创新并推动技术进步的人往往不愿意进行现有技术的检索。原因是多方面的。阅读专利之类的法律文件看似是一项繁重的任务，但专利文献公开了许多非常有价值的信息。花费精力去阅读这类文件，看似占用时间并且可能对推进技术研究和开发起反作用，但是从现有技术检索中所获得的知识实际上可能有助于指导研究工作的进展。可惜的是，除了说服发明人相信进行现有技术检索极其重要以外，没有什么办法可以使他们更有意愿开展检索。

　　与本章讨论内容更相关的是，发明人往往不清楚如何开展检索，也不知道去何处寻求帮助。然后，当他们检索专利文献时，往往命中大量的检索结果，由于无法对其进行评估，因此难以确定有效的文献。更糟糕的是，有时候检索结果中甚至不包括发明人已知存在的专利，这说明检索没有得到很好的实施。

　　通过专利检索能够获得的信息与通过学术类传统渠道（包括教科书、商业展览会、基准竞争产品和一般科学文献等）所能够搜集到的信息有显著的不同，而创新者更倾向于习惯从后者获取资料。虽然上述信息确实都属于专利法所规定的现有技术的来源，但是审查员往往依赖于专利文献（尽管并非完全如此）。因此，在起草专利申请时，检索专利数据库就显得非常重要。值得欣慰的是，检索存在规模效益。具体来说，在开展检索时，与仅仅考虑旨在为特定技术问题的解决方案寻求专利保护的单件申请不同，综合考虑涵盖整个项目的专利战略，得到的检索结果往往能够显著地优于多件申请分别检索的结果。

本章的目的旨在促进现有技术的检索。

## 现有技术检索的类型

在本章的讨论中，除非另有说明，术语"检索"和"现有技术"将特指专利文献，因为针对一般技术文献的图书馆检索方法是众所周知的。现有技术检索有两种不同类型：防侵权检索和新颖性检索。

## 防侵权检索

防侵权检索的目标是：最大限度地避免准备推出的产品中所使用的技术事实上侵犯他人所拥有的专利权。在进行防侵权检索时，主要关注在相关国家（如产品将在其中生产、销售或运输的国家）处于有效期的授权专利的权利要求。此外，检索的目标还包括尚未获批的专利申请的权利要求。包含此类申请是为了提醒您未来可能出现的潜在侵权问题。当然，只有当您的产品落入授权专利的权利要求的保护范围时，才真正会构成侵权。此外，专利申请中提出的权利要求不一定能获得授权，所提出的权利要求最终也可能不同。然而，一旦专利申请所提出的权利要求成功通过审查、获得授权，您可能不得不匆忙地对产品进行调整，以避免侵犯其专利权。这是您必须作出的风险评估决定。

在防侵权检索中唯一需要考虑的相关因素是，您的产品是否某些方面（特征）被一件或多件授权专利的保护范围所涵盖，这些专利为他人所持有，而您并没有通过签署交叉许可协议获得实施权。❶

防侵权检索并不涉及新颖性问题，《专利工程》[1]一书中对此进行了详细说明，而且尽管防侵权检索在某些方面与新颖性检索有交叉，但二者之间区别是比较大的，值得单独讨论。然而，由于本书所探讨的是实施专利战略，而不是避免专利侵权诉讼，因此就不再针对防侵权检索作进一步讨论。

---

❶ 读者需要注意的是，基于"等同原则"，您的产品不一定必须与专利的权利要求所限定的特征完全相同才构成侵权，只要二者足够接近，特定方面将可能是等同的。例如，假设一项专利要求使用黏合剂连接两个组件，而您的产品（本质相同）使用的是环氧树脂，而环氧树脂不是黏合剂。基于等同原则，您的产品可能会被裁定被该专利的保护范围所涵盖（侵犯该专利权）。建议您咨询您的法律顾问，以获得更详细的解释。

## 新颖性检索

与防侵权检索相比，新颖性检索着眼于所有的现有技术。一项特定的发明是否包含在权利要求中，一件专利是否有效甚至是否已经被授权，都无关紧要。唯一的要求是您的发明没有被公开或是非显而易见的。

更致命的是，您的整个发明甚至不需要在单个专利中被明确的公开。相反，如果您的发明可以根据多篇现有技术组合得到，或者根据现有技术中的教导显而易见地得出，即使特定的现有技术属于不同的领域，审查员也可以得出您的发明缺乏新颖性的结论，因此不能获得专利。

## KSR 案对新颖性检索的影响

审查员在对发明进行可专利性分析时会考虑哪些现有技术？最近美国最高法院的肯尼迪大法官针对 KSR 案[2] 所作出的判决，成为审查员确定发明可专利性的指导判例。由于可专利性的判断标准影响您开展现有技术检索的范围，以及如何构建权利要求并界定技术问题以规避现有技术的影响，接下来作者将讨论一下在 KSR 案的判决出现前后，审查员如何考虑专利文献之间的相关性。

在 KSR 案的判决之前，在进行显而易见性的判断时，对于组合不同的对比文件，尤其是不同技术领域的对比文件，通常有很严格的限制，除非有明确的动机、教导或者建议将它们组合起来❶。如果现有技术中没有提及可以将多篇对比文件进行组合，则普遍观点认为这样的组合是非显而易见的。此外，如果对比文件属于不同的技术领域，则将其组合也是非显而易见的。换句话说，如果审查员要基于多篇现有技术的结合得出本发明显而易见的结论，那么必须说明现有技术中给出了明确的教导和启示，使得本领域技术人员有强烈的动机将其结合，特别是当对比文件属于不同技术领域时更是如此。然而，KSR 案的判决改变了上述情况。

具体来说，KSR 案的判决并没有否定动机测试❷，但是认为，仅仅因为现有技术未教导将对比文件结合的动机这一事实本身并不足以确保发明具备可专

---

❶ 此处所称的判断方法是"教导－启示－动机"（teaching－suggestion－motivation，TSM）标准。TSM 标准是指，现有多份技术文献的内容给出了明确的教导和启示，使本领域普通技术人员有动机将它们结合起来得到该新技术，则应当认定为具有显而易见性。

❷ 此处的动机测试指的是 TSM 标准中的"教导－启示－动机"判断法。

利性。必须有其他因素才能使一项发明相对于现有技术是非显而易见的。

此外，根据 KSR 案的判决，本领域普通技术人员不是机器人。相反，他应该具有一定的想象力和创造力。因此，如果将多篇现有技术视为拼图碎片，组合在一起可以得到本发明，那么应该认为本发明相对于现有技术是显而易见的。此外，如果现有技术中提出了有限数量的已知解决方案，那么本领域普通技术人员应该有测试的能力，以确定哪些解决方案有效。

仅仅是现有技术与本发明属于不同技术领域的这一事实，已不能再成为将其排除在显而易见性的判断因素以外的理由。最后，一般观点认为，随着技术更新的情况，在已知技术方案的基础上适应性地采用新技术更新原有的技术手段，通常属于本领域的普通技能，除非在进行这种适应性调整之前必须要解决额外的重大问题。

在扩展显而易见性定义的同时，KSR 案的判决也对审查员施加了一些限制。例如，审查员在组合对比文件时必须有一定的理由。因此，如果对比文件针对的是不同的问题，则可以说没有理由将它们组合起来。此外，对比文件对组合提供了反向教导❶，是证明本发明相对于对比文件具有可专利性的有效论据。最后，如果组合现有技术需要测试许多可能的解决方案，其中只有少数方案可行，那么不应当期望本领域普通技术人员测试每个可能的解决方案。

之所以说 KSR 案的讨论与进行现有技术检索有关，是因为它指导发明人进入根据检索结果来解决问题的范围。您不能认为只需要在发明所属的技术领域内进行检索。您需要留意那些虽然属于明显不同的领域但仍可能对您的发明适用的技术。您还需要寻找那些能够证明现有技术无法组合或不适合组合的文献。这也有助于您准确地界定所解决的技术问题。仅仅将任意数量的早期专利简单地组合起来并提出一个新产品是不够的，即使该产品所属的技术领域是超越时代的新技术领域，情况也是如此。因此，您在进行现有技术组合时，必须聚焦发现和解决技术问题。

说到这里，您可能已经准备好放弃了，担心现有技术的检索可能会非常复杂和耗时，而事实并非如此。本章的目标是提供一些工具，使您能够快速但富有成效地进行新颖性检索。

---

❶ "反向教导"这个术语通常被用于专利法中，指的是对比文件给出的教导与本发明采用的技术手段相悖，从而使本发明非显而易见。

## 开展检索的方法

在过去，开展现有技术检索既费钱又费力。通常情况下，您必须雇用一家能够访问专利局数据库或类似信息来源的检索公司。您可以将检索所需的术语或关键词提交给一家您总是要支付高额费用的公司，或者甚至可以与开展检索的人坐下来探讨，以便检索可以边调整边进行。一旦检索完成并确定所需的专利文献，您必须订购并等待收取这些专利文献的副本。然后，您就开始了一个痛苦的过程。您需要手动浏览这些专利文献，挑选出相关的，并丢弃其余的专利文献。更多的时候，上述过程不得不重复进行，因为结果要么是无用的，要么是您找到了一些新的专利，为进一步的检索提供了线索。不幸的是，很多时候您和检索者会错过一些高度相关的文献。然而，审查员却不太可能遗漏这些参考文献，从而导致专利申请因显而易见而遭到驳回，这样的情况难以规避。

随着互联网的出现，检索变得更加容易，个人也可以开展。首先要检索的平台是美国专利商标局的网站（www. uspto. gov）。然而，还有一些商业上可用的搜索引擎，您可能也会考虑使用。

每种类型的搜索引擎都具有其自身的优点。然而，它们也有缺点，对这一点将在下文中讨论。但在此之前，有必要先讨论一下如何将数量惊人的现有技术缩减到有意义和可理解的数量。当开展检索时，请牢记 KSR 案的判决既扩大了审查员可以考虑的文献范围，同时也给您针对审查员纳入或组合现有技术的意见进行争辩增加了难度。

幸运的是，没有必要找出每一篇现有技术，对其进行分析并准备争辩意见，来说明为什么这些现有技术的任意组合均不能使您的发明变得显而易见。您只需要找到最接近的现有技术，包括大约 6 篇现有技术文献。

重要的是要记住，您不可能预见审查员可能选择引用的每一篇所谓的❶现有技术。然而，除非现有技术基本上完整地公开了您的发明，否则审查员将不得不以某种方式组合这些现有技术文献，从而否定您的发明的新颖性。如果您能有效地陈述意见，说明最接近的现有技术并没有解决该发明的技术问题，并且没有给出能够解决该问题的线索，那么您往往可以使其他现有技术的引用变得没有意义。

在某些情况下，审查员可以找到某些与您的特定发明接近的相关技术文

---

❶ 这里使用"所谓的"一词是因为审查员发现的相关技术可能与实际的发明没有关系。发明人有责任批判性地分析审查员的发现，并针对审查员将与发明无关的技术列为相关现有技术提出反对意见。

献，但这些文献却被您遗漏或至少没有被您引用。虽然如此，但如果您已经在申请文件中包含了足够接近的相关技术文献，那么您也有可能优于审查员当前所引用的文献。

最后，重要的是要记住，您正在建立一个旨在拥有问题的专利组合，而不仅仅是问题的特定解决方案。您不太可能使所提交的每一件专利申请均获得授权。然而，如果您恰当地设计并实施专利战略，包括对现有技术的检索，您应该能够获得大部分的专利，而那些没有获得授权的专利申请应该不会对保护您的知识产权造成严重不利的影响。

为了着手开展现有技术的检索，您需要选择一个入口，使您能够集中检索。幸运的是，一般来说有多个潜在的入口，其中一些在特定情况下可能比其他的更有效。事实上，您可能希望使用多个不同的入口，看看哪些入口对特定发明的检索最有效。

## 关键词检索

也许最常用但往往效率最低的检索入口，是关键词。关键词是比较受欢迎的检索入口，因为它们聚焦您所认为的发明的新颖方面。并且，使用各种在线工具检索关键词也相对比较容易。事实上，使用关键词可以而且确实找到了很多现有技术。然而这也正是它们的局限性之一。单独使用关键词检索时，会得到大量的现有技术，以至于很难将俗话说的"小麦"和"谷壳"分开。此外，采用关键词检索常常漏掉很多东西，因为您选择用以描述发明的关键词或术语可能与其他人所选择的描述类似技术的关键词或术语不相同。即使在您自己的公司内也是如此，更不用说竞争对手了。例如，考虑一件名称为"电子图像复制装置"（Electrographic Reproduction Apparatus）的专利[3]。该专利被授予柯达，柯达通常使用"电子照相"（electrophotography）一词来描述类似技术。而提供竞争产品的施乐则通常使用"静电复印"（xerography）一词来描述。

阅读该专利文献后可以清楚地看到，这项技术的预期用途是在电子照相打印机领域。使用"electrography"一词是为了扩大专利的覆盖范围，这是完全合法的。然而，使用"electrophotography"或"xerography"这两个关键词检索都无法找到上述专利文献。

此外，还应该看到，通常情况下，使用关键词"xerography"无法检索到大多数相关的柯达专利，就像使用"electrophotography"会遗漏许多施乐的授

权专利一样。❶

    同样明显的是，使用关键词检索会导致太多的命中结果，从而无法合理并及时地处理。即使采用"electrography"（电子图像）作为关键词，检索结果也命中了 273 件柯达的授权专利和 101 件施乐的授权专利。

    那么，人们如何使用关键字检索来锁定相关的现有技术呢？上述示例中的专利公开了一种电子照相打印机，通过该打印机可以实现在纸张单次传送的情况下生成双面打印件（在纸张两面均打印的文档）。相比之下，现有技术中实现双面打印的方式，通常是先打印文档的一面，翻转纸张并通过打印机将纸张传送回去，然后打印第二面。

    这件专利所描述的技术是创新的，但是若通过您通常使用的关键词来检索，可能无法找到该专利文献。在这件专利中既没有提及"电子照相"，也没有提及"静电复印"。采用术语"duplex"（双面）和"printing"（印刷）作为关键词，在美国专利商标局的网站上检索摘要，得到 358 条命中结果。但是，命中结果中不包括本章参考文献［3］所述的专利。

    展示这个例子是因为其清楚地说明了使用关键词检索经常遇到的一些问题。您可以得到太多的命中结果以至于无法进行处理。另外，您也可能遗漏重要的相关专利。如果增加在关键词检索中使用的术语数量，可能可以把命中结果的数量降低到一个更容易处理的水平，但这样有可能会遗漏重要的现有技术——审查员会发现的技术。而且，如果您只使用自己所熟悉的术语作为检索关键词，很容易遗漏其他人提出的重要公开文献，而无论出于何种目的，这些文献中恰好使用了不同的术语。重要的是要记住，尽管专利的目的是教导新颖的技术，但并不要求它尽力包含所有可能用于描述类似技术的术语。

    总之，使用关键词检索可以找到重要的现有技术，但这样的检索可能也存在问题，在某些情况得到的结果太多，在其他情况下则结果太少，并且往往会遗漏重要的现有技术。因此建议您，如果正在使用关键词检索，并且知道某些现有技术，那么有必要查看一下您的检索结果中是否包含该现有技术。这是对您的关键词检索有效性进行测试的一种方法。如果您没有其他方法来初步找到相关的现有技术，那么关键词检索是非常有用的一种方法。然而，还有其他更有效的检索方法。

_____

    ❶ 在 www. USPTO. gov 网站，使用关键词"Xerography"（静电复印）和受让人名称"Kodak"（柯达）进行检索，命中 126 条结果。相反，使用关键词"electrophotography"（电子照相）和受让人名称"Kodak"命中 913 条结果。相比之下，用关键词"Xerography"和受让人名称"Xerox"（施乐）进行检索，命中 2597 条结果，而用受让人名称"Xerox"和关键词"electrophotography"则命中 2348 条结果。

## 增强检索

那么，有什么替代方法来开始现有技术的检索呢？别忘了，您掌握本领域的技术知识。您可能了解一些现有技术，并且可能拥有一些相关专利文献的副本。您可能认识一些在类似的技术领域工作过的人，最好是来自竞争对手公司。您还可能已经拥有了一些专利。您甚至可能知道自己或竞争对手已经提交的申请。所有这些都为完善和拓宽现有技术检索提供了更多机会。接下来讨论如何利用这些信息进行有效和高效的现有技术检索。

作者将在本章的下一节中讨论各种搜索引擎中包含的工具。对于本章节的剩余部分，将重点讨论如何利用您已经拥有的现有技术知识。

如果这是您对某技术领域的首次尝试，您可能需要使用关键词开始检索，进而可以演变成更高效、更强大的检索。好消息是，当您尝试实施专利战略时，您的许多检索结果将应用于多件专利申请，并且还将有助于引导、促进或指导进一步的检索，这些检索侧重聚焦您的每件申请相对于之前已知的申请所呈现的特定优势。

一旦您掌握至少有一件专利，就可以完成有效、高效和富有成效的检索。如果该专利属于您的公司，那就太好了。然而，如果该专利属于其他人，也是相当不错的。这两种情况都为您提供了增强检索的机会。

很明显，关键词可以从专利中获得。例如，如果不知道前面提到的专利——电子图像复制装置[3]，就不可能采用"electrography"作为关键词检索。从专利中可以获得发明人和受让人公司的名称，这些信息也可以用于进行检索。

一些搜索引擎的功能支持您对专利进行前向检索。也就是说，您可以通过检索查看哪些专利和专利申请引用了某专利，从而可以检索在某件专利授权公告或某件申请提交之后的相关技术文献。这是一种强大的工具，因为某专利申请引用在先专利，表明其与在先专利技术相关，而且该在先申请很可能在审查过程中出现。

从事相关领域工作（特别是其他公司）的个人的名字也可以作为获取相关专利信息的来源。同样，一旦您找到了一些现有技术，那么找到更多的技术就变得容易了。

不要忽视检索已公布但尚未授权的专利申请。仅仅因为一件专利申请没有获得授权，而且实际上可能永远无法获得授权，并不妨碍其成为现有技术。关键是，专利申请自公布之日起，就已经构成了现有技术，并且事实上，这些新的现有技术可能更及时，并且与在先技术更相关。

　　某些搜索引擎提供的最强大的工具之一是能够进行所谓的"白话检索"❶。这是得到相关现有技术的一种非常有效的方法。您不需要检索关键词，而只需输入第一项权利要求，看看会出现什么。然后根据生成的列表，您再输入关键词。这就把引用文献的数量减少到最相关的专利中的大约6个。这个过程只需要几分钟，从而将巨大的工作负荷减少到必须浏览的合理数量的专利。

　　最后，无论专利申请是否能够获得授权，在审查过程中形成的申请审查档案，都是审查员认为的现有技术以及发明人试图规避该技术的绝佳来源。当然，您应该可以随时查阅由您的公司提交的申请及其相关的审查意见通知书。即使是其他人提交的文件，也可能会产生有价值的引用文件，这些引用文件可能应该在您的公开中加以说明。请记住，一名审查员针对某申请引用某些现有技术，以及该审查员是否接受发明人的答复意见，并不能保证在另一件专利申请中其他审查员将引用相同的现有技术或接受相同的答复意见。然而，现有技术文件被引用，增加了其在后续的补充专利申请中再次被提及的可能性。现在来关注几个常用的搜索引擎的例子，介绍一下在开展检索时应如何使用它们，以及它们的各自的优势和局限性。

## 搜索引擎

　　应该清楚的是，可以通过前面讨论的各种方式来增强搜索，而且一般来说，不会导致发明人花费过多的时间、精力或金钱。这可以通过使用各种搜索引擎和/或雇用专门从事专利检索的公司来实现。然而，从商业搜索引擎中获得的信息仅仅与您输入给检索公司的信息相当，而且在实际检索过程中，与检索者一起探讨通常会受益匪浅。即便如此，您仍然需要对结果进行分类。这些结果可能是相关的，也可能是不相关的。作者建议您考虑自己或与团队成员一起开展现有技术的检索。

　　由于互联网搜索引擎的普及，对专利文献进行现有技术检索变得更容易实现。其中一些搜索引擎是政府运营的；而有些是商业性的，需要高额的使用费才能使用；有些名义上是免费的。然而，需要提醒您注意的是，许多免费的商业搜索引擎通过数据挖掘赚钱。虽然这些引擎通常都相当好用，而且对用户很友好，但建议不要在公司的计算机上使用它们，也不要从自己的电脑上访问。使用公共互联网访问（比如在图书馆）可能更合适。毕竟，您可能不想让竞争对手知道您正在检索它们与特定技术相关的专利。

---

❶ 此处的"白话检索"意为不再使用关键词，而是通过文本进行检索。

作为免责声明，作者并不推荐任何特定的搜索引擎，事实上，也不对它们进行评价。由于本书篇幅所限，作者无法对每一个搜索引擎的优点和缺点进行分析。并且事实上，具体的特点也会经常发生变化，关注这些主题会导致这本书很快过时。相反，接下来作者将讨论几个特别有用的搜索引擎的特点，以及这些引擎的一些已知缺点。下面将从讨论美国专利商标局网站和搜索引擎开始，然后再探讨其他几种搜索引擎的特点。

## 美国专利商标局

毫无疑问，美国专利商标局的网站（www. uspto. gov）具有巨大的资源，可以免费使用。这个网站公开专利和商标文献、专利和商标申请过程以及相关费用。更直接相关的是，该网站还允许搜索专利和公开的摘要，以及申请审查档案。

要从美国专利商标局网站开始专利检索，请单击左上角标记为"Patents"的选项卡。然后点击标记为"PatFT"的标签，即可访问美国的专利。然后，您就可以决定是从 1976 年到现在的默认时间段进行检索，还是希望返回到 1790 年开始检索。您可以将检索范围限制在特定字段，例如发明人、受让人、专利号或引用该专利的人，以及许多其他信息。或者，您可以通过默认的"所有字段"（allfields）进行检索。您可以在此操作中输入两个术语和字段。但是，您也可以深入了解更多细节。这是通过点击页面顶部中间标记为"Advanced"（高级）的选项卡来实现的。您也可以通过专利号进行检索。

当使用高级检索选项时，必须使用正确的布尔格式。例如，如果要检索可能在摘要中出现的特定术语，可以输入 ABST，后跟反斜杠，或 ABST/。然后输入要检索的术语，使用适当的连词"AND"、"OR"或"NAND"以及连接术语所需的任何括号。

当您找到您感兴趣的专利时，只需点击突出显示的编号，就会出现专利的文本文档。如果您想查看图片，只需要点击"images"（图片），就会为您呈现专利的第一页。点击左边的"Full Document"（完整文档）将显示实际专利的 PDF 格式，连同附图一起完成显示。

您也可以通过点击"AppFT"对已公布的申请进行检索，并使用与检索专利时相同的方法和选项。

美国专利商标局网站的一个主要好处是个人能够进行有限的申请审查档案检索。具体来说，专利申请信息检索（PAIR）页面有一个选项卡，通过输入专利号、专利申请号或公开号，您可以看到专利申请的审查过程中发生了什么，包括审查员的审查意见通知书，以及申请人对这些审查意见通知书的答复。

有两个 PAIR 网站。其中一个网站只有注册专利律师和专利代理人才能使用。另一个网站是"公共专利申请信息检索平台"（Public PAIR），任何人都可以访问。这是一个非常有用的网站，因为它允许您阅读感兴趣的审查员与申请的发明人的通信过程，包括审查员引用的现有技术以及引用该技术的原因。它还允许您访问发明人对审查员意见的答复以及审查员如何回应这些观点。在撰写专利申请时，这是非常有用的信息，因为它可以使您在申请过程中避免重复其他人在为相近的技术申请专利时所犯的错误。

美国专利商标局搜索引擎的一个恼人的限制是，它的用户界面不是非常友好，可能会令人困惑，因为它似乎使用的是 1990 年左右的软件。例如，当使用发明人的名字（比如 John Smith）进行简单检索时，您必须输入他的名字为"Smith；John"。

## 欧洲专利局

与美国专利商标局一样，欧洲专利局也有自己的网站（https：//worldwide. espacenet. com/）。这个搜索引擎与美国专利商标局有所不同，它是由菜单驱动的，因此相当直观。它还支持访问欧洲各个国家的专利局并进行检索，还可以查询专利的当前状态（它是否有效、是否已支付维持费❶）。该搜索引擎还支持计算机自动生成专利译文，从而有助于将这些现有技术纳入您的公开内容中。这个搜索引擎的一个重要特点是，它支持很便捷地开展前向检索以及检索专利中的引证技术。

## 世界知识产权组织（WIPO）

另一个有用的搜索引擎由世界知识产权组织提供，其网站为 https：//patent-scope. wipo. int/search/en/result. jsf。这个专利搜索引擎还具有翻译和国际链接功能，但似乎并不比美国专利商标局的网站更容易使用。

---

❶ 包括美国和大多数欧洲国家在内的许多国家都要求每隔几年支付一次专利维持费。如果不支付这些随时间增加的费用，则该专利将成为公有领域的技术，除了在其他人为相同或类似发明申请专利的情况下构成其现有技术，该专利权人将不再享有任何法律保护。

## 谷歌专利/谷歌学术

谷歌专利（https://patents. google. com/）是一个对用户非常友好的网站，提供了进行白话检索的能力。其还可以链接到谷歌学术（https://scholar. google. com/），除专利外，还提供了文章参考。谷歌专利也列出了专利申请，从而让您只需一步就能接触到相关技术。谷歌专利的功能通过其高级搜索（https://www. Google. com/advanced_patents_search）得到了扩展，支持您通过各种参数进行搜索，包括但不限于短语、关键词、日期、发明人和受让人。

谷歌专利包括美国和外国专利。总体而言，它是一个非常全面的搜索引擎。

## Innography

最强大和用户友好的搜索引擎之一是 Innography（https://app. innography. com/）。这个搜索引擎支持白话检索和关键词检索，允许保存检索结果，并提供根据检索标准对专利强度进行排名的工具。

使用这个搜索引擎往往可以在几分钟内获得良好的、有针对性的检索结果。但是，这个引擎有一个遗憾的限制——其需要缴纳高昂的使用费才能使用。

## 结束语

如前所述，本章所讨论的目的只是向读者介绍一些可用的搜索引擎。当然还有很多其他的搜索引擎，在互联网上有全面的列表。对每一种搜索引擎的优点和局限性的详细评估远远超出了本书的范畴。同时，正如从汽车到工具到体育用品的大多数产品一样，大部分的选择在于什么最适合您。您需要花一些时间进行研究。此外，您可能希望使用不同的搜索引擎，这取决于您需要查找的特定数据。您可以尝试不同的搜索引擎，并决定什么是最适合您的。

**参考文献**

[1] D. S. Rimai, *Patent Engineering*, Scrivener Publishing, Beverly, MA (2016).

[2] KSR International Co. v. Teleflex, Inc. , 550 U. S. 398 (2007).

[3] D. K. Ahern, W. Y. Fowlkes, and D. S. Rimai, U. S. Patent #4, 714, 939 (1987).

# 第 *10* 章
# 创新者和律师的思维模式及其他值得注意的事项

## 沟通交流

人类拥有能够交流的天赋，包括口头交流和书面交流。然而，在有些时候，人们会对这种天赋能达到什么程度感到困惑。在专利申请的准备和审查过程中，当发明人、律师和专利审查员❶之间发生互动时，正是如此。在职业生涯中，作者有多次与技术人员和法律人员一起共事的经历。他们双方的能力都达到世界水准，并且为了出色地完成目标而孜孜不倦。这些科学家、工程师和技术人员都非常富有创造力，在其专业领域学识渊博，而且工作非常敬业。同样地，这些法律工作人员精通业务，愿意与任何感兴趣的人分享他们的专业知识，并致力于获得良好的专利。上述两个群体的成员都希望保护所创造的知识产权。然而，他们之间的互动却并不顺畅，往往会导致双方产生挫败感。

作者曾听到技术人员针对律师的抱怨，例如：

> 我给了他们想要的一切，但他们还是搞错了。
>
> 我不明白他们写的是什么。
>
> 该申请与我的发明毫无相似之处。
>
> 他们为什么要我做所有这些事情？我没有时间这么做。

相反，律师们的评论往往是这样的：

---

❶ 专利审查员通常不是律师。相反，审查员通常是拥有技术背景的个人，并接受过培训，以确定专利申请是否符合专利性要求。审查员一般向主审查员报告，主审查员还必须签署所有的审查意见通知书。

他们不提供我需要的信息或数据。

他们没有回应。

们无法理解他们所拥有的不是发明。

　　这样的评论列表还可以继续下去，无穷无尽。根本原因在于，尽管技术人员和法律人员都既聪明又博学，但是双方就是无法很好地沟通。这可能主要与他们在接受职业培训的过程中所形成的思维模式有关，而与无法理解同一种语言无关。

## 不同的思维模式

　　萧伯纳（George Bernard Shaw）有一句名言："英国和美国是被同一种语言所分割的两个国家。"[1]类似的情况通常也适用于技术人员和与他们合作获取专利的法律专家。

　　这两个群体都希望获得准确描述和保护其知识产权的可靠专利。然而，他们之间的互动往往会导致双方感到困惑和沮丧，彼此都不理解对方在说什么或做什么。作为一个创新者，您必须理解您的法律顾问和专利审查员在说什么，以及为什么要以某种特定的方式说。在整个过程中，不正确的发言会产生法律后果，认识到这一点非常重要。专利是一种法律文件，而不是科学论文。

　　读到这里，拥有良好技术背景和创新精神的您，是否感到沮丧并打算举手放弃了？这个时候请先思考一下造成这种困惑和沟通不畅的原因。这种困惑来源于各个群体所接受的职业培训，这些培训造成了他们各自所特有的思维模式。

　　为了说明这一点，下面以牛顿运动定律为例，看看在上述不同群体的成员眼里，该定律包含什么含义。牛顿运动定律的表达式为 $F = ma$，其中 $F$ 代表一个施加的力，$m$ 代表受到该力的作用的物体的质量，$a$ 代表该物体在该力作用下的加速度。对于学习过力学和基础物理学课程并且被律师归类为具有超出本领域普通技术能力的科学家或工程师来说，该定律意味着改变物体的速度需要施加一个力。然而，对于具备这方面技术背景的人来说，就意味着还能够从牛顿定律中得到一些推断的内容。换言之，当在一段包含保守场的距离内对力进行积分，也就是说，不包含耗散力时，可以定义一个被称为所做功的量 $W$。此外，定义另一个量 $E$ 为能量，因此能量的变化与所做的功成反比。如果把一个放在地板上的球举起来放在桌子上，由于球现在的位置升高了，从而将一个势能传递给球来完成了做功。此外，如果物体穿过的路径导致物体回到其起始位置，则根据诺特定理[2-3]，存在一种对称性，该对称性导致一个守恒量。在这种情况下，意味着能量守恒。换句话说，如果小心翼翼地把球放在桌子上，然后它又滚了回去，它的能量状态是相同的，没有做任何功。相反，如果所选择的路径需要持续施加一个力，则这意味着存在一个非保守力场，如可能由摩擦或流体阻力引起的力场。

上述讨论为什么很重要？因为通过上述讨论，能够明了对于您这样的技术人员来说，"含义"这个词意味着什么。技术人员被教导去推断一个陈述所暗示的内容，以及所能够推测的内容。对于技术人员来说，在阅读了教科书中关于力学的一章之后，难道不需要解决一些问题来检验并加强对材料的理解吗？用法律术语来说，技术人员正在成为具有超出本领域普通技术能力的人员。

然后，技术人员可以根据牛顿定律推断出，在加速过程中质量是变化的。例如，在一个正在消耗其燃料以提供推力的火箭上，技术人员可以用更通用的形式重新表述牛顿定律，即力等于动量 $P$ 的时间变化率，而动量 $P$ 又被定义为物体的质量乘以速度的乘积，或

$$F = \frac{\mathrm{d}P}{\mathrm{d}t}$$

技术人员会进一步推断，由于火箭需要做功才能发射，因此一定有一个必须要克服的反作用力（重力）。

法律专家不会推断出上述的任何分析，因为正如最初所说，牛顿定律只是将力与加速度联系起来，质量是比例常数。如果将牛顿定律推广到可变质量中，这将是一个非显而易见的新信息。同样，法律专家也无法推断出重力的存在。

更进一步地说，本领域普通技术人员将认识到，为了发射火箭，需要对火箭施加力；进而能够意识到，如果施加的力停止，火箭就会落下来。本领域普通技术人员能够知道，发射的火箭质量越大，需要施加的力就越大；但却不会意识到，如果火箭是从比地球小得多的月球发射的，或者是从比地球大得多的木星发射的，那么所需施加的作用力会有所不同。

换句话说，$F = ma$ 对律师意味着什么？对律师来说，所见即所得。他们不会得到关于功或能量守恒的推断概念。此外，本领域普通技术人员应该知道什么？回想一下您上第一节物理课之前的生活。您只是认为必须施加一个力才能把球抬离地面。现在，假设这个球重 100kg，必须把它放在桌子上。也许您足够强壮到可以举起它，但也许不能。作为本领域普通技术人员，您意识到可以把球滚上一个倾斜的斜坡，也许可以争取几个朋友的帮助来抬起球，或者用滑轮和滑车组的方式来抬起球。

如上所述，为了将重球提升到桌面，您有几个方案可以选择。这些供选择的方案构成了可以测试的有限数量的选项。而且，正如第 9 章中讨论的 KSR 案判决[4]所指出的，现有技术的读者不是机器人，可以预期他们会进行这样的测试。作为本领域普通技术人员之一，您应该知道这些选项，但不一定知道哪一个是完成这项任务的最佳选择。也许滑轮和滑车组的方案面临的挑战是如何能够将其固定在球上。也许让朋友帮忙抬起球这个方案面临的难题是如何确定人的位置以及如何在球形表面上形成抓力。

假如球的尺寸太大，导致上述方案不可能实施，那么作为本领域普通技术人员，您就不可能应用阿基米德原理，在靠近桌子的地方，围绕球建造一个容器，并在容器中注入密度足够的液体，使球漂浮到桌子的高度。

当您进行现有技术检索并阅读专利文献时，应该类比上述情况，注意技术人员与法律人员思维模式的差异。对于负责撰写专利文件的律师来说，在专利文件中表达的意思就是其文字明确说明的内容，并不会留给读者去推断其他含义或延伸拓展的空间。这样的推断或拓展可能成为您选择寻求获取额外专利覆盖范围的机会。您必须将自己从专家或具有超出本领域普通技术能力的人员的角色中脱离开，只需准确阅读专利文件所说明的内容即可，而不要在专利文件中添加或减少任何内容。

同样重要的是，不要试图辩称专利存在错误，或者其所教导的方案不起作用。这种情况可能存在，但这必须留给法院在主张专利权的期间作出决定，而在您准备申请时，这几乎是无关紧要的。此外，无论现有技术专利是否正确（例如，是否有效），并不能否定其构成您必须规避的现有技术。

接下来考虑一些假设性的例子。在第一个例子中，考虑这样一种情况：您是炮兵连的一名战士，负责用重型加农炮弹轰击敌人的防御工事。不幸的是，在战斗的后期，您是这个炮兵连中唯一没有伤亡的成员，必须在没有援助的情况下将炮弹装入加农炮的炮膛。然而炮弹太重了，一个人无法将其抬起。因此，您想到一个办法，决定设置一个斜面用以将球通过该斜面滚动到加农炮的炮口，从而实现炮弹上膛。为此，您提出了一项发明并着手申请专利，该发明涉及一种斜坡，所述斜坡恰好抵靠在加农炮的炮口外部。审查员驳回了您的申请。其在审查意见通知书中指出：一项授予某农民的专利公开了一种斜坡，该斜坡由谷仓门的开口支撑，用于将圆柱形的干草包装载到谷仓的上层。审查员指出，在这种情况下，将斜坡的设置方式确定为直接紧靠炮口的外部，是显而易见的，因此您的发明缺乏新颖性。

农民的专利所解决的问题与您的发明情形不同，但这并不重要。上述两种情形中，共同点是采用斜坡将具有圆柱形对称性❶的重物提升到指定的高度。一种情形中，斜坡由装载物体的结构支撑。而另一种情形中，斜坡由紧靠开口外的构件支撑，根据预期应用中遇到的具体几何形状，这些情形被认为是显而易见的。

接下来假设一种情形，在将炮弹沿斜坡向上推的时候，由于炮弹很重，一旦将推动炮弹的手撤回，炮弹可能会不受控制地滚下坡道。为了解决这个问题，您设计了一些挡板，在推动炮弹沿坡道上升时，挡板会缩进坡道内，而一旦炮弹通过，挡板会在配重结构的作用下伸出，从而形成阻挡，防止炮弹向后滚动超过预设距离。

审查员引用了两篇专利文献并将其进行组合。第一篇文献即前面所提到的农民的专利，其中公开了用斜坡装载圆柱形的干草包。但该专利文献并没有对使用挡板提供教导。审查员引用的另一篇专利文献公开了一种在租车公司停车位中使用的挡板装置：在驾驶员将车开进停车位时，该装置可以缩回；但是，当没有受到来自进站车辆的轮胎压力时，该装置会抬起。这样，该装置对车辆前后构成阻挡，一旦车辆进入停车位，就无法在不损坏轮胎的情况下倒车或向前驶出停车位。审查员认为，在第一篇专利文献公开了农场斜坡的情况下，结合第二篇专利文献所公开的停车场的挡板，得出您的发明是显而易见的。

然而，显然没有理由简单地将这两篇专利文献的教导结合起来。停车场是水平的，上述装置的功能是防止有人未经授权擅自离开停车场，并不是防止汽车从斜坡上滚下来。如果将多篇专利文献的教导结合起来得出某发明显而易见的结论，需要充分的结合启示，而这个例子里对两篇专利文献的结合显然是缺乏启示的。

如果第一篇专利文献中设置挡板是出于其他目的，例如提供立足点，使农民在将干草包沿斜坡向上推的同时便于自身攀爬，那反驳审查员针对显而易见性的否决意见就更加困难了。然而，如果您所解决的问题涉及将可伸缩的挡板纳入斜坡，并通过将坡道设置为凹形来防止炮弹从坡道一侧滚落，那么您可能拥有一项可获得专利的发明。

从以上这个例子可以得出的启示是，您必须根据所发现的现有技术仔细地定义您的发明。虽然审查员结合不同现有技术，特别是涉及不相关的技术领域时，需要依据一定的理由，但是，这并不意味着您可以仅仅因为领域与您所从事的领域无关就先入为主的忽略某些现有技术。KSR 案判决已经相当清楚地表明了这一点。

---

❶ 具有球面对称性的物体本来就具有圆柱形对称性。

此外，作为一名受过技术培训的个体（用法律术语来说，就是具有超出本领域普通技术能力的人员），您不应当针对现有技术推测其没有陈述的内容。与农民使用的斜坡相比，KSR 案判决的标准允许您调整所使用的斜坡的长度和材料。根据 KSR 案判决的标准，这种为适用具体应用的不同而调整（或实验）以优化斜坡的特性的技术手段，没有超出本领域普通技术人员的能力范围。但是，本领域普通技术人员不可能将斜坡弯曲或以其他方式调整其形状，以便在物体滑上斜坡时使用特定的肌肉群。换句话说，作为具有超出本领域普通技术能力的人员，您认识到了势能的作用，并在设计斜坡时，通过将斜坡设置为凹形和利用可伸缩挡板来解决这个问题，而农民似乎没有这样做，至少他的专利中没有给出这样的教导。

确定什么构成显而易见性这件事，与其说是一门科学，不如说是一门技术。* 不幸的是，高素质的技术人员往往很难掌握这一点，因为他们的思维模式已经被职业培养成习惯于从公开的内容中推测含义，而不是仅理解公开内容本身的含义。作者曾经有幸与一位杰出的律师共事，他经常问的一个问题是："钩子（hook）** 是什么？"[5] 他在寻找审查员眼里非显而易见的特征。也许您也应该考虑寻找这样的特征或者说"钩子"，也即创新点。

这里可以学到的是，技术专家和法律专家被培养形成了不同的思维方式。由于专利是法律文件，您必须暂停通常习惯的思维方式，开始以法律术语来思考问题。这是不容易做到的。然而，一旦做到了，将大大有利于跨越这一领域经常存在的沟通鸿沟。

## 注意事项

专利的产生、审查和主张是法律行为而非技术行为。因此，它们所遵循的条件和规则与技术人员所熟悉的不同。然而，在这个领域工作时，您需要遵守这些规则。

关于规则和约束的详细讨论最好留给律师。然而，就本书而言，讨论一些技术人员所犯的常见错误是有必要的。接下来，作者即将讨论其中一些容易避免的问题。

---

　* 这里表示这件事的难以捉摸，不容易把握标准。——译者注

　** 此处原文写作钩子（hook），表示能够吸引别人的点，而在专利申请中，指的是能够被审查员认可的创新点。——译者注

## 注意您所写的内容

在某些时候，您可能会作为一项专利权主张或侵权案件的证人出庭，但是您不幸地发现，您在此前所写下的任何意见都可能成为对您不利的证据。特别是当您的雇主或您自己（如果您是企业家或独立创新者）向被指控的侵权人主张专利权的时候，更是如此。例如，作为被主张的至少一件专利的发明人，您作为专家证人被传唤到证人席上。而这个案子的被告正试图使您的专利被宣告无效。这时，您会发现自己处于一个非常难堪的境地，您不得不向法庭作出解释，为什么您之前写下的关于不认为自己拥有发明的一些书面意见（写给公司内部的同事或其他人）实际上并非事实。

为什么您需要针对公司内部保密的意见作证呢？在诉讼开始时，有一个法庭强制的程序，称为"调查取证程序"。在这个程序中，所有相关的文件，包括书面文件、笔记和注释、计算机记录和口头录音，都必须交给对方的律师。因此，您曾经写过的意见将被发现。

诸如"我们没有发明任何东西""我们所做的事情没有什么新奇之处"之类的意见，或在属于另一家公司的专利上备注"这将使我们的专利无效"等之类的表述，都应该不惜一切代价避免。如果您对某件专利存在一些担忧的问题，建议您采用"我们应该讨论这件专利"这样的措辞向您的律师和团队的其他成员说明，这比前面提到的表达方式要无害得多。

## 专利的有效性是一个法律问题

作为一名技术专家，不能想当然地认为您同时也是一名法律专家，应该由您的律师来决定您的公司对专利有效性的立场。即便如此，也应该认识到这样的结论只能代表律师个人的意见，在没有法院裁决的情况下，并不能使专利无效。您当然也可以向您的律师提出证据，以支持您对专利有效性存在担忧的看法，但不要自己作出判断。

## 律师 – 客户保密特权

一般来说，律师和客户之间的沟通是保密的，也就是说不会受调查取证程序的约束。然而，这确实有局限性，特别是在怀疑有欺诈行为的情况下。换句话说，您给您的律师附上一份书面意见，指出您认为同事提出的技术问题的解决方案并不构成发明，一般来说除非怀疑存在欺诈行为❶，否则不会被调查取证。然而，同样的意见发给您的律师以外的同事，通常情况下是能够作为调查取证的证据的，而且可以成为被告用来辩称您的专利无效的证据。

此外，要牢记谁才是"律师－客户保密特权"中所称的客户。当然，与您合作的律师是您的雇主聘请的或聘用的。因此，客户是您的雇主，而不是您。在您根据雇主的指示与该律师开展业务的范围内，您就是客户，你们之间的沟通受到"律师－客户保密特权"的约束。但是，您和律师之间的其他额外互动则不属于这一范畴。同理，尽管法律允许专利代理人提交和处理专利申请，但他们不是律师，与他们的互动可能不受律师－客户保密特权的约束❷。

## 专利是非常独特的

正如本章前面所详细讨论的，接受技术和法律培训的不同个体，其思维过程往往是不同的。这经常导致习惯于阅读科技书籍和期刊文章的技术人员，对专利的实际内容作出笼统或错误的解释。如果您在专利的内容或范围理解方面存在问题，可以寻求法律指导。

除了培训导致的差异外，律师还可以查阅专利的审查档案。这有助于进一步理解专利的内容和覆盖的范围。

## 解决与现有技术中描述的不同的问题

正如本章前面所讨论的，现有技术的领域通常是不相关的。审查员会考虑并且您也应该问一下自己的问题是，现有技术中是否给出了相应的教导，是否能够相互结合从而得到您预期的发明。第二个问题是，是否有足够的理由将解决了不相关领域问题的专利中的教导与发明所属技术领域内的专利结合起来。

如果您能够找到的现有技术教导不应当将多篇现有技术相结合，或者用法律术语来说，提供了对您的发明的反向教导，那么找到这样的现有技术文件极有价值。任何能够引导审查员接受您的发明具备非显而易见性和新颖性的内容，都会增加您的申请通过审查的成功率。

---

❶　例如，如果您向您的律师附上一份说明，指出所提出的解决方案不是一项发明，因为该方案已经被在先公开过，但还是决定在隐瞒该现有技术的情况下以该解决方案提出申请，以欺诈的方式获得专利，则这类说明可能会被调查取证。

❷　为了规避这一困难，专利代理人往往被要求在律师的主持下工作，从而将律师－客户保密特权延伸到专利代理人。然而，如果专利代理人是独立工作的，可能没有这种法律上的保密性。

## 考虑使用专利工程师

专利工程师不但拥有你所处领域的技术专长，还熟知专利和专利法相关的法律工作知识。[6]因此，在制定和实施专利战略时，专利工程师可以成为您的宝贵财富。他们的贡献包括制定全面而协调的战略来保护您的知识产权，提出权利要求，撰写专利申请草稿，以及进行现有技术检索。也许最重要的是，专利工程师使您可以将时间用在推动技术进步方面，同时产生有价值的专利组合。

## 结束语：科学论文与专利

尽管专利对技术问题的解决方案进行了足够详细的描述，使本领域普通技术人员能够实施这些解决方案，但专利与大多数科学家和工程师所熟悉的文献有很大不同。具体来说，科学文献足够详细地描述了一项研究的结果，以便读者（被认为在该领域有一定程度的专业知识）能够重现该研究并获得报告的结果。读者还必须能够确定报告的结论得到了数据的支持，尽管不要求同意这些结论。

因此，科学论文会省略那些读者能够理解的细节，而集中描述关键点。相反，专利的权利要求必须写明实施发明所必需的每一个方面，而且说明书必须包含支持权利要求所必需的所有信息。这在第8章有一定程度的讨论，并将在第12章进一步探讨。然而，就目前而言，作者将通过一个简单的、假设性的例子来说明这一点。

假设您是一个发明家，想写一篇科学论文，报告您在煮鸡蛋过程中的发现。为了简洁起见，您会说明将一定量的水加热到水沸腾的温度，将鸡蛋浸入沸水中，并让鸡蛋在沸水中停留5~10分钟的时间。然而，您会假定许多技术细节，包括水量、容纳水的容器的大小和它的耐热性、水的温度如何升高到沸点、在加热水和煮沸鸡蛋时如何支撑容器，以及鸡蛋如何浸入和从水中取出，都是读者能够理解而不必在论文中写明的内容。此外，您可能还会在论文中推测：在热量的作用下，组成鸡蛋的蛋白质会发生凝聚，从而导致鸡蛋凝固。

虽然这种风格可能为大多数读者所熟悉，但并不适合用在专利申请文件中。对于技术论文的读者（具有超出本领域普通技术能力的人员）而言，每一个对读者来说显而易见因而没有在论文中讨论的细节，对于描述本发明都是重要的，因此应该将其包括在专利申请中。应该使用多大的锅，需要多少水？

可以使用一个能容纳半杯水的锅吗？或者需要一个能容纳一加仑以上的锅或介于二者之间的锅？是否有优选的尺寸限制？也许可以使用一加仑的锅，但是加热这么多水会浪费能源，而且需要很长时间。能否使用聚苯乙烯泡沫塑料容器？在加热时，锅是如何支撑的？是用手拿着，还是有一个机械支架将锅保持在热源上？需要这样的热源吗？还是可以使用浸入式加热器或太阳能反射器或凸透镜？当然，还有如何将鸡蛋放入水中并从水中取出？把它扔进去还是轻轻放进去？

　　专利申请文件与人们所熟悉的文档和期刊文章的阅读和撰写方式区别较大，需要以非常不同的思维模式来完成。然而，如果您想为自己的知识产权提供适当的保护，这么做是绝对有必要的。关于如何撰写申请文件，将在第12章中详细讨论。

## 参考文献

[1] http://quoteinvestigator. com/2016/04/03/common.

[2] E. Noether, Invariante Variationsprobleme, Nachr. Ges. Gottingen, pp. 235 – 257 (1918).

[3] R. Courant and D. Hilbert, *Methods of Mathematical Physics*, vol. 1, Interscience Publishers, New York City, NY (1953), pp. 262 – 266.

[4] KSR International v. Teleflex Inc. 550 U. S. 398 (2007).

[5] R. Schindler, private communication.

[6] D. S. Rimai, *Patent Engineering*, Scrivener Publishing, Beverly, MA (2016).

# 第 *11* 章
# 重新考虑提出的专利申请

## 三思而后行

您对自己的发明作出定义，提出至少一项独立权利要求，并希望提出一组从属权利要求来描述您的发明。您开展现有技术检索并发现一些似乎与您的发明比较接近的相关专利或其他文献。也许您还发现了一些文章或专利，它们虽然属于不同的领域，但是也可能会被认为能够预期到您的发明。

发明是您和团队成员为新产品所开发的技术的一部分。同样地，您目前正在处理的专利申请是您和同事们所开发的专利组合的一部分，该专利组合是为了保护您宝贵的知识产权。正如本书前文所述，正确地制定和实施专利战略，一方面能够使您建立一种专有地位以便将他人排除在您的市场之外，另一方面可以使您通过交叉许可协议使用竞争对手所拥有的技术；此外，当他人需要使用您的专利技术时，您还可以收取许可费，为个人或公司实现创收。然而，如果处理得不正确，则结果可能是：您花费了高额的成本用于建立和维持专利组合，但这些专利却基本上没能提供什么保护，相反只是教会别人如何解决问题。最坏的情况下，您所提出的专利申请甚至可能无法获得授权。您甚至会发现，由于过早地公开或在其他申请中作出了相互矛盾的陈述，因此您的申请无法获批。

向专利局提交专利申请之前，正是您和团队成员要对提交的内容和时机进行充分评估的时候。这件事至关重要。由于您的目标是建立一个能让自己拥有问题的专利组合，而不仅仅是获得对特定问题提出特定解决方案的多件专利，因此您务必要统筹好自己所有的专利活动。下面讨论一下如何做到这一点。

## 还有其他相关技术吗？

您的团队中其他的发明人很可能也进行了现有技术检索。虽然可以预见的是，他们所发现的大部分技术应该会与您所发现的相同，但他们很可能还会发现一些其他的现有技术。其中一些现有技术可能是基于各项发明中特定的问题而发现的。然而，还有一些现有技术可能是由于采用不同的检索标准而发现的。无论哪种情况，在团队成员之间分享检索结果往往都很有必要。并且，即使有些参考文献与您的具体发明没有直接关系，在适当的情况下，您也可以酌情考虑将其包含在申请文件中。特别是当您试图为多件专利申请撰写一份共同的公开内容，甚至还准备将其用于未来的专利申请时，更是如此。

应该记住的是，与本申请相关的内容不仅仅体现在现有技术的权利要求书中。相反，只要现有技术文件的任何地方公开了您的发明，都将导致您无法获得该发明的专利权。此外，您应该仔细检查现有技术，考虑不同现有技术的结合是否能够得出您的发明。对于您认为新颖的发明，如果现有技术的结合给出了教导，那么审查员可以也将会结合任意数量的参考文献，据此否定该发明的新颖性。

也就是说，您应该仔细阅读现有技术，并确定是否存在一定的障碍，使它们不能简单地结合在一起。换句话说，您是否必须做一些没有被教导过的事情，或者必须要解决一个尚未明确的问题，才能把不同的技术结合起来？如果是这样，这些理由就可以用来反驳"这些现有技术的结合是显而易见的"这样的审查意见。或者，您必须要解决的问题可以产生单独的权利要求，也许是从属权利要求。

无论如何，您应该在发明的背景技术部分对现有技术进行论述，并解释为什么无法将这些技术结合起来以解决本申请的技术问题。再次提醒，请仔细阅读这些技术，不要推测其未描述的内容。以现有技术明确描述的内容为基础，在背景技术部分对这些技术进行讨论，并描述阻碍这些技术相结合的难点。

## 重新定义本发明

您在开展现有技术检索的过程中，可能已经发现了相关技术，这些技术本身或与其他现有技术相结合，使您的发明变得显而易见。您现在应当做什么？您有几种选择。下面来讨论这些可能的情况，并通过几个假设和实际的例子进行说明。

下面以一个假设的示例来说明。要解决的问题是：一名勘探者想将含有沉淀物的水通过一个网状过滤器进行过滤，从而使水和沉淀物分开。这种网状物由一系列精细交织的金属丝组成，用于在使水流通过的同时阻挡超过 1mm 的颗粒。为确保其具有足够的刚性，把金属丝网边缘连接到一个框架上。此外，勘探者还发现，将框架做成圆形，以便与五金店中经常售卖的五加仑桶的顶部相适配，是有益的。

在现有技术检索期间，勘探者发现有人发明了一种窗纱，这种窗纱由交织的金属丝组成网状物。这种网状物连接在一个框架上，可以装入窗框中，以防止虫子进入。

这一现有技术是否排除了勘探者获得沉淀物过滤器专利的可能性？答案很可能是"是的"。尽管窗纱的用途是在空气流通的同时阻挡昆虫的进入，而过滤器则是在水流通过的同时阻挡沉淀物，二者使用领域有所不同，但审查员很可能会得出结论，认为将类似的网状物用于过滤是显而易见的。虽然大多数窗户是矩形的，而本发明的优选实施方案是圆形的，但是由于框架可以被设计为与开口的形状相匹配，因此其形状的设计也很可能被认为是显而易见的。

此时，勘探者认为，金属丝在受到水流冲击时将被腐蚀，因而决定优先选择由尼龙或聚酯等坚韧织物制成的具有类似间距的网。这种织物过滤器具有可专利性吗？检索现有技术发现，聚酯或尼龙等聚合物都是以布料的形式织成织物。审查员可能会得出这样的结论：即使现有技术没有明确规定将聚合物用作过滤器，但将金属丝网状窗纱与尼龙或聚酯等聚合物可以编织的性能结合起来制成由聚合物编制成的过滤网是显而易见的。

为了获得网状过滤器的专利，勘探者有几种选择。很明显，如果在使金属丝窗纱能够作为过滤器使用的方面缺少一些非常具有创新性的改变，则在这方面将无法获得专利。

接下来，勘探者可以把重点放在聚合物网的使用上。文献中是否教导了用聚合物纤维作为过滤器所需的厚度和间距？更重要的是，文献中是否教导了为什么这样的厚度和间距会存在问题？例如，文献是否表明，粗纤维在反复弯曲或磨损的情况下会断裂？这些情况在计划将聚合物纤维作为过滤器的申请中肯定是可以预见的。或者，纤维是否必须以某种方式（可能是用黏合剂）连接，以使它们保持分离，以便在制作具有上述间距的网状物时不会产生不适当的过大开口？

另外，勘探者可能会发现，最好以一个倾斜的角度安装网状物，这样沉淀物可以从筛网上冲刷下来，进入收集容器中，同时仍然可以将沉淀物与大部分水分离。这将防止网状物被堵塞，从而不需要人工清除。此外，窗纱也不会遇到这种需要清理的情况，因为虫子会直接从窗纱上飞走。

上述每种情况下，勘探者都重新定义了所要解决的问题和相应的解决方案（发明），以规避现有技术。需要再次强调的是，必须在专利申请的背景技术部分仔细地定义问题，清楚地说明为什么现有技术不能解决该技术问题，而且权利要求书必须清楚地说明实施所述发明所必需的每个部件。有一点很重要：您应当尽力避免陷入不得不多次答复审查意见通知书的情况，因为这样会导致审查档案内容过多。要做到这一点，您通常需要仔细地定义发明，并论述为解决本发明的问题（发明的主题），现有技术存在的局限性是什么。

下面以电子照相机领域的两件专利作为实例[1-2]来讨论。具体涉及两件与施加到感光元件上的外涂层有关的专利。所述专利是 5728496 号美国专利（1998 年）（以下简称"专利 1"）和 5807651 号美国专利（1998 年）（以下简称"专利 2"）。

许多现代电子照相打印机中的感光元件是有机材料，而非硬度较高的无机光电导体（如硒）。有机感光元件已变得越来越普遍，因为用这种材料获得的印刷图像质量更高。但是，缺点是它们更容易受到损坏，原因要么是微粒污染物穿透或磨损感光元件，要么是充电产生的离子导致有机材料降解。

解决这些问题的方法之一是：在感光器上涂覆硬质陶瓷，如碳化硅、溶胶－凝胶，或被称为"类金刚石碳"或"DLC"的具有类金刚石碳键的无定形碳。

柯达对这种外涂层进行了相当多的研究。但是，该领域存在大量的现有技术[3-6]。正因为有这些技术的存在，在有机感光器上涂覆陶瓷来减少损坏的发明无法获得专利。

专利 1 和专利 2 之所以获得授权，是因为其中重新定义了使用陶瓷外涂层所解决的问题。具体来说，人们发现，在将碳粉图像从感光元件静电转印到配套的转印中间体时，使用包括陶瓷外涂层的感光器，可以提高转印效率。[7]

但是等等！这不就是把两种已知的技术，即陶瓷包覆的感光器和配套的转印中间体结合起来，每一种技术所起到的作用实质上还是和原来一样吗？答案并非如此。正如专利中引用的例子所论证的那样，当这两种要素相互结合使用时，在提高转印效率方面取得了预料不到的技术效果。专利 1 和专利 2 中举例说明了这一改进，表明在实施发明所描述的组合时，获得了比单独使用其中任一要素时更高的转印效率。

此外，上述专利中明确说明了发明所取得的改进效果，以便审查员能够准确地理解所述的发明以及为什么现有技术的任意组合均无法预料到这样的效果。由于获得了预料不到的改进效果，上述专利中这种已知技术手段的组合具有可专利性。

最后，上述两件专利是针对该组合授权的。专利 2 要求保护的是设备，而专利 1 要求保护的是专利 2 中描述的设备的使用方法。正如本书前面所讨论的，这些实施方式在目前一般被视为两项不同的发明，因此授权两件单独的专利。

这里有一些注意事项需要说明。一般而言，应该尽可能扩大独立权利要求的保护范围，以提供最全面的保护，并使专利价值最大化。然而，由于现有技术的公开，可能导致无法获得较宽的保护范围。此时通常可以将一个或多个从属权利要求与最初提出的独立权利要求相结合来缩小要求保护的范围，从而获得覆盖范围窄一些的专利。或者，您可能会发现发明能够取得某些预料不到的改进效果，使您能够规避现有技术。专利 1 和专利 2 的获得显然就是这样做的。这些专利是否具有足够的价值是一项商业决策，必须平衡好成本、公开的信息量与最终可能获得的保护程度之间的关系。

如果您决定合并权利要求或重新定义已解决的技术问题，那么您应该再次进行现有技术检索，以确保您确实拥有一项新颖的且可获得专利的发明。否则，您可能不但会浪费很多钱，而且还不必要地公开了一些信息。

## 提出的专利申请是否要求保护不同的发明？

在多件专利申请中要求保护相同的发明，起初看似很难，实则不然。当然，如果您和团队成员正在解决的问题是清晰可辨的，那么分别提出清晰可辨的发明自然也很容易。然而，假设您和团队中的另一个人都在研究一个子系统，该子系统中电阻率是一项重要的参数。您的问题是，必须指定一个电阻率，使得当两个具有高电位差的带电元件接触时不产生电离[1]。您发现，要在达到上述效果的同时确保能够在给定时间内达到全电势，电阻率应为 $10^6 \Omega \cdot m$ 和 $10^8 \Omega \cdot m$ 之间。而您同事的职责是负责产品安全，他发现为了防止有人触电，同样的子系统要求将电阻率控制在 $10^7 \Omega \cdot m$ 和 $10^9 \Omega \cdot m$ 之间。您和同事要求保护的方案中电阻率的范围存在重叠。审查员会认为，上述情况属于对同一发明重复申请。

当您的技术方案中参数的数值范围与现有技术存在重叠时，您也会遇到同

---

[1] 这通常被称为帕邢（Paschen）放电。帕邢放电产生的电场随着偏置组件之间的空气间隙或距离的增加而单调递减。因此，如果希望两个元件在一段时间内靠近时不发生帕邢放电，则有必要通过插入一个具有可控电阻率的部件来限制流向所述元件的电流。

样的问题。如果您的专利申请中要求的数值范围涵盖了在先专利中要求保护的范围，那么审查员将认定您的专利申请不具备新颖性。在您要求的数值范围与在先专利所要求的范围相邻或足够接近时，也会发生这种情况。

您如何解决这些问题呢？如果上述问题中权利要求的范围发生重叠的两件专利申请都属于您所在的团队，那么您可以为这两件申请使用共同的公开文本，并在该文本中论述两个问题及分别对应的解决方案。并且，在撰写权利要求书时，务必对权利要求的范围进行限制，以便两个参数范围可以相邻，但不重叠。

如果导致上述问题的原因是另一件专利公开了（但不一定是在权利要求中）一个数值范围，而您的申请中参数的数值范围与该专利的数值范围存在重叠，那么您将不得不限缩该参数的数值范围。您可以要求保护比之前的数值范围小一些的数值范围，特别是如果您能证明小一些的数值范围有预料不到的有益效果时，可以这样做。但是，您试图主张的小一些的数值范围必须与之前公开的数值范围之间有显著的不同，并且不能被用于解决相同的问题。

特别是当您的申请与之前公开的专利解决不同的问题时，您也可以引入预料不到的技术效果来尝试将之前公开的范围包含在您的专利保护范围内。

好消息是，由于您正在打造一个专利组合，因此，该组合中的申请在同一时间或在相隔不到一年的时间内提交，其他申请不会被视为是本申请的现有技术，因此它们也不会被审查员组合到一起来认定您的发明是显而易见的。然而，除非您的申请是在同一天提交的，否则虽然其他申请要求保护不同的发明，其所公开的技术问题及其解决方案仍然会构成在先公开。关于这个问题将在本章后面进行更详细的讨论。

## 提出的专利申请是否包含您的技术？

到这个时候，您应该有一个计划提交申请的详细规划。其中应该包括那些同时提交和在短期内提交的申请，以及那些必须在未来特定时间提交的申请。

现在，是时候对您已经解决和尚未解决的技术问题进行重新审视了。您打算提交的申请是否已经包含这些问题？是否还存在易于实施的替代解决方案（特别是当潜在的预设前提发生变化时），使竞争对手能够借此侵入您的技术？如果是这样的话，您还应该起草能够保护该知识产权的申请，以防止竞争对手抢先为该替代的解决方案申请专利。应该记住的是，只有确保他人无法简单地规避您的知识产权，您才能建立一个有价值的专利组合并保护您的市场地位。

## 竞争对手需要您的专利吗？

只有所保护的技术为他人所需要时，您的专利才具有价值。哪些人可能会需要您的专利技术呢？显然包括您的竞争对手，但也可以包括业务内容与您互补甚至完全不相关的公司。在撰写权利要求和起草专利申请时，您必须充分认识到他人的需求。毕竟，您就是基于自身产品的需求而开展技术创新和专利申请撰写的。您应该把专利视为产品流的一部分，一方面使其为您带来收入，另一方面通过签署交叉许可协议使您能够使用他人所拥有的技术。

要拓宽您的专利覆盖范围，有以下几种途径。也许最有效的方法是在撰写您的独立权利要求时，就将能够解决他人需求的方案涵盖在内。除此以外，作为一种替代方案，您还可以增加从属权利要求，使其重点解决对其他人的产品构成制约的问题。最后，必要时还可以提交额外的专利申请，以保护能够解决他人需求的方案。

话虽如此，在撰写专利申请时，注意不要目光短浅。专利的寿命长达20年，而技术发展则日新月异。竞争对手今天不使用您的专利技术，并不意味着在不久的将来依然不需要使用您的专利技术。

## 您需要属于他人的专利吗？

也许这个问题更好的表述方式是，您是否需要使用他人拥有的专利所保护的技术？如果您需要，您有几个选择。这些选择包括：

a. 重新设计您的产品，使您的产品避免被那些专利的权利要求的保护范围所涵盖。如果对您造成阻碍的专利不属于全面的专利组合的一部分，并且您有可以合理实施的替代设计，这可能会简单一些。

b. 取消您的产品的推介。显然，这是一个代价高昂和痛苦的决定，但在极端情况下可能是必要的。

c. 购买使用该技术的专利许可。如果相关专利的所有者是非营利组织如大学、专利流氓、金融机构或其他机构，这些组织利用专利来产生收入来源，但它们本身并不生产产品，那么这种情况就很可能发生。

d. 寻求交叉许可协议。如果涉及相关专利的公司也需要使用您的专利，则这种方式是最容易实现的。特别是，如果该公司在没有事先从您的公司获得许可的情况下已经实施了您的专利技术，那么您将处于最有利的地位。这需要由律师对权利要求进行详细分析，同时对涉嫌侵权的产品进行技术分析。

　　e. 请律师对专利的有效性进行法律分析。如果您有充分的理由质疑相关专利的有效性，则在某些情况下，对专利的有效性进行法律分析是适当的行动方案。然而，在法院裁定一件专利无效之前，采取这种做法是有风险的。请记住，如果没有关于专利有效性的实际和具体的裁决，您律师的意见只是他的专业意见，可能与法院的裁决一致，也可能不一致。

　　当然，还有第六种选择：您也可以作出故意侵犯他人专利的决定。然而，这很容易被证明是一个代价高昂的错误，尤其是与无意或善意侵权相比，故意侵权可能会招致高得多的损害赔偿。在侵权诉讼中，即使是为公司辩护的诉讼费用也可能极其高昂。

## 您当前披露的信息是否会影响到未来的申请？

　　这个问题需要对未来作出判断，因而从某些方面来说，可能是最难回答的问题。然而，由于目标是制定一个包含您的知识产权的专利组合，而不是仅仅就特定的发明申请互不相干的单独的专利，因此在实施过程中，这个问题必须引起您的关注。

　　您知道自己的团队已经解决了什么问题。您也知道目前正在解决哪些问题。但是，对于将来要面对什么问题，或者您将如何解决这些问题，您可能知道，也或许并不那么清楚。然而，您必须评估和平衡您在这些问题上的立场。

　　对于这个问题，也许最简单的做法是直接推迟提交申请的时间，直到所有问题都得到解决，并且您的产品已经做好进入市场的准备。可惜的是，这往往不是一个可行的办法。专利权将被授予最先申请的人，而不是最先发明的人。拖延可能会导致您无法实施自己所发明的技术。此外，随着时间的推移，您在某些方面的技术改进在不知不觉或无意中被泄露的风险会越来越高。带领客户参观您的工厂、在贸易展览会上展出、发布广告，或者只是无意中以不安全的方式处理垃圾等，都可能导致技术信息被泄露。如果访客从您同事桌上的文件或者不适当的评论中看到了机密材料，也可能发生这种情况。即使那些获得权限查看您即将推出的产品的人签署了保密协议，意外泄密的情况仍然可能发生。

　　不管是什么原因，这些情形都构成了公开。而您的技术改进一旦被公开，则必须在一年内完成所有申请。此外，如果竞争对手知晓了您的技术，他们可能会产生足够多的发明来阻碍您的业务。

因此，在撰写申请文件时，您必须很小心。除了绝对必要的信息以外，您肯定不希望在您的专利申请中披露其他信息，因为太多的信息，特别是推测性的内容，会妨碍您为未来开发的技术寻求专利权保护。这是特别危险的，因为未来的技术开发工作是在当前基础上所进行的继续研究，当前专利申请公开的信息太多将很容易导致您那些尚未确定的技术失去新颖性。

估计此时您已经花了不少时间来整理准备提交的申请。在这期间，您的技术可能已经取得了新的进展。在提交申请之前，您和团队成员应该列出哪些是已经完成的，哪些还尚未完成，并确保与未来开发有关的任何东西都从当前的申请中删除了。很容易发生透露过多不必要内容的情况，特别是撰写一份共同的公开内容用于包含多件专利申请的内容时，更是如此。在最坏的情况下，您可能需要推迟提交申请，直到未来的一些问题得到解决。然而，这种做法应该只是少数特例，而不是常态。

## 结束语

本书一直强调，您的目标应该是开发一个全方位的专利组合，使您能够拥有整个问题或技术，而不仅仅是单个问题的特定解决方案。为了实现这一目标，您必须对您的整个项目、面临的挑战和所取得的技术成就保持一个整体的看法，并在制定和实施专利战略时考虑这些因素。

**参考文献**

[1] D. S. Rimai, P. M. Borsenberger, S. Leone, M. B. O'Regan, and T. N. Tombs, U. S. Patent #5, 728, 496 (1998).

[2] D. S. Rimai, P. M. Borsenberger, S. Leone, M. B. O'Regan, and T. N. Tombs, U. S. Patent #5, 807, 651 (1998).

[3] T. Takei, K. Saito, T. Aoike, and Y. Fujioka, U. S. Patent #4, 845, 001 (1989).

[4] N. Kojima, H. Nagame, M. Seto, S. Yamazaki, S. Hayashi, N. Ishida, N. Hirosi, M. Sasaki, and J. Takeyama, U. S. Patent #5, 059, 502A (1991).

[5] T. Mitani, H. Nakaue, and H. Kurokawa, U. S. Patent #5, 168, 023 (1992).

[6] K. Kato, E. Shiozawa, and Y. Kishimoto, U. S. Patent #5, 215, 852 (1993).

[7] D. S. Rimai, C. D. Baxter, M. C. Zaretsky, and L. H. Judkins, U. S. Patent #5, 084, 735 (1992).

# 第 *12* 章
# 撰写专利申请

## 您的目标受众

您和同事要始终牢记，建立专利组合的目标是创造有价值的东西，即所建立的专利组合应当能够对支撑您市场和产品的技术基础提供保护。如果不能实现这一目标，那么这样的专利组合充其量只是软弱无力的，会留下漏洞，使竞争对手能够侵入您所希望占据的空间。最糟糕的情况是，不但没能提供所需的保护，还教导了别人如何解决您遇到的问题。因此，您的目标是设计一系列专利申请，建立并保护您的知识产权和您在市场中的地位。那么，您应该如何实现这一目标呢？

您必须认识到，专利申请是一种展示文稿，无论是书面的还是口头的，都必须首先确定并纳入两个关键要素才能成功。首先是要确定目标受众。展示者必须充分理解，有什么理由促使目标受众的成员愿意将宝贵的时间用在阅读该展示文稿上——这一点至关重要。此外，展示者必须清楚地确认受众的技术专长。同样重要的是，展示文稿中的材料应当是针对目标受众的。

展示成功的第二个关键要素是，需要作者决定必须将哪些信息传递给受众，并确保这些受众不会被无关紧要的次要问题所干扰，无论作者觉得这些次要问题是多么地具有吸引力（奇妙）。

在讨论专利和专利申请的目标受众之前，先来说明一下目标受众的概念。这是您作为技术团队的成员，在作展示时通常会考虑的概念。这些展示通常包括三类不同的受众。

要展示给科学界群体的论文，其目标受众包括在某一特定学科具有专业知识和兴趣的个体，通常会深入研究正在被报道的科研成果，而忽略商业细节和对结果的推测性解释。与此相反，向拥有不同领域专业知识的技术同事所作的展示，将不会与针对与您背景相似的受众所作的展示一样深入，而是会相对简要地讨论这些科研成果。然而，更多的时间将用于讨论同事们应该如何将这些科研成果应用到项目中。最后，针对管理人员的展示将聚焦于这些科研成果将如何影响产品的开发。

潜在受众的名单相当长。一篇提交给《物理评论 B》❶（*Physical Review B*）发表的文章，与一篇讨论类似材料但发表在针对受过教育的普通公众的期刊［例如《科学美国人》（*Scientific American*）］上的文章相比，是更具技术水平的。此外，使用受众感到舒适的语言来展示信息也很重要。例如，《物理评论 B》的读者对使用高等数学的形式展示的信息很熟悉。事实上，即使信息内容完全相同，如果内容没有用数学形式来展示，这些受众也会感到不舒服。相反地，一般来说，《科学美国人》的读者一般不会熟悉《物理评论 B》中常用的那种水平的数学。

研究人员经常会犯的一个错误是，主观地认为被展示的对象都对研究的主题具有与展示者相同的专业知识和兴趣。在向从事同一领域的工作人员（例如阅读《物理评论 B》文章或参加科学会议的展示会的人员）进行展示时，被展示的对象可能对研究的主题具有与展示者相同的专业知识和兴趣。但上述以外的情况往往并非如此。

总之，任何人在向受众展示信息时，无论是以书面形式还是口头形式，都必须首先解决受众为什么想要或需要该信息，再以受众能够理解的方式展示该信息，然后决定并专注于展示者需要向这些受众展示什么样的信息，并忽略所有无关紧要的信息。

专利申请是一种针对特定受众的书面展示，其目的是传达特定信息。唯一的复杂因素是，单件专利申请应该是更大战略的一部分，并且必须注意协调目标的各个方面。接下来，先讨论一下目标受众的构成。

理想情况下，授予专利权是为了鼓励技术的进步。专利旨在向公众教导发现，作为教导如何实施和使用这些发现的交换条件，专利授予发明人或其受让人在法律规定的期限内（目前是自专利申请提交之日起 20 年）实施这些发现的独占权。

然而，您生活在一个真实而充满竞争的世界。如果您有兴趣教导别人有关您发明的所有技术内容，您可以写一本书或教一门课程。但从对您有利的角度

---

❶ 由美国物理学会（APS）出版的研究期刊，主要发表针对研究人员的凝聚态物理学领域的同行评议文章。

来看，您的目标是保护自己的知识产权，而不是向世界教导它各方面的优点。您的受众未必是那些同样试图通过提供创新产品来赚钱的人，因为这些产品可能会与您的产品构成竞争，或者更糟的是，会淘汰您的产品。那么，您的目标受众到底是谁呢？

您的专利的目标受众包括四个不同的群体。这些受众包括专利审查员、审理专利权主张案件的陪审团成员（以及法律顾问和法官）以及可能对您的技术许可感兴趣的商业人士。第四个群体是法律专业人士，他们因《2011 年莱希 - 史密斯美国发明法案》（*Leahy – Smith America Invents Act of 2011*）[1-5] 而变得更加重要，因此您的专利申请也必须考虑这一受众。下面考虑一下这些群体各自需要的背景知识和信息。

首先考虑专利审查员。这些人是第一拨您必须向其推销您的展示（专利申请）的人。毕竟，如果您不能让审查员相信申请中对您的发明作出了适当的说明并提出了恰当的权利要求，则您将无法获得专利权。毕竟，没有人会为了一项未获得专利授权的技术的使用权与您谈判。更糟的是，您向全世界披露了自己的知识产权，却没有获得该知识产权的任何所有权。而且，由于专利应该被视为增值产品流的一部分，因此您和公司都无法通过专利许可协议或通过交叉许可协议使用竞争对手的技术来实现任何收入，而如果您拥有专利的话，本来是可以实现这些收入的。当然，很可能会有一些个人或组织想要模仿您的改进。然而，这对您没有什么好处。您的主要目标是获得专利保护范围，因此，审查员是您受众中第一个成员，也是最重要的一个成员。

专利审查员通常在他或她所从事的审查领域具有一定的专业知识。这种专业知识可以是通过攻读工程或科学学位获得的，可能再加上一些行业经验。审查员虽然不是律师，但却接受过与专利申请审查相关的法律培训。事实上，经过大约 5 年的实践，审查员可以获得专利代理人资格，而无须参加其他人获得该资格所需的律师资格考试。

审查员受主审查员的监督，二者都要在所有的审查意见上签字。一般来说，这提供了一种额外措施，以确保向申请人提出的观点都是具有合理的说服力的。当然，即使是通过严谨的书面形式进行沟通，在其中发生误解的可能性仍然是很大的。在这种情况下，可以采取的行动将在后面讨论专利申请审查的章节中介绍。

审查员将会关注以下信息：

1. 权利要求书是否描述了一项发明；也就是说，所述问题的解决方案是否新颖，并且对本领域普通技术人员而言非显而易见？

2. 权利要求是否准确、完整地描述了声称的发明？

3. 这些权利要求是否得到了公开内容所提供的信息的支持？

审查员不关注"解决方案的理论性描述"或者"超出确信解决方案的非显而易见性所必需的问题"。审查员也不关注关于"发明有多重要"或"对以前的产品具有多大颠覆性❶"的论断。

审查员也不关注关于"您花了多长时间提出发明"的表述，尽管关于哪些方案是不起作用的讨论可能有助于让审查员相信您的解决方案确实是非显而易见的。

审查员对您认为的"该发明的市场价值是什么"或者"它将如何帮助美国的经济"不感兴趣。

除了权利要求保护范围越宽，需要检索的相关技术就越广这一事实之外，审查员对权利要求保护范围的宽窄也不感兴趣。

实际上，您在请求审查员针对您的技术授予您该技术实施的垄断权。要授予您该权利，审查员必须确信，您针对技术问题的解决方案是新颖的，这个解决方案不仅在文献中未被描述过，而且不能通过将任意数量的专利、专利申请或任何其他公开信息拼凑在一起得到。审查员将利用他或她的技能访问大量的搜索引擎，试图找出那些被专利局称之为相关技术的文献。您的工作是让审查员相信您所描述的内容是真正新颖的。正如第 10 章所讨论的，作者有幸与之共事的著名律师罗兰·辛德勒（Roland Schindler）总是会问："钩子*是什么？"[6]他的意思是，怎样才能使审查员毫无疑义地相信正在审查的专利申请描述了一项发明。这将被称为"辛德勒钩子"。

陪审团成员是目标受众的第二个群体，他们必须在因为您主张专利权而引起的专利侵权诉讼中作出决定。一般来说，这些人既没有法律专长，也没有技术专长。但是，他们必须能够理解您的发明以及为什么您主张专利权的对象实际上侵犯了您的专利。陪审团成员往往很聪明，他们力求作出公正的决定。

事实上，陪审团成员会受到来自双方律师和技术专家的大量信息的影响，这些信息试图向陪审团解释或使其相信一件专利请求保护了什么、权利要求的含义、被告是否实际侵犯了该专利（法律术语：设备被权利要求的保护范围所涵盖）以及请求保护的发明是否是显而易见从而导致该专利的无效。

在个人层面上，作为发明人，您很可能会被传唤为专家证人，向陪审团描

---

❶ "颠覆性"这一术语通常用于描述一种淘汰以前的产品或方法的新技术。例如，廉价、高质量的数码相机使卤化银摄影基本上过时，以及廉价的手持式计算器的出现淘汰了计算尺。

\* 此处是一种比喻，将发明的创新点比喻为能够吸引别人的"钩子"。——译者注

述您的发明，这些发明很可能是您在多年前发明的。您不但会被代表您公司的律师询问，还要接受被告律师的盘问。您必须以一种陪审团能够理解的方式来解释您的工作，同时避开对方律师提出的对立性问题。您是愿意为一件撰写质量高、易于理解的专利作证，还是愿意为一件需要您向陪审团成员解释许多细节的专利作证？一份撰写质量高的专利可以让您无须对其进行费心（且带有偏见）的详细解释，就能让陪审员理解该专利。

陪审团成员需要什么信息？首先，他们需要了解专利中的权利要求。其次，他们需要能帮助他们准确判断被告销售的产品是否侵犯了您的专利权的信息。毕竟，他们的首要职责是确定被告的产品是否被您的权利要求所涵盖。

除了要确定是否发生了侵权行为之外，陪审团可能还要确定您的专利是否有效。对方律师很可能会辩称您的专利显而易见或缺乏新颖性，因此是无效的。您的专利必须提供足够的信息，使陪审员能够看穿这些论点，并得出结论认为您的专利确实代表了一项有效的发明，并且，被告已经事实上侵犯了您的专利权。

更有可能的是，陪审团还需要评估损害赔偿，也就是说，您因为被侵权而损失了多少钱。虽然专利申请中不包括经济分析，但讨论发明对于技术实现的重要性是很重要的。换句话说，该发明代表的是可以轻松省略而损失不大的次要部分，还是产品功能所必不可少的发明？

您的专利的目标受众的第三个群体包括管理者或其他决策者，他们可能正在考虑是否需要您的专利许可。这些人需要理解您的权利要求。他们还需要一个简短的摘要或介绍，以便让他们快速确定是否对您的专利感兴趣。他们作出决定的基础是销售他们的产品是否需要使用您的专利技术。

在您的专利的目标受众中，必须为其定制专利中展示信息的第四个群体是法律专业人士，他们将参与到您的专利权主张中来。律师和法官将在主张中发挥关键作用：从试图说服陪审员专利涵盖和未涵盖的内容，到专利是否有效，再到对陪审团裁定的赔偿金的数额进行确认。而且，尽管这种情况已经持续了很长时间，但随着专利审判与上诉委员会（Patent Trial and Appeals Board，PTAB）的成立，这些专业人士的角色变得更加重要。

PTAB 是根据《2011 年莱希－史密斯美国发明法案》创立的，其目的是通过赋予专利权人相对快捷、灵活的解决专利权主张的方法，作为诉诸法庭的替代方案，来强化专利体系，从而避免昂贵的专利诉讼。PTAB 是否实现了这些目标一直是争论不休的话题。[5] 此外，正如洛夫（Love）和阿姆瓦尼（Ambwani）在《芝加哥大学法律评论》（*University of Chicago Law Review*）[7] 上报道的那样，PTAB 中被挑战的权利要求有相当一部分被认定为全部无效或者部分无效。这是否代表着法律权威对专利有效性的总体看法发生了转变，或者这只是代表了那些在 PTAB 受到挑战的专利的结果，还有待观察。可以说，这个委员会是基于美国的法律而存在的。在国会修改（如果修改的话）该法律之前，它是一个发明人和发明受让人都必须与之互动的组织。因此，在撰写专利申请时，必须考虑到 PTAB 的法官将审查由申请而产生的专利，因此，这些人将成为目标受众中的第四个重要群体。

组成该委员会的法律专业人士，以及代表原告和被告的法律专业人士，主要关心的是被颁发的专利是否有效。他们将关注这些权利要求、这些权利要求的保护范围是否超出了说明书中的细节所支持的范围，以及该发明是否是显而易见或缺乏新颖性的。因此，他们将评估您关于解决问题的描述，以及为什么现有技术，无论是单独或组合，都无法预见得出您的发明。应该记住的是，根据美国最高法院在 KSR 案[8]中的判决，本领域普通技术人员并不是机器人，他们可以进行合理的预期，并尝试对现有技术中的教导进行合理的组合，从而得到您的专利。如果可以做到这一点，您的专利很可能会被认定是无效的。"辛德勒钩子"[6]在与 PTAB 打交道时的重要性，与最初获得专利时相比至少是相当的。

### 在撰写您的专利申请时

在您将专利申请的重点放在目标受众的成员上时，不要忘记您和团队伙伴们正在构建一个专利组合，这一点至关重要。不要在任何特定的专利申请中教导不必要的内容。要记住，您目前公开的内容可能在随后的专利申请中构成现有技术。此外，请勿不必要地讨论您之前获得的那些专利的缺陷。虽然这种讨论可能会提高您目前申请的审查成功的可能，但公开您早期的专利的缺陷可能会在您主张那些专利权的时候阻碍成功，并且可能导致它们的许可价值被贬低。您想尽可能地优化您的专利申请，同时又不想限制您之前所拥有的授权专利所教导或请求保护的内容而对这些专利造成损害，同时，您也不想过早地公开即将构成未来申请基础的信息。最后，您需要记住，您只能在一件专利中请求保护一项发明，同时您必须进行尽职调查，以确保不会出现多件专利申请中提出相同的权利要求的情况。提醒读者对所有申请中提出的权利要求进行比较和对比，以避免多余的申请。

正如第 7 章所讨论的，当您提出专利申请组合时，必须对您的专利申请进行优先级排序。您应该避免过早地披露您希望在之后提交申请的内容，这是至关重要的。因为若过早披露，可能产生的最好的情况是，您还有一年的时间提交后续打算申请的发明，若晚于这个时间提交，则您当前的专利申请将被视为相关的现有技术，从而与其他技术相结合，使您后续提交的发明被审查员认为是显而易见的。在最坏的情况下，您的申请可能会完全公开您后续打算申请的发明，从而妨碍您获得专利权的保护。

是否可以为提出的申请撰写并使用共同的公开内容？如果一项公开内容可以用来支持多件专利申请的权利要求，您将节省大量的时间和法律费用。当然，您必须在一定程度上改变公开内容，以定义具体专利申请中所解决的问题，并解释发明是如何解决其问题的，但每件专利申请中必须包含的许多内容并不一定要单独撰写。然而，读者应该注意，每件专利申请必须是完全独立的，使审查员能够了解您请求保护的问题及其解决方案。

为解决过早披露的问题，现在是时候决定与本项目或其他类似项目相关的申请是否需要公开与其他专利申请中的权利要求相关的内容。如果是，那么这些申请必须在同一天提交，以便一件申请不会构成另一件申请的在先公开。现在讨论一下撰写专利申请各个部分时所涉及的顺序和细节。

## 权利要求

在第 8 章已经详细讨论了权利要求的撰写。因此，作为回顾，本章只对一些关键特点进行介绍。

正如之前所讨论的，专利是法律文件，旨在建立一项专有和垄断的权利，来实施您的知识产权并将其商业化。权利要求描述您确立这些权利的技术。因此，权利要求是专利中最重要的部分，专利中呈现的所有其他信息都是为了支持这些权利要求。

权利要求大致分为独立权利要求和从属权利要求。独立权利要求是指为了实施您的发明而必须做的所有事情的明确描述。正如第 8 章中关于格洛克的专利所讨论的那样，并不是权利要求中的所有内容都必须是新颖的。然而，人们实施发明所需的每个部分都必须包含在权利要求中。格洛克专利的权利要求中的大部分内容是已知的技术，其在独立权利要求的最后提出了新颖的改进之处。然而，由于实施本发明需要使用已知的技术，因此必须将其包含在权利要求中。如果格洛克没有这样做，专利申请可能会被驳回，因为其太过宽泛，或者即使它们被授权，在主张权利期间仍有可能被裁定是无效的。记住，您的专利申请首先是写给审查员的，他必须看到关于如何实施发明的明确方法。

反之，如果所述内容对于实施本发明不是绝对必要的，则通常不应将其包含在独立权利要求中。相反地，如果这些内容是实施发明的优选方案中的一个重要因素，则应将其纳入与独立权利要求相关的一项或多项从属权利要求中。

举个例子，再次考虑在第 8 章中讨论过的 6538677 号美国专利的独立权利要求。该权利要求内容如下：

> 一种使用电子照相法产生可变密度半色调图像的方法，包括以下步骤：将多组相邻的像素分组成为一组相邻单元，其中每个单元对应于图像的一个半色调点；为灰度写入器选择性地设置曝光等级，以使得半色调点从零尺寸增长到等于或小于最大尺寸的期望尺寸，通过一次一个曝光级别地增加单元中一个像素的曝光，直到该像素达到第一总曝光级别，并选择性地对其余像素重复该步骤，直到所述单元达到期望尺寸和初始密度；选择性地调整最大尺寸单元的初始密度的曝光，通过依次将最大尺寸单元中每个像素的曝光级别每次增加一个曝光级别，直到所有像素处于相同的下一曝光级别，然后重复该步骤以进一步将单元密度增加到期望密度；根据先前步骤的选定的曝光级别，对带电的图像部件的区域进行放电，以在图像部件上形成可变密度半色调点的潜像；将一个圆柱形磁辊封闭在一个同心套筒中；沿着第一方向旋转所述磁辊；将所述磁辊和套筒置于装有双组分碳粉的容器中，所述双组分碳粉包括硬磁载体颗粒和碳粉颗粒；以与磁辊旋转方向相反的方向以及与图像部件共流的方向旋转所述同心套筒；让套筒与图像部件上的潜像相接触；将碳粉颗粒从套筒上转印到潜像上以显影所述潜像；将显影图像转印到复印纸上；将显影图像定影在复印纸上。

这项权利要求描述了一种半色调成像算法，在独立权利要求中加入了以下要素：①同心套筒中的圆柱形磁辊；②双组分碳粉；③硬磁载体颗粒；④以与磁辊方向相反的方向旋转同心套筒；⑤与图像部件共流的方向……。

如前所述，上述权利要求是关于一种数学算法，该算法用于在电子照相打印机中常用的感光器上产生静电潜像。然而，由于这一权利要求被强加了多种条件，例如上述第①项至第⑤项列举的那些条件以及作者没有列举出来的其他附加条件等，该权利要求可能受到了不必要的限定。这些条件都不是实施写入算法所必需的。假设发明人确实想把其发明限定在一台电子照相打印机上（而不是任何其他种类的电子打印机，正如该权利要求的第一句所述），他们把其限制在一个使用带有同心套筒的圆柱形磁辊的系统上。但并非所有的电子照相系统都使用这种装置。

发明人通过要求使用"双组分碳粉"进一步限制了他们的发明。据推测，其真正的含义是"双组分显影剂"，其中包含磁性载体颗粒和碳粉或标记颗粒。"双组分碳粉"并不存在，而将其包含在权利要求中的写法，说明律师完全没有注意到这么重要的一点，因为他是法律专家而不是技术专家，而发明人显然也没有充分仔细地阅读申请文件。这里的要点是，上述条件将专利限制在不存在的设备上，从而使得专利对所有者来说毫无价值，只是向竞争对手教导了这种写入系统的知识，而没有提供任何保护。如果是由发明人而不是代理人撰写该权利要求的草案，那么这个错误是可以避免的。确保权利要求正确地描述了发明人的创造，是发明人的责任。代理人的职责是确保专利申请满足所有的法律要求。

如果能够建立一个权利要求树会好得多，其中包括写入算法的独立权利要求，然后将实施本发明的优选方法（例如，在电子照相打印机中）与从属权利要求相联系，这些从属权利要求引用独立权利要求或前面的从属权利要求。具体来说，如果仅在独立权利要求中描述写入算法，那么将会形成一件更强大的专利。您可以在形成仅描述写入算法的独立权利要求后，再编写与独立权利要求直接相关联的从属权利要求，从而为实施本发明的优选方案（使用包含"双组分显影剂"的电子照相打印机）提供进一步的保护。引用第一项从属权利要求的附加从属权利要求可以要求将其与套筒内的圆柱形磁芯一起使用，而不要求磁芯与外壳同心。这将扩大专利的保护范围。此外，在主张权利期间，即使法院裁定原始独立权利要求无效，从属权利要求仍可能被视为是有效的。这种策略将提高上述专利的价值并提供更好的保护。

对碳粉图像进行转印和定影的要求与本发明完全没有关系，而且进一步不必要地限制了本专利的价值，因此应该将其从权利要求中全部删除。

应当注意的是，在撰写专利申请时，从属权利要求可以发挥重要作用。从属权利要求可以对实施发明的首选方案进行改进并提供保护。随着从属权利要求的展开，它们对本发明的保护范围进行了进一步的限定。这在申请的审查过程中是有帮助的，比如在审查员发现您最初提出的独立权利要求过于宽泛，并且被其他文献所公开时。在这种情况下，将一项或多项从属权利要求合并到独立权利要求中，尽管会在保护范围上受到一定的限制，但仍然能使您成功获得一件保持大部分价值的专利。如果这个申请是覆盖范围更广的专利组合的一部分，旨在尽可能多地拥有问题，那么单件专利在保护范围上的限制可能并不是那么关键。

总之，独立权利要求必须以最基本的形式，完整地陈述实施本发明所需的一切特征。对发明实施方式的改进应当包括在从属权利要求中，这些从属权利要求最终会引用独立权利要求，但也可能直接引用其他从属权利要求。如果实施发明不需要某些内容，那么就不应将其作为权利要求的一部分，因为这将不必要地限制专利，并在教导他人如何解决问题的同时限制专利的价值。

对于任何一件专利来说，权利要求都是其首要组成部分，确保权利要求的正确性是至关重要的。在撰写权利要求时，您应该问问自己，如何向陪审团成员解释您的发明（权利要求）。主题的不同，会使得一些发明比其他发明更容易解释。加上适当的附图和说明，专家证人可以很容易地向陪审团解释格洛克的专利。而对于成像算法专利来说，由于还需要对权利要求中不必要添加的内容进行解释，进一步增加了复杂性，因此，要采用易于理解的方式进行解释则困难很多。再次，假设您是发明人，今后将会成为专家证人，负责在法庭上对您的发明作出解释。

应当尽可能避免权利要求存在以下两种特征。第一种应避免的特征被称为"组成加功能"。在这种情况下，权利要求中既要说明具体的实施方式，又要说明其目的或功能。举一个例子，考虑一项假想的关于设备的权利要求，该设备包括安装在基板上并包含在容器内的材料，所述容器通过环氧树脂密封在基板上。该权利要求记载了组成——环氧树脂的使用，但也记载了功能——密封。如果其他人使用 O 形圈将容器密封到基板上，然后使用具有间隙的环氧树脂将容器贴到基板上，由于该环氧树脂不能用于气封，因此不构成侵权。

第二种权利要求需要避免的特征是，需要多个实体才能构成侵权行为。例如，考虑一件专利，该专利通过将钉子钉入板中来将两块木板相互连接。在这个假设的例子中，该权利要求的内容如下：

> 一种使用钉子连接两块木板的方法：
>
> 1. 制造足够长的钉子，以穿透第一块木板并进入第二块木板；
> 2. 将钉子钉入木板，使钉子穿透第一块木板并进入第二块木板。

上述权利要求的问题在于，钉子的制造商可能永远不会使用它们来连接木板。相反，木匠可能只是买钉子而不制造钉子。由于必须实施权利要求的每一个词才能被认定为侵犯专利，因此除非某一实体按照描述制造并使用钉子，否则任何实体都不会侵犯该专利。

除了能够解释每项权利要求（或者说，您的发明），您还应该问问自己如何才能明确地证明有人侵犯了您的专利。毕竟，您的专利权需要由您来行使。

## 发明的背景技术

在这一部分中，您必须给"辛德勒钩子""上诱饵"。您至少要引起审查员的兴趣，也许最终还要引起 PTAB 成员的兴趣。您需要清楚地定义您所解决的问题。而且，至少同样重要的是，您必须能够说服审查员和 PTAB，使他们相信，根据现有技术，您找到的解决方案并不是显而易见的。在本部分中，您必须仔细地定义问题，使其解决方案不能根据现有技术的任何组合所预见。而且，与专利申请中权利要求书以外的其他部分一样，一旦提交给专利局，这一部分就不能再修改。您需要在首次就把它做好。

您应该详细论述现有技术的缺陷，深入探究为什么这些现有技术不能解决当前的问题。此外，您应该讨论为什么现有技术不能被结合。然而，当讨论的现有技术是您自己拥有的专利时，您需要非常谨慎。因为，您不想在决定对这些专利提起侵权主张或进行许可时存在一个限制其适用性的书面记录。您可以在自己的批判性分析中引用其他公司拥有的专利，这是公平的游戏。

## 拓宽您的思维

在定义您的发明所解决的问题时，请将您的思维拓宽到您当前的目标范围之外。请考虑一下您的技术能否用于解决看似不相关的领域的问题。这方面的一个例子是，在作者作为一名知识产权管理者时，几名工程师找到作者，向作者介绍了一种新颖的设备和方法，用于在电子照相打印机中定影碳粉。（请读者再次参考附录 1，以获得关于电子照相技术的更深入的描述。）

在典型的电子照相打印机中，碳粉图像从感光器转印到纸张接收器上以后，通过在短暂但有限的时间内（通常为 100 毫秒）对碳粉图像加热并挤压而实现永久定影。为了在所需的时间内施加热量，使单个碳粉颗粒软化成黏合团块并固定在纸张上，使用了一个由金属芯组成的加热辊，该金属芯上涂覆有弹性体。典型的定影器的工作温度约为 150℃，这个温度高到足以使碳粉软化，但却又低到不会破坏纸张或弹性体。

工程师们提出了一种新颖的、不需要弹性体的定影器。他们指出，这种定影器能顺利地加热到 150℃ 而不会出现任何问题。当作者问是否有什么原因使其不能在 1000℃ 下使用时，他们回答说，在那种温度下纸张会燃烧。然后作者问他们："谁说这件事和纸有关？"这里的关键是，他们考虑的是高速打印机的定影器，而作者把它的应用潜力扩大到陶瓷的烧结设备，使得类似打印机的设备可以用于结构印刷。当然，这使您提出的发明需要额外的检索，但为了获得更大范围的适用性和潜在价值，难道不值得您去努力吗？

## 通过重新定义问题来重新聚焦您的发明

在某些情况下，可能需要重新确定发明的焦点。其中一个例子涉及使用类金刚石碳（diamond – like carbon，DLC，一种陶瓷）对有机感光器进行涂层的研究，以使其在电子照相引擎中更加结实。由于在专利文献中有许多将陶瓷应用于此的例子，因此，就这种材料的使用获得专利的可能性基本上被排除了。

在对具有 DLC 涂层的感光器[9-10]进行电子照相测试期间，所述感光器用于将碳粉图像从兼容的转印中间部件❶转印到纸张上，获得了预料不到的结果，从而为"辛德勒钩子"提供了"诱饵"。然而，仅仅是将具有 DLC 涂层的感光器与兼容的中间部件结合起来，而没有获得预料不到的有益效果，将不足以使其获得专利权。具体而言，有必要定义您的发明所解决的问题，以便各组成部分形成的组合所产生的预料不到的效果超过了由各组成部分可以各自获得的效果。在这种特殊情况下，使用兼容的转印中间部件可以获得的有益效果包括简化纸张处理和使用小碳粉颗粒改善了转印到纸张的效果。使用具有陶瓷涂层的有机感光器的优点包括：感光器更加坚固，从而需要的服务保障支撑更少。

遇到的问题是，使用兼容的转印中间部件需要额外转印碳粉图像，因为碳粉图像（或者在生产彩色印刷品时分色打印的图像）必须首先转印到中间部件上，然后再从中间部件转印到纸张上。由于每次转印的效率都低于 100%，多次转印会造成图像的劣化，从而影响了这些特征组合后能够获得的性能。此外，在直接从有机感光器转印到纸张上的操作中发现，与不使用具有陶瓷涂层的中间部件进行类似的转印相比，使用具有陶瓷涂层的中间部件会降低转印效率。

然而，在将兼容的转印中间部件与具有陶瓷涂层的有机感光器相结合时，转印效率意外地得到了提高。[9-10]现在的问题被定义为在使用兼容的转印中间部件时改善转印的必要性。这个解决方案在专利申请中的"发明详述"部分进行介绍。重新确定发明的焦点，并展现结合这些特征而获得的预料不到的有益效果，这就是"辛德勒钩子"。

如果能获得一件保护范围更宽的专利，仅涵盖陶瓷涂层有机感光器的使用，会不会更好呢？答案显然是肯定的。但是，考虑到现有技术的情况，这是不可能发生的，而且这将是一种浪费时间和金钱的努力。那么获得的专利是否具有价值呢？在某种程度上，兼容性转印中间部件和陶瓷涂层感光器都能用于商业用途，是具有价值的。应该指出的是，谁拥有这件专利，谁就拥有该专利的全部权利。换句话说，即使竞争对手对提高转印效率不感兴趣，也不能使用这种技术组合来解决不同的电子照相问题。

---

❶ 在附录 1 中讨论了兼容的转印中间部件。

正确定义发明所解决的问题的另一个例子，涉及用于转印电子照相产生的图像的热辅助转印工艺。这个工艺在附录 1 中有更详细的描述，包括：将接收器压在承载碳粉图像的感光器上时，将具有热塑性材料涂层的接收器加热到足以软化热塑性材料和碳粉的温度；在接收器与感光器分离后，碳粉图像已经从感光器转印到接收器的热塑性材料上，该热塑性材料在加热时充当热熔胶的作用，将碳粉固定在接收器上；在将承载热塑性材料的接收器与感光器分离后，碳粉图像被转印到接收器上。

其中遇到的问题是，热塑性材料不仅会与碳粉黏合，而且还会将接收器与感光器黏合在一起，从而阻止转印，事实上还会损坏感光器和接收器，更不用说完全破坏了印刷的图像。

解决这个问题的方案是引入一种有利于分离的脱模助剂。显而易见的选择是在感光器上涂上该脱模助剂，因为这将有利于脱模和转印。事实上，这样的应用确实有效。然而，所遇到的问题是：①任何施加到感光器上的脱模助剂都必须经常更新，很可能需要现场补充。这将会使打印机复杂化，因为在机器中必须包含一个合适的补给站。②在对静电潜像进行调色时，感光器上脱模助剂的存在会对感光器上的碳粉沉积产生不利影响。

如果我们仅仅在申请中声明，解决的问题是防止接收器与感光器之间的黏合，并且通过引入脱模助剂解决了问题，那么将不会被授予专利，因为使用脱模助剂防止黏合是众所周知的。

那么这项发明到底解决了什么问题呢？我们必须对问题进行重新定义。问题不仅仅是在转印过程中加入脱模助剂。它在转印过程中加入了一种脱模助剂，这种脱模助剂可以自动更新，并且不会降低静电潜像的调色。

通过描述整个问题以及发明部分背景中已知现有技术的局限性，为"辛德勒钩子"挂上"诱饵"。问题的定义包括：①需要使用脱模助剂；②需要现场补充脱模助剂；③避免静电潜像的调色的劣化。

事实上，审查员最初忽略了问题的大部分定义，而只是关注脱模助剂的使用。然而，律师对审查意见进行了答复，称"在头脑正常的情况下，没有人会试图通过将脱模助剂放在本应接收碳粉的部件上来改善转印"。此时，"辛德勒钩子"已经被设置好了。审查员承认，现有技术并未公开以这种方式加入脱模助剂，而且产生了预料不到的结果。因此这件专利获得了授权[11]。

如果您想要使自己的专利获得授权，那么对所解决的问题进行适当和完整的定义是至关重要的。正如前面引用的例子中所阐明的那样，这往往涉及超越对问题的直接描述（例如，将接收器与感光器分离），还得深入研究并说明无法实施显而易见的解决方案的原因。如果您不这样做，您将无法超越现有技术。

您应该在发明的"背景技术"部分列出现有技术的所有缺陷以及您的发明具有的有益效果。您不知道审查员会关注什么，描述您所克服的多个现有缺陷可能有助于说服审查员（或 PTAB 的成员）相信现有技术是无法解决这些问题的。如果撰写共同公开的内容以保护多项相关的发明，可能需要对这些发明所解决的所有问题进行定义，尽管可能需要修改这部分内容，以便聚焦于每件单独的专利申请中请求保护的特定发明所解决的问题。同样，目标是确保审查员了解某项发明所解决的一个或多个问题。

一旦您陈述了问题，就要清楚地阐明为什么现有技术，无论是作为单独的部分还是组合在一起，都不能解决该问题。

如前所述，审查员可以纳入相关技术领域之外的现有技术。然而，根据 KSR 案[12]，考虑将来自其他领域的现有技术与本发明所属领域的技术相结合时，必须要有一定的理由。

在这一部分中，正确定义所解决的一个或多个问题是非常重要的。如果您的改进解决了一个以上的问题，请明确地描述解决的所有问题以及是如何解决这些问题的。

这是一个机会，您必须为"辛德勒钩子"挂上"诱饵"，并引起审查员的注意，也许以后还会引起 PTAB 成员的注意。在提交您的专利申请之前，对此进行仔细的思考和分析是至关重要的。

## 发明详述——目标受众

要撰写的专利申请文件的下一部分是"发明详述"。除了通常被称为发明详述的内容之外，本部分还可以包括几个小节。这些小节包括附图、附图说明和部件列表。这些小节中的每一个都可以作为独立的部分，但可能应该与您的说明书同时撰写。

至关重要的是，发明人在撰写申请文件的这一部分内容时，要记住自己的目标受众以及需要向这些受众传达哪些信息。

有三类目标受众。第一类当然是专利审查员，即审查员和主审查员。他们都将决定您的改进是否符合发明的法律定义。如前所述，说服审查员相信您拥有一项发明，而不是已知技术的新组合，这是至关重要的。如果一开始未能获得专利，那么它对您的价值就会大大降低，也许，除了阻止其他人在以后对同一发明申请专利之外，就没有什么价值了。

审查员将关注发明详述中几个部分的内容。首先，他们将核实每项权利要求是否都得到这一部分的支持。换句话说，每项权利要求的细节都必须在这一部分中明确说明。与大学教科书不同，不可能有"留给读者的练习"。每项权利要求必须清楚和完整地描述实施发明的必要条件。发明详述部分必须以完全相同的细节清楚地描述权利要求中的相同内容。如果不这样做，将导致您的专利申请被驳回。

审查员还会关注足够的信息，以确定您所提出的发明确实是新颖的和非显而易见的。这是设置"辛德勒钩子"的部分。特别是，审查员必须确信，您的发明不能由任何相关技术的组合拼凑而成，所述相关技术由审查员决定。

审查员将关注正确的法律形式，包括正确的格式，特别是附图的格式，以及专利局定义的正确语法。这些都是您的法律顾问可以提供帮助的项目。

最后，审查员将根据法规，来确定文件的提交和答复是否及时完成。

您的专利的目标受众中的第二个群体包括陪审团成员。他们将试图了解您的发明细节以及被告是否真的侵害了该发明。陪审团成员还可能负责确定您所遭受的损害——您因侵权行为而损失了多少钱。撰写这一部分时，请把自己想象成站在证人席上向陪审员解释您的发明的专家。

构成您的专利的目标受众的第三个群体包括法学家——PTAB 的法律专家和在他们面前辩论的律师。这些人将和审查员一样考虑同样的因素，但也许更为关键的是，原告和被告的律师会根据自己的观点试图说服该委员会的成员专利意味着什么和不意味着什么，以及为什么专利有效或无效。

这一部分，或者说，专利的任何部分，都不应该针对您的同行这一群体进行撰写——就专利申请而言，他们是"错误的受众"。这些人通常被认为是具有超出本领域普通技术能力的人员，可能包括与您具有相似教育背景或经验的同事，以及在竞争性公司担任类似职位的人，或与您同属一个专业协会的成员等。然而，发明人在撰写他们如何解决某个问题的说明时，采用的撰写方式往往更适合于他们的同行，而不是本部分所面向的受众。这是一个严重的错误，会影响到专利的授权和您主张专利权的成功概率。

在起草公开文件时，发明人应考虑以下准则，以避免出现一些常见错误：

　　a. 不要使用当地方言或难以理解的术语。每个公司都会制定自己的术语来描述自己的技术，并使用该公司之外的人可能无法清楚理解的术语。或者，在使用术语时，采用比通常的含义更加有限的或者完全不同的含义。当然，您可以自己编写词典，但您必须对所使用的术语进行定义。除非另有定义，否则所有术语都会被认为代表其通常的含义，这可能不是您要表达的意思。

　　b. 不要在本发明的范围之外进行推测。这只会造成信息被过早地披露，从而妨碍您提交后续专利申请的成功。即使该信息尚未得到完全的开发，仍然需要进一步的研究或开发，也可能会造成信息过早披露的情况。当然，在与公司内部的同事讨论您的发明时，推测是可以的。但在此范围之外，进行推测就不太好了。

　　c. 不要认为您必须理解或解释您的发明是如何运作的才能够获得专利。解释您的发明是如何运作的有可能是优点，但也可能是缺点，这取决于您所介绍的技术以及您的解释是否有助于说服审查员，让其相信您的发明是非显而易见的。有必要解释该怎么做才能实施您的发明。然而，您的解释可能在未来会对您产生不利影响：其他人会认为，根据您的解释，随后的发明是显而易见的。另外，解释您的发明如何运作，对于您公司内部的同事来说是比较受用的，有助于他们理解您的发明及其隐含的内容。

　　d. 应当清楚地描述您的发明。麦克雷文（McRaven）在他关于锻造的书中[13]，讲述了一个铁匠是如何告诉他怎样进行锻造焊接的。根据说明，"把铁打得比地狱还要热，把魔鬼从中打出……"这种描述对于精通铁匠技艺的工匠（具有超出本领域普通技术能力的人员）来说可能是够的，但也可能是不够的。但这肯定不足以描述如何进行锻造焊接。地狱有多热，有多硬，用什么重量的锤子，要打多少下才能把魔鬼赶出去？

在任何时候都要记住，在发明详述中，您必须向合适的受众描述您的发明及其操作，以及其实际上解决了预期问题的证据。目标受众不包括具有超出本领域普通技术能力的人员（尽管审查员很可能不会被归类为本领域的普通技术人员）。目标受众必须能够遵循您的教导并实施您的发明。尽管根据 KSR 案[12]的判决，人们不应该将本领域普通技术人员等同于一个机器人，应当允许本领域普通技术人员进行合理数量的试验，但专利中的描述必须相当地具体。与大学教科书中广泛使用的表述不同的是，在专利申请中不能把选择备选方案当作练习留给读者。

## 发明详述

到目前为止，希望大家都清楚的是，在专利申请的这一部分中，需要记载发明相关的具体信息。在对专利申请中应该包含哪些信息进行讨论之前，有必要再提醒读者一次。具体而言，非常重要的是，在同一件申请中讨论的不同发明相关的多件专利申请应该在同一天提交，以防止其中的一件专利申请被用作另一件专利申请的现有技术。最简单的例子是有两项发明，第一项发明是完成某种任务的设备（一项装置发明），第二项发明是使用该设备完成某种任务的方法。很明显，出于必要，提交的一件申请公开了两项发明。当然，在制定专利战略时，会增加过早披露信息的机会，因此必须谨慎行事。如果您有关于披露信息的问题，请咨询您的代理人。

说到这里，可以继续探讨一下在该部分中需要陈述的内容。实施发明所需的所有信息都必须在此详细地描述。不应该留下任何由别人来补充或完成的细节。不应该留下任何东西给读者"练习"，任何东西也不应该仅凭直觉就被认为是显而易见的。实施发明所需的所有信息都必须包含在权利要求中，不论它是否是一个新颖的特征。此外，如果在任一项权利要求中陈述了某些信息，那么这些信息也必须在此部分中公开。

实施本发明的任何优选方法，有时被称为"最佳实施方式"，也应包含在这一部分中，同样要在此清楚地描述。而且，如果某些内容是实施本发明的优选方法，那么一般来说，其应该包含在一项或多项从属权利要求中。

所有有助于实施您的发明的技术细节都应该包含在专利申请中。例如，在4968578 号美国专利[11]中，公开了将脱模助剂加入到热塑性材料的应用，其中描述了如何将热塑性材料涂覆到纸上。正如专利中所说的，其包括"溶剂涂覆、挤压以及从水乳剂中扩散"多种涂覆方式。其中还指出，优选采用挤压方式，因为这种涂覆方式不需要使用溶剂。

适当的热塑性材料，包括其玻璃化转变温度❶、涂层厚度以及表面能，都在申请中公开了，因为以上内容对实施本发明是有帮助的，因此被包含在权利要求中。

在上述参考专利中，第一项从属权利要求指出基材是纸张。为什么在一项从属权利要求中对纸张进行限定？原因在于，也可以使用其他材料作为基材，但纸张是首选的材料。

其中还讨论了如何将脱模助剂加入到热塑性材料涂层中，这与使人们能够生产接收器并实施本发明是相关的。

之所以在这里提到这些细节，是因为在这些要素的例子中，技术人员通常会认为读者已经理解，因此并未对这些要素进行说明。但是，这将是把披露的目标对准了错误的受众，而且，如果发明详述中不包含这些信息，可能会阻碍您获得专利。

---

❶　玻璃态热塑性聚合物的玻璃化转变温度（通常表示为 $T_g$），是指聚合物的刚度（更恰当地称为其杨氏模量）在一个小的温度范围内从约 3 GPa 急剧下降至约 3 MPa。

同样重要的是，要在发明详述中包括一些用于证明实施本发明可以获得有益效果的示例，以及未实施本发明时所存在的缺陷的示例（反例）。

使用反例具有几个目的。通过强调现有技术的缺陷，反例有助于说明在实施本发明时所取得的改进。然而，它们也有助于确立发明的新颖性，因为除了发明所声明的要素组成的实施方式以外，其他实施方式具有明显的缺点。换句话说，您试图通过展示发明具有预料不到的效果来确立其新颖性。如果不按照发明的细节来实施，就不能获得明显的改进，那么这肯定有助于确立发明的新颖性。

反例的加入也有助于确立非显而易见性。具体来说，如果相关技术包含的要素的数值明显在您的发明所请求保护的范围之外，审查员很难根据相关技术认定您的发明是显而易见的。如果您能够证明，反例使用的要素的数值超出了您所请求保护的数值，并表明使用这些要素的值❶不能实现所声称的好处，那么显然反例的引入清楚地确认了本发明的非显而易见性。

示例和反例应清楚地证明本发明请求保护的要素的数值的重要性，以避免审查员将描述类似发明但其中该要素的数值位于请求保护的发明中声明的数值范围以外的专利作为现有技术引用。例如，如果您的发明包含需要施加 100 ~ 150V 电压的步骤，审查员可能会指出，鉴于有人使用 90V 的电压，您的发明是显而易见的。然而，如果您能证明使用 95V 的电压不能够获得发明的有益效果，那么这个参考文献就不再适用了。

根据以上讨论，尽管不要在申请文件中包含与您的权利要求无关的内容很重要，但是也必须认识到您最初提出的权利要求可能无法获得授权。所以您应该公开足够的信息，用于支持您对权利要求进行修改，以确保其能够具备可专利性。显然，您需要公开足够的信息以支持从属权利要求，而且这些从属权利要求通常可以与原来的独立权利要求相结合，以建立一个范围更小的发明。然而，您也可能必须完全重写您的独立权利要求，并且您需要足够的内容来支持该重写。您需要预测审查员可能的驳回，并确保公开的内容足以支持新的权利要求，同时又不过度损害您今后提交申请的机会。这是一门艺术，您应该与团队成员以及法律顾问进行讨论。

## 附　图

虽然附图并不总是必需的，但为了准确和完整地描述发明、如何使用发明

---

❶　术语"要素的值"通常用于统计学设计的实验中，以指明可能考虑的变量或"要素"的大小。

和/或现有技术，附图往往是必要的。适用于附图的主题包括但不限于：表示装置的结构和部件及其所包含的发明的示意图、化学结构、工艺流程图以及描述使用或不使用本发明时所获得的结果的图表和图片。附图通常是发明详述的一部分。然而，它们也可以作为一个单独的部分来呈现。在使用附图来说明背景技术和实际发明时，情况尤其如此。

在决定专利申请中要包括哪些附图时，要考虑到您的目标受众。很明显，审查员想要的是能够清楚地显示发明的附图。然而，您也应该考虑到当您在证人席上向非专业的陪审团成员解释您的发明的情况。他们往往不了解您从事的技术领域，更不用说您所解决的问题或您是如何解决这些问题的。在这种情况下，您希望向陪审团成员展示哪些图表或幻灯片？您还应该记住，虽然有可能纠正不符合法律格式要求的附图，但一般来说，一旦您提交了专利申请，您将无法修改、增加或删除附图。

这些附图需要满足法律格式的要求，如果您不知道这些要求，律师可以帮助指导您。另外，您也可以找一个经常从事该工作的制图员来帮忙。在任何情况下，清晰而详细的草图或绘图肯定会有助于将一组附图变成最终所需的格式。下面来看看来自 8780147 号美国专利[14] 的一个实际附图。

该专利涉及一种改良的喷墨方法，但该特定发明的具体领域或细节与当前的讨论无关。相反，让我们关注附图中的细节，如图 12.1 所示。

该附图是连续喷墨打印机[15] 的示意图，其设计目的是连续喷出墨水流，该墨水流沉积到纸张等接收器上或转移到集水槽中。❶

该附图本身是有编号的（在该专利的例子中是"附图 1"），因此，在该专利申请中被称为"附图 1"。如果一幅附图展示了现有技术，并作为讨论本发明的基础，则可以在申请的发明背景技术部分中引用该附图，而不是在发明详述中引用该附图。如果附图中的组件突出展示了本发明或其部分内容，那么就应该在发明详述部分对其进行介绍。另外，如果附图中包含的信息与描述本发明有关，那么即使在背景技术部分讨论过，也值得在发明详述部分中对该附图进行进一步介绍。即便有些冗余，对发明的解释也应完全包含在发明详述部分中。该部分应该是一个独立的部分。

附图中的每一个组件都应该有一个编号，在该部分中讨论特定的组件时，应明确指出该编号。在附图 12.1 中可以看到这样一个编号方案。事实上，整个打印机引擎在左上角被赋予了一个数字 20。编号系统是可以任意选择的，

---

❶　另一种喷墨技术依赖于所谓的"按需滴落"工艺，由此仅当需要墨滴在接收器上形成实际像素时才产生墨滴。这种技术通常更适用于低容量喷墨打印机。

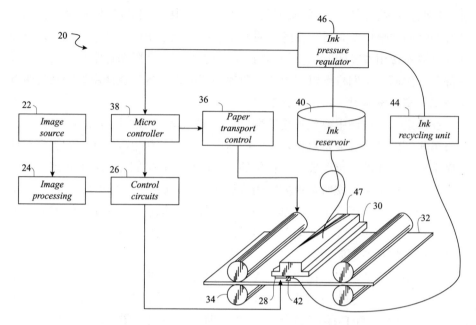

**图 12.1 来自 8780147 号美国专利（2014 年）的附图的实际例子**

但强烈建议您选择一个有助于理解的系统。例如，如果一台打印机包含功能相似但喷射颜色不同的独立喷头，那么就值得用相同的数值后跟不同的字母来对这些喷头编号。

所有被编号的组件都应该列入被称为部件列表（Parts List）的表中。这样做的目的是让目标受众能够快速、轻松地理解每个组件的功能。再次提醒，您在解释您的发明时要考虑到陪审团成员。当您展示多个附图时，如果陪审团成员能查看一张展示每个组件的幻灯片，这样会不会有助于他们理解呢？

此处使用的示例附图还为每个组件加上了名称，如附图中 36 号组件为"纸张传输控制器"（Paper transport control），以及 40 号组件为"墨水储存器"（Ink reservoir）。虽然这不是必需的，但是这样做有助于保持描述的清楚。

除部件列表外，专利一般还包含一个题为"附图简要描述"（Brief Description of the Drawings）的部分。虽然其可以包含在发明详述部分中，但其通常是在发明详述部分之前。附图简要描述部分的内容中，包含的每个附图相关的信息与附图 12.1 下面的标题相似。其目的还是促进专利的可理解性。

在发明详述部分，还应该讨论另外一个主题，即您如何确切地知道某人的产品被您的权利要求所涵盖。这将有助于您行使自己的专利权。而要做到这一点，您必须能够证明您的专利被侵权。

建议您对能够确切证明侵权行为的测量、测试或替代方法进行讨论。然而，由于不同的测量或测试方法会产生不同的结果，如果可能的话，建议您公开一种单一的测试方法。如果因为操作条件的不同，可能要求在不同的情况下使用不同的方法，而不可能指定一种方法来证明侵权行为，那么应该指定在特定条件下使用哪种方法。

下面用一个假设的具体例子来说明这个问题。现在出售的平底煎锅中，不乏声称具有更好的不黏表面的❶。许多广告通过展示煎鸡蛋或烧焦的食物很容易被清除来进行宣传。然而，您怎么知道一个平底煎锅的表面是否真的比另一个平底煎锅的黏附性更小或阻黏性更大呢？米塔尔（Mittal）列出了数百项黏附力试验[16]，其中每个试验都是为特定目的而设计的。至少可以这样说，不同的试验通常会给出相互矛盾的结果。让我们用标准的"剥离试验"来说明如何确定食物（如煎蛋）粘在平底煎锅上的强度问题，如米塔尔所讨论的那样，将胶带等黏性材料贴在表面上，然后测量剥离胶带所需的力。这引出了一些问题。胶带上的黏合剂的材料是什么？例如，3M 公司销售各种胶带，从黏附力非常强的胶带到容易剥离的便利贴。胶带的老化是一个因素，因为胶带上的黏合剂材料会随着时间的推移而变化。我们可能都很熟悉多年前贴过胶带的物品，现在物品上面的胶带已经脱落；我们可能同样也知道，有时我们想从一些物品上移除胶带，但由于时间关系，发现很难做到。3M 公司甚至在市场上推出了一系列用于绘画的遮蔽胶带，并具有不同的可移除时间。

除此之外，胶带还可以通过 90°的角度或垂直于表面的剥离方式来移除。或者，可以将胶带折叠起来，并以 180°的角度将其剥离。人们甚至可以尝试以 0°的角度拉动胶带来剪切胶带。每个方式都会产生不同的黏附力值。

此外，对胶带施加多大压力以及施加多长时间的压力也会影响黏附力。大多数人在想要确保遮蔽胶带能够被移除时，可能会轻轻地将其贴在表面上。同样，相信大多数人都有过这样的经历：粘在物品表面上的胶带会脱落。对应措施是在更长的一段时间内更用力地按压胶带，或者使用更多的胶带覆盖更大的区域。

而且，所有人都可能不得不从购买的物品上移除价格标签，然后发现，在对标签加热后，它的黏附力大大降低了。

米塔尔的建议是使用最接近物品使用条件的黏附力试验。这是一个很好的建议，但他仍然没有明确如何确定平底煎锅的阻黏性，进而毫无疑义地确认是否有其他人对平底煎锅的阻黏涂层专利实施了侵权行为。在这里需要注意的

❶　不黏（non‑adhesive）表面的技术术语是"阻黏"（abhesive）。

是，如果能够在专利中详细说明如何检测侵权行为，可以在很大程度上让陪审团相信您的专利被侵权了。

## 专利的其他部分及其目标受众

祝贺您！这时，您已经几乎完成了您的专利申请，如果方法正确，您已经给出了背景技术，甚至为您打算同时提交的其他专利申请定义了问题和解决方案。您还需要写几段简短的文字。

每件专利都有一个标题（Title）。标题可以是描述性的，也可以不是，但长度最多为7个单词。该标题没有目标受众，但可能有助于为某些人指出解决他们问题的方案，并可能使他们对能够解决问题的技术的许可产生兴趣。

发明的技术领域（Field of the Invention）部分与美国专利商标局接收和审查您的专利申请的部门有关。

发明的简要描述（Brief Description of the Invention）和摘要（Abstract）部分通常只是对第一项权利要求的重述，毕竟第一项权利要求定义了本发明。这些部分通常足以吸引其他人的注意，您可能希望向这些人许可您的技术，或与他们达成交叉许可协议。

最后，应该包括一份引用的参考文献（Cited References）列表。这份列表应该旨在列出大约六件密切相关的现有技术；然而，如果有必要的话，那么列出更多或更少的文献也都是可以接受的。请记住，您必须向专利局提供所引用技术的副本。还请记住，您引用这些技术是因为它们有助于您定义问题，并说明为什么您的改进在法律上是一项发明；也就是说，为什么您的发明是新颖的而且是非显而易见的。

## 您必须提供的其他信息

作为专利申请的提交者，您应该准备好提供一份发明人列表（List of Inventors）。如第2章所述，发明人是对专利申请中的至少一项权利要求作出可成为发明的贡献的个人。仅仅作为一个团队成员或同事是不够的。此外，解释一项发明的工作原理并不会使一个人成为发明人。当然，在发明人的指导下充当熟练工的人也不是发明人，除非这个人提出了一些可以对权利要求构成发明贡献的东西。请读者注意，对于那些可能对推动技术改进作出了重要贡献但可能不符合发明人身份的法律标准的个人来说，发明人身份往往成为一个情感问题。如果出现这种情况，或者对于在具体的专利申请中谁应该被指定为发明人有任何其他问题，这些人应该向您的律师陈述他们的贡献，由律师来决定这个问题。列出正确的发明人是极其重要的，因为如果没有这样做，可能会导致专利被认定为无效。

虽然如此，随着专利申请的审查，权利要求也会发生变化。因此，最初被列为发明人的个人在专利被最终授权时可能不再是发明人。或者，随着权利要求的增加或更改，最初未被列为发明人的人也可能会成为发明人。由于发明人身份是一个法律问题，如果难以确定某人是否是发明人，请与法律顾问讨论此人对改进的贡献。

您还必须提供若干法律文件。如果有的话，这些文件包括发明的转让（谁将拥有专利权）。根据法律的规定，发明人还必须签署文件，证明他们所陈述的事实在他们所知的范围内是真实的，并且他们已经阅读和理解了专利。

如果您以前没有这样做过，那么现在是时候坐下来和您的律师或专利代理人准备提交给专利局的申请了。这将在下一章中进行讨论。

## 参考文献

［1］http://bitlaw.com/source/America – Invents – Act/index.html.

［2］https://en.wikipedia.org/wiki/Leahy – Smith_America_Invents_Act.

［3］https://www.gpo.gov/fdsys/pkg/PLAW – 112publ29/content – detail.html.

［4］https://www.uspto.gov/aia_implementation/bills – 112hr1249enr.pdf.

［5］P. J. Pitts, Wall Street Journal pg. A 13（June 11, 2015）.

［6］Roland Schindler, Esq. Private communication.

［7］B. J. Love and S. Ambwani, University of Chicago Law Review https://lawreview.uchicago.edu/page/inter – partes – review – early – look – numbers.

［8］https://www.supremecourt.gov/opinions/06pdf/04 – 1350.pdf（2006）.

［9］D. S. Rimai, P. M. Borsenberger, S. Leone, M. B. O'Regan, and T. N. Tombs, U. S. Patent # 5, 728, 496（1998）.

［10］D. S. Rimai, P. M. Borsenberger, S. Leone, M. B. O'Regan, and T. N. Tombs, U. S. Patent #5, 807, 651（1998）.

［11］W. A. Light, D. S. Rimai, and L. J. Sorriero, U. S. Patent #4, 968, 578（1990）.

［12］https://www.supremecourt.gov/opinions/06pdf/04 – 1350.pdf.

［13］C. McRaven, *Country Blacksmithing*, Harper and Row, New York, NY（1981）, pg. 87.

［14］T. N. Tombs and D. S. Rimai, U. S. Patent #8, 780, 147（2014）.

［15］S. F. Pond, *Inkjet Technology and Product Development Strategies*, Torrey Pines Research, Carlsbad, CA（2000）.

［16］K. L. Mittal, private communication.

# 第 *13* 章
## 下一步：专利申请的审查

## 引　言

您和您的团队针对一系列技术问题，提出了新颖且非显而易见的解决方案，能够使所构想的产品具有独特的功能，从而将会风靡市场并淘汰所有其他同类产品。通过提出这些解决方案，您和您的团队拥有了先进的技术。您希望收回研发投资以及加工和分销的成本。换句话说，您希望围绕您的知识产权建立一道保护墙，以防止竞争对手侵占您的市场。要做到这一点，您认识到需要建立一个专利组合。

您针对现有技术进行了全面的检索。从某种程度上而言，检索是基于您对市场的了解而完成的。您熟悉竞争对手，了解他们的产品及其性能和特点。同时，您也知道对方产品存在的缺陷。这正是您认识到的机会。通过分析并解决竞争对手产品的缺陷及困扰他们的技术问题，您设计和开发了自己的技术。

您在进行现有技术检索时已经开展了尽职调查。检索是基于您对竞争对手及其产品的了解以及在科学会议和公开出版物以及贸易展览中收集的信息而进行的。同时，您还使用现代流行的在线专利检索引擎去对现有专利和已公开的专利申请进行了检索。

围绕您和同事们所取得的技术进步，您已经进行充分论证并据此结合现有技术的检索结果，制定了专利战略。该战略旨在保护您的知识产权，此外，其涉及的技术也是您的竞争对手强烈期待或需要的。

您谨慎地界定了所解决的技术问题，希望能够规避审查员在显而易见性或新颖性方面可能会提出的驳回意见。您提出了一组权利要求，这些权利要求应当涵盖您和您的团队准备同时提交的发明，并能够得到说明书公开内容的支持，同时不会阻碍您将来随着研究的进展而进一步提交其他专利申请。您确定所提交的多件专利申请不会要求保护相同的发明。

　　您可以在多件申请中共用相同的公开内容，或者您最好为每件申请单独撰写说明书。上述任何一种情况下，说明书公开的内容还应该能够支持相关的从属权利要求，从而在根据随后产生的审查意见通知书来修改所提出的权利要求时，能够使您有一定的回旋余地。

　　而且，您展望未来，设想了随着技术不断进步，将如何制定更多专利申请的策略。

　　您已经努力工作并取得了很大的成就，从而使专利申请进入到当前状态。然而，您认识到专利是法律文件，因此，需要具有法律专业知识的人员来权衡和给予建议。是时候会见法律顾问了。

## 与您的法律顾问会面

　　希望在此之前，您有机会与您的法律顾问就提出的专利申请和专利战略进行了讨论。对于自身拥有专利律师和专利代理人的大型公司来说，这种情况是很常见的。但对于小型公司、独立发明人或企业家来说，却往往并非如此。甚至对于大公司来说，也并非提出的所有专利申请均是这样的情况。因为即使是拥有强大律师团队的大公司，有时也不得不通过聘请外部法律顾问来对其法律部门的工作进行补充。

　　如果您的公司拥有专利律师，并且您在申请专利时能够与之合作，那么您可能非常幸运。这些律师通常可以花更多的时间与您一起工作，因为他们不关心计费时间。更重要的是，针对您公司的技术，他们通常会掌握一定程度的专业知识，使他们能够对您所提出的专利申请作出更严谨的评估，并提供有价值的建议：申请中应该包含的必要细节、如何避免针对显而易见性的驳回以及怎样围绕您的技术制定和实施专利战略等。企业专利律师通常具备专业技术能力，因此他们能够帮助界定"辛德勒钩子"[1]。这将有助于专利申请撰写，以使审查员理解您的技术进步具备新颖性和非显而易见性，从而批准您的专利。这些律师能够从提交专利申请时所需的法律背景而不是技术背景的角度来处理专利申请，这是非常有价值的。

　　也许最重要的是，您的法律顾问可以帮助您起草权利要求书，这样您就不必修正权利要求和发明详述部分与之相关的内容。当某件专利申请属于保护范围更广的专利组合的一部分时，修改会变得非常复杂。对一件专利申请进行修改的同时，可能还需要对专利组合中的其他专利申请进行相应的修改。此外，当可能需要进一步补充材料，但这些材料很可能涉及未来专利申请的主题时，这种修改可能会极为困难。

在聘请外部法律顾问的情况下，对发明人来说，其为确保专利申请信息的准确性需要承担更多工作，但聘请外部法律顾问所提供的服务仍然是极其具有价值的。他们会仔细斟酌您的权利要求以确保它们在法律上无误，并能恰当描述该发明。他们还会确保您的公开内容恰当地支持这些权利要求。

与确保专利申请满足所有的法律要求至少同等重要的是，确保您的法律专家已经充分了解本发明及整个专利战略。作为对您申请的回应，审查员将发出"审查意见通知书"，其中他们将提出意见，并从法律和技术两方面给出理由。您的律师负责帮助您理解其中的法律内容，并帮助您精心起草针对审查意见通知书的答复。作为发明人，您负责确保律师充分理解发明的技术内容，包括发明是如何解决技术问题的，以及为什么相关技术不能解决这些问题。

不恰当的审查意见答复可能会导致您付出额外的经济成本、延迟或者阻止您获得必要的专利覆盖范围，或者不必要地限制您的专利范围，并可能危及未来的申请。当然，大多数律师都很尽责，并致力于为所代理的客户提供恰当的代理服务。如果您认为您和律师之间存在沟通问题，并且尽管一再努力，仍无法解决，那么您可能需要更换一位律师。但是，对此有一个忠告：请确保您不会仅仅是因为听到的意见不符合您的期待而决定更换律师。您的律师可能会在了解您的发明后，根据他或她的法律专业知识提出疑虑。发明人有责任理解律师的意见，正如律师有必要理解发明一样。沟通是双向的。

法律顾问还需要准备本书第 12 章中提到的其他文件，这些文件必须在提交专利申请的同时提交，包括代理人声明和您是发明人并且已经阅读并理解了专利申请的誓词，且上述声明和誓词是有法律处罚效力的。

同样值得注意的是，法律顾问代表的是聘请该特定律师事务所或律师的一方。如果您是一位企业家或创新者，独立工作并聘请自己的律师，那么您就是客户。但是，如果您是某企业或公司的雇员，而律师由该企业或公司聘请，则您并非客户；相反，您的雇主才是客户。律师－客户保密特权是法律领域由来已久的传统，但对您来说很重要的一点是要记住：律师对您所履行的保密义务仅限于您的行为与您的雇主一致时。

同样，在聘请专利代理人而不是律师时，也应谨慎行事。专利代理人虽然在法律上有权处理与获得专利有关的大部分事务❶，但他不是律师。在某些情况下，例如代理人是开展与专利有关活动的律师事务所的雇员时，律师－客户

---

❶ 专利代理人无权在专利法庭上代表客户。

保密特权一般会延伸到代理人和客户之间的互动。但是，如果代理人是独立的职业者，则可能不受律师－客户保密特权的约束。这一点在权利主张期间可能会显得很重要，因为在没有律师－客户保密特权保护的情况下，律师和客户之间的讨论记录需要接受调查取证程序的调查。总而言之，您要确保与法律代表之间的互动受到律师－客户保密特权的保护。

## 提交专利申请

专利申请的准备工作已经完成，并且达到了您和其他发明人的要求。或者，如果该专利申请是保护范围更大的专利组合中的一部分，发明人和其他团队成员酌情检查后，每个人都认可权利要求恰当描述了所公开的发明。

在提交专利申请之前，再次提醒您，作为发明人，在主张专利权的诉讼中，您可能会被要求作为专家证人出庭，向非专业的陪审员说明您所解决的技术问题是什么以及该问题是如何得到解决的（也就是您的发明）。由于被告的律师可能会声称您的解决方案是现有技术的显而易见的组合，因此您的任务还包括：说服陪审团成员相信您发明的解决方案不是现有技术中特定信息的显而易见的组合。而且，您可能还要负责解释被告的产品如何被您的权利要求所涵盖。提交专利申请之前，您有最后一次机会确认您理解所提交的所有信息，并且发誓表示对此已全部阅读并理解。

您现在可以向专利局提交申请了。向专利局提交专利申请的实际过程相当简单，但又有点复杂。申请过程必须按照政府的要求正确地完成。而且，与涉及政府的大多数事情一样，除了提交申请外，还需要填写表格并缴纳费用，并附上申请中引用的现有技术的副本。经验丰富的律师助理通常需要几个小时来组织和提交一件专利申请。虽然您可以通过自己提交申请来降低成本，但这可能比较费时间，而且对您来说也不容易做到。因此，强烈建议您委托法律代表来处理提交申请的事务。

提交专利申请有两种供选择的方式。您可以提交书面申请的纸质副本，也可以采用电子方式提交。推荐以电子方式提交，有两个主要原因：

（1）您能获得一个更早的优先权日，也就是提交申请的那一天。提交纸质副本通常需要至少一天才能到达。别忘了，我们生活在一个充满竞争的世界，根据现行法律，专利将被授予先申请者，而不是之前旧标准所规定的被授予先发明者。

（2）专利局似乎比大多数现代企业更不愿意处理纸件。为了鼓励申请人采取电子方式提交并减少纸质方式提交，专利局对纸质方式提交申请收取额外费用。目前，电子方式提交的费用为 280 美元，而对纸质方式提交则收取 280 美元的额外费用（总费用为 560 美元）。

如第 8 章所述，一件专利通常包含 1～3 项独立权利要求，总共最多包含 20 项权利要求。这样做主要是出于经济上的考虑。因为超过 3 项以上的每项独立权利要求会产生 420 美元的额外费用，20 项以上的每项权利要求需要额外支付 80 美元。重要的是，您应当制定专利战略以聚焦那些能给您的专利增值的权利要求，而不仅仅因为可以增加而增加权利要求的数量。

与专利申请和专利相关的费用可能会发生变化，请读者参考以下网址以获取最新的费用明细表：https://www.uspto.gov/learning－and－resources/feesand－payment/uspto－fee－schedule#PCT%20Intl%20Stage%20Fee。

一旦提交申请，将开始进入等待期。尽管从提交申请到最终处理之间的时间差异很大，两到三年的等待期并不少见，甚至时间还可能会更长，特别是经过多次驳回的复杂审查。因此，需要有耐心。

请注意，在提交申请后的 18 个月，申请将被公布，每个人都可以在美国专利商标局的专利申请信息检索（PAIR）网站上查看[2]。除非您获得专利局的执业许可，否则您将只能访问公共专利申请信息检索平台（Public PAIR）。您披露的所有内容现在都成为公开信息。

## 专利申请的审查

如前所述，由专利局指导您的专利申请的过程被称为审查。

专利局收到您的申请后，将记录其提交日期（优先权日期），确定专利申请号，并根据您所声称的发明所属领域，将其传送给相应的审查部门。然后，该部门将专利申请分配给审查员，由审查员最终决定该申请是否恰当地描述了一项发明。

审查员将针对您的申请进行至少一次沟通，审查过程中这样的沟通可能会有多次。这些沟通文件被称为"审查意见通知书"（office actions）。

## 审查员进行初步筛查

审查员将首先确定专利申请中的权利要求是否可检索。例如，如果它们看起来并非针对技术问题所提出的解决方案，比如您提出的是一种永动机，则您的申请将直接被驳回。此外，其他因素也会影响权利要求的可检索性。例如，冠词❶ "a" 和 "the" 的错误使用，可能会导致权利要求不可检索。下面通过一个简单的假设性例子来说明这一点及其原因。

假设某权利要求的方案是：将一个 1/4 - 20❷ 的机器螺钉插入位于一块金属中的直径为 1/4 英寸的孔中，然后用螺母将该机器螺钉固定在该金属上。权利要求内容如下：

定位一 (a) 金属构件，其具有 (a) 厚度、一 (an) 邻接表面、一 (a) 与邻接表面相对的表面，以及穿透所述 (the) 金属构件的所述 (the) 厚度的一 (a) 孔；

插入一 (a) 机器螺钉，其包括一 (a) 螺杆，该螺杆的 (a) 标称直径为 1/4 英寸、(a) 长度超过所述 (the) 金属构件的所述 (the) 厚度至少 1/5 英寸；该螺钉还包括一 (a) 螺头，该螺头的一部分直径超过所述 (the) 金属构件中的所述 (the) 孔的所述 (the) 直径；并且所述 (the) 螺杆穿过所述 (the) 金属构件中的所述 (the) 孔并具有每英寸 20 个螺纹的 (a) 螺距。

在所述 (the) 金属构件与所述 (the) 机器螺钉的所述 (the) 螺头的所述 (the) 邻接表面相对的一侧固定一 (a) 螺母，该螺母具有 (a) 螺纹尺寸并适配所述 (the) 螺杆；

拧紧所述 (the) 螺母以拉升所述 (the) 螺头，并与所述 (the) 金属构件的所述 (the) 邻接表面相对的所述 (the) 表面紧贴。

为什么对所有这些细节必须要谨慎小心？记住，您写权利要求是为了让大众能够理解如何实施您的发明。您不是写给自己的同事们看。记载这些细节可供审查员查找确定是否记载有足够的细节使他人阅读后能够理解您的专利并实施该发明。现在讨论为什么这些细节是必要的。让我们首先看一下冠词 "a" 和 "the" 的使用。

当某事物第一次被提及时，前面加冠词 "a"，因为此时并不特指该事物中的某一个。事实上，最初您可能仅仅是从废料堆中选择了一片有孔的金属，在料箱中选择了适当尺寸的螺钉。但是，一旦选择了该金属片、螺钉和螺母，权利要求中的说明则特指使用上述选定的金属片、螺钉和螺母。您当然不希望有人插入该螺钉，然后将螺母连接到仍在料箱中的其他任意螺钉上。

---

❶ 这里使用的词语是 "antecedent"（冠词），而不是更常用的术语 "articles"（冠词），是由于在专利法中使用的术语就是 "antecedent"（冠词）。

❷ 1/4 - 20 描述了机器螺丝的直径（刚好低于 1/4 英寸以使它可以通过 1/4 英寸的间隙孔，在这种情况下每英寸的螺纹数是 20。

为什么要说明螺钉具有一定尺寸的螺头？您当然不希望螺钉完全穿过孔，但是如果您选择的固定螺钉的螺头的尺寸比孔的尺寸小，则会发生这种情况。

为什么要说明金属件的定位？同样，必须有足够的细节来使他人实现该发明。可以设想一种情况，若金属件搁在地面上，则可能导致螺钉无法穿过该金属件。

但是，在这里省略了关于如何拧紧螺母的具体细节。因为，KSR 案[3-4]的判决中，美国最高法院指出，有限次的实验是允许的，并且试图实施该发明的人并非机器人。换句话说，该专利指出需要将螺母拧紧，但是关于如何拧紧的最佳方式，可以留给读者结合公知技术来确定。

现在把自己代入众所周知的非专业陪审员的角色，他们对您的发明一无所知。您必须提供足够的细节，以便陪审团成员可以实施您的发明，同时防止一些"聪明"的家伙设置场景，例如将金属搁在地面上使得螺钉无法穿过它，或者选择没有螺头的螺钉使得它完全穿过去，或者将螺母固定到一个没有穿过孔的螺钉上。

如第 12 章所述，该专利的既定目标受众不太可能具备您的同事所拥有的专业背景或知识。审查员将查看确认您是否要求保护一个针对某技术问题的新颖而非显而易见的解决方案，以及所提出的权利要求是否得到了说明书所公开内容的充分支持。陪审员将试图理解您的发明，但他们通常缺乏专业领域的技术背景。法律专家会试图向陪审员解释您的专利是什么和不是什么。一般来说，如果您能够使陪审员在法律专业人士的最低限度的帮助下理解您的发明，那么就是在帮助您自己。

有必要简要地研究一下术语"螺头"在机器螺钉上的应用。如果在公开内容中没有任何相反的信息，则应当认为该术语具有它通常的含义。因此，无须进一步阐述，可以理所当然地假定该机器螺钉的螺头为常见的形式，例如六角头或梅花头，或者可以用平刀片或十字螺丝刀转动的螺头。然而，正如在上述假设的权利要求中所定义的那样，术语"螺头"可以包括一个任一侧设有悬垂耳朵的端部，或者包括一个可穿过螺杆上的孔的销部，例如滚销。可替代的，螺头可以是像螺母那样的可拆卸的部件，或者也可以是不同材料制成的固定部件，通过机械连接或粘接等方式固定在螺杆上。上述螺头的结构可以在从属权利要求中要求保护。但是，该术语必须在说明书中进行定义。如前所述，只要您定义了这些术语，您就可以成为自己的词典编纂者。如果您选择在从属权利要求书中包含螺头的此类表现形式，审查员还将在发明详述部分中寻找支持该权利要求的公开内容。

一旦审查员确信您的权利要求恰当描述了一项发明，其注意力将转向技术公开内容。首先第一步，审查员将进行审查，确保您在权利要求中描述的内容在发明详述部分得到明确支持。对其他方面也将加以审查，例如附图的格式是否恰当。

如果存在非实质性缺陷，审查员可能会通知您，并给予您补正的机会。如果存在实质性缺陷，您的申请可能会被驳回。

下一步，审查员要做的是决定您提出的权利要求包括一项发明还是多项发明。举例来说，虽然在过去，一件专利可能同时包含方法和装置权利要求，但是现在更有可能的情况是，审查员会认为这些权利要求可以彼此独立地实施，从而构成截然不同的发明，并要求每项发明都在其单独的专利中通过权利要求进行保护。

事实上，如果审查员认为所提交的专利申请要求保护多项发明，则该申请将被驳回，并且在随后的审查意见通知书中通知发明人，他们必须选择首先审查哪些权利要求。这被称为"分案"（divisional），即该专利申请必须拆分为多件专利申请，其中每件申请仅包含属于一项发明的权利要求。好的方面是，如果说明书的公开内容撰写得当且已经涵盖了所有发明，那么发明人几乎不需要再进行例如为分案重新撰写说明书等额外的工作。

## 进行现有技术检索

如果审查员认为专利申请满足了关于可获得专利的所有初步要求，他或她将开始检索。而且，无论您进行了多么全面的现有技术检索，审查员还是会进行独立检索。当然，需要支付检索费❶。在撰写本书时的 2018 年，这笔费用为 600 美元[5]。

审查员很可能会发现并声称您遗漏或没有考虑某些现有技术。当审查员引用的现有技术属于非相近领域时，尤其如此。我们很难预测审查员会发现什么，但是，进行现有技术的全面检索和分析（正如您在专利申请的发明背景部分所讨论的那样）通常有助于克服（traverse）❷ 审查员所提出的质疑。虽然审查员在您的领域具备一些专业知识，但他们不是专家，他们的论断也经常不正确。这一点我们将在本章的下一节中进行讨论。

尽管审查员倾向于主要检索专利文献，但他们并不局限于检索这些数据

---

❶　世界范围内的专利局都是它们各自政府的财政收入来源。

❷　此处术语"克服"使用的是"traverse"，而不是更常用的术语"overcome"，是由于"traverse"被法律从业者所使用。

库。相反，他们还将检索参考书、教科书、期刊文章以及其他任何可以被认为是现有技术的内容，并将其纳入他们的检索结果。

在 KSR 案[3-4]判决前，专利审查员在使用非相近领域的现有技术时多少会受到限制。具体来说，必须有一些明确的理由将非相近领域的技术与更接近的技术结合起来，才能得出发明是显而易见的结论。但是，由于这项判决，这种情况发生了变化。如今，仍然可以争辩说一项技术来自非相近领域。然而，必须要有更有力的争辩理由来说明本申请具有可专利性。与此同时，审查员越来越有可能引用不相关领域的现有技术，而您需要回应审查员的论断。

基于审查员检索结果的不同，可能会产生几种可能的专利审查意见。这里讨论其中三种。

① 审查员无法找到相关现有技术，无论是通过一篇现有技术本身，或是类似拼图游戏拼碎片一样，通过将多篇现有技术拼在一起，均无法根据现有技术的教导得出您的解决方案。在这种情况下，您将收到授权通知书。

② 检索可能会发现一项您未曾关注到的现有技术，其中基本上记载了您提出的发明。请记住，该现有技术不必要求保护您的发明，甚至提出的解决方案不必针对您所解决的问题。它只需要公开您在做的事情，即发明的技术方案。在这种情况下，您将收到驳回通知书。

③ 最后，审查员可能会发现多项现有技术，并声称通过这些现有技术的组合，无论链条或组合有多复杂或多长，都可以得到解决您的问题的方法。如果发生这种情况，您的申请也将被驳回。

下面进一步详细探讨最后一点。在不止一个场合，作者看到研究人员和工程师团队开发的创新产品与任何潜在的竞争产品都不同，并且比这些产品都更具有创新性。从本质上讲，在这些人开发该产品之前，没有人想到过这样的产品。然而，该产品是通过采用一种新的方式使用已知技术而产生的，其中每个组件都以完全已知的方式运行。开展这项工作的个人明白他们正在使用已知的技术，但可能会询问是否可以获得"组合专利"，因为没有人想到以这种方式使用该技术。

答案是否定的。如果组件都是以预期的方式运行，则该专利申请不具备新颖性。格洛克没有为其手枪的独特和原创的聚合物枪身申请专利，大概是因为聚合物的功能与其固有功能一样。格洛克只是将枪身替换成另一种已知功能的现有材料，即用聚合物替换钢材。尽管其他对枪支非常熟悉的制造商和专业服务机构，如警察和军队，对格洛克手枪的功能可靠性非常怀疑，但聚合物枪身确实功能可靠。然而，尽管聚合物枪身是格洛克手枪最显著的特征，并且使用模塑聚合物代替机制加工钢材降低了手枪的重量和加工成本，但格洛克聚合物枪身并没有获得专利。经常操作枪支的专业人员对使用聚合物替代钢材的怀疑也不足以证明其具备非显而易见性或新颖性。

在已知技术的组合通常可能导致被驳回时，要想获得专利有两种选择。如果在正式提交申请之前，原始申请文件中记载有适当的支持性信息，对这种驳回意见也许是可以避免或者成功反驳的。首先，如果意外地发现已知技术的组合产生了预料不到的进步，而这些进步是组件的简单组合所无法预期的，那么您可能拥有可获得专利的发明。您需要考虑的是，整体是否大于各部分的总和？如果是这样的话，那么在提交之前，应该在专利申请的发明背景部分阐明这一预料不到的进步。基于现有技术，这种进步可能被认为是非显而易见的。请记住，您可以在专利审查期间修改权利要求，但不能修改公开内容本身。

第二种选择是探讨为什么以前没有将现有技术中描述的不同技术结合起来以构建当前产品。具体而言，是否存在必须克服的技术障碍才能将现有技术的各个部分结合起来？如果您正在解决实现这种组合所必须要解决的问题，那么您可能拥有可获得专利的发明，这些问题的解决方案应该就是您的专利申请的主题。同样，在专利申请的发明背景部分正确地定义您所解决的问题，并解释这些问题的重要意义非常重要。在发明详述部分，您必须公开您如何解决这些问题。您可能需要考虑使用附图来说明组合现有技术各个部分的困难所在，以及您如何克服这些困难。请记住，每个解决方案都构成一项单独的发明，需要一件单独的专利申请，尽管这些发明有可能都被纳入一份共同的公开内容。

最后要注意的是，审查员在驳回您的专利申请时，有时会指出，如果您删除一些权利要求，就可以获得一些权利要求的专利授权。或者，他们可能会指出，如果您通过将独立权利要求与一项或多项从属权利要求合并来限制您的权利要求，限制后的权利要求将被授予专利权。我们将在下一节中讨论如何答复审查意见通知书。

## 答复审查意见通知书

答复审查意见通知书需要您和法律代表之间密切合作。这是因为审查员驳回涉及技术问题解决方案的专利申请时，使用了法律理由。换句话说，驳回通常（但也并非总是）涉及对技术问题的法律性探讨。

您的最终目标是获得保护自己创新的专利，使其成为保护范围更广的专利组合的一部分，该专利组合将围绕您的技术建立保护性壁垒。收到授权通知的感觉非常棒。与之相关的审查意见通知书将说明审查员授予您专利的法律原因，包括讨论其与现有技术的关系以及现有技术在教导您的发明方面存在的不足。除了缴纳公告费（在撰写本书时的 2018 年，该费用是 960 美元[5]），您只需要坐下来等待专利局对您的专利进行公告，而这很可能需要几个月的时间。当授权通知出现在第一次审查意见通知书中时，尤其让人感到兴奋。然而，正如将在下一章中所要讨论的那样，这种情况下，您可能需要重新检查您的权利要求书，以确定它们是否限定得过窄，以及是否有机会强化您的专利组合。这将在第 14 章中进行讨论。

更有可能遇到的情况是，审查员发现了所谓的相关现有技术。然后，他们会声称他们引用的现有技术导致您提出的发明缺乏新颖性，因此不符合被授予专利权的要求。换句话说，审查员是在说您提出的发明不是一项真正的发明。当审查员发现一项现有技术几乎单独公开了您提出的发明时，申请被驳回的可能性更大。在您自己开展的检索中，可能遗漏了该现有技术。

如果发生这种情况，请仔细研究审查员所引用的现有技术。如果它确实公开了您声称的发明，您有两个选择。第一个选择是放弃该专利申请的审查。如果不答复审查意见通知书，您的申请将在一段时间后失效。第二个选择是起草新的权利要求书，从而建立与此前提出的权利要求不同的新的发明，但前提是您有足够的公开内容能支持这种修改，并且所获得的专利仍然对您具有足够的价值。

应该指出的是，有时尽管所有相关人员都尽了最大努力，但发明人和审查员都错过了完全公开本发明的在先专利或其他现有技术，并使专利公告授权。如果发明人在专利公告之前已经知道这些信息，那么发明人有义务向专利局公开这些信息。无论如何，如果您试图主张该专利，被告的律师很可能会发现该现有技术，并有效地利用它使您的专利无效。

可能性更大的情况是，审查员会找到几项技术，把它们组合在一起，然后推断您的发明是显而易见的，因此不能被授予专利权。此时，审查意见通知书将指出您的权利要求被驳回。

如果您的权利要求被驳回，您现在有几种可以采取的做法。您可以决定不答复审查意见通知书，从而导致您的专利申请被驳回\*。如果您认为审查员是正确的，并且任何进一步的讨论都可能创建审查档案，从而损害您专利组合中的其他部分，或者修改权利要求以规避引用的现有技术会大大降低当前专利申请的价值，则这种不答复的情况最常发生。

但是，您也可以决定对审查意见通知书作出答复。如果选择这条路，则有

---

\* 此处驳回（rejected）应指的是专利申请被放弃而无法获得专利权。——译者注

两个选项可以继续进行，包括反驳审查员的理由和改写权利要求。

第一个可供选择的做法是，您可以反驳审查员的理由。这可以通过辩称审查员关于"单独的专利可以组合在一起以教导您的发明"的论断不正确来实现。需要注意的是，辩称引用的现有技术属于非相近技术领域，或者您所解决的问题与所引用的现有技术中的问题不同，都不足以反驳审查员的论断。您必须能够证明，所引用的现有技术给出的教导无法使本领域技术人员遵循这些教导并实施您的解决方案。下面用一个实际的例子来说明这些观点[6]。

在某些高容量电子照相复印机和打印机中，在将大部分碳粉图像转印到纸张上后，需要清洁感光器以去除残留的碳粉。在一些机器中，这是使用清洁辊完成的。该清洁辊由一个坚硬的、内部的、圆柱形的芯体组成，并附着一个由合成纤维制成的刷子或"毯子"。清洁辊对着感光器快速旋转，从而去除残留的碳粉。然后使用真空将碳粉从辊中移除。该清洁辊被称为"真空毛刷清洁辊"，本章将其简称为"清洁辊"。

值得注意的是，清洁辊中使用的纤维由一家公司生产。该公司主要生产用于地毯的纤维，而用于清洁辊的纤维销量相当少。然后，这些纤维将由第二家公司使用并编织成为毯子。该毯子由第三家公司缠绕并附着到圆柱形芯体上。每家公司都专注于自己的产品。

这里遇到的问题是，当新的清洁辊与未使用过的感光器结合使用时，感光器上会迅速形成浮垢。当浮垢吸收入射光从而减弱其强度时，将改变感光器的放电特性，从而在静电潜像中产生伪影，然后成为可见碳粉印刷品中的可见缺陷。毋庸置疑，这通常会导致打印机产生昂贵的维护服务费用和停机时间。

研究发现，浮垢形成的原因是用于生产纤维的整理剂沉积到感光器上。这些整理剂起到胶水的作用，黏附接触的颗粒，比如用作纸张填充剂的碳酸钙。研究还发现，在将清洁辊安装到打印机之前，通过将新的清洁辊置于特定的清洗过程中去除整理剂，可以消除浮垢的形成。基于上述发现，作者所在团队申请了关于辊以及从其包含的纤维中去除整理剂的方法的专利❶。

该专利申请最初被驳回。在审查意见通知书中，审查员恰当地引用了一件专利，该专利公开了真空毛皮刷清洁辊。她还引用了另一件专利，描述了使用油漆辊将油漆涂在表面上。审查员声称，尽管油漆辊的专利没有教导对油漆辊进行清洁，但油漆工必须在涂漆后对其进行清洁。然后，由于真空毛皮刷专利的存在，在油漆辊专利的启示下，专利审查员得出结论，作者的发明是显而易

---

❶　在该专利申请提出时（1996 年），可以将辊和去除辊上整理剂的方法合并到一件专利申请中提出。但是如今，这样的做法很可能被认为是两项独立的发明，从而要求作为两件专利申请分别提出。

见的，因此不能获得专利权。

为了获得专利权，我们有必要打破现有技术的链条。在电子照相打印机中使用真空毛刷清洁辊是众所周知的。然而，驳回意见的关键是把该专利的教导与油漆辊专利联系在一起。如果答复意见能够打破这种联系，那么该发明应该能够获得所期待的专利权。

如果仅仅辩称油漆辊不是相近领域的技术，是没有任何帮助的。油漆工用油漆辊解决了一个完全不同的问题，这也无关紧要。不管其发明领域是什么，如果一件专利的教导可以与另一件专利的教导结合起来，那么您的发明就变得显而易见了。如果特定的操作是所公开的技术固有的使用方式，那么审查员所推断的信息并未被记载在上述专利中也不要紧。

我们的答复意见包含两层内容。首先，如果油漆工对辊进行清洁，应该会在辊被用来涂漆后才对其清洁，而不会像我们的例子中所要求的那样在最初使用之前对辊进行清洁，从而解决浮垢形成问题。其次，使用后进行清洁并不是油漆辊固有的使用方式，因为它通常不具有成本效益，而且这样做很耗时。相反，很常见的做法是在使用辊涂漆后将其丢弃。

基于这一答复，该专利被授权并最终公告。这里的关键要素是使审查员相信，审查员引用的技术的组合无法解决该专利申请中特定的问题。

在答复审查员的驳回意见时，第二种可选的做法是改写权利要求，以规避被引用的现有技术。这通常可以通过缩小权利要求的范围来实现，以便更加突出地聚焦您感兴趣的问题的具体细节。有时，审查员会指出，虽然您的独立权利要求由于一些被引用的现有技术而被驳回，但如果您删除原独立权利要求，将一项或多项从属权利要求改写成为新的独立权利要求，从而进一步限制您的专利申请，则该专利申请有可能被授予专利权。更常见的情况是，审查员会根据声称的现有技术简单地驳回您的所有权利要求，让您和您的法律顾问作出答复。下面针对这一点以及在发明详述部分必须包含的内容进行举例说明，以使您能够答复审查员并使发明获得授权。

以一种设想的左手小部件为例，其在保持高摩擦系数的同时具有显著的不黏属性，这样放置在它上面的物品就不会滑落，但可以被很容易地剥离去除。这款左手小部件在 30 年前获得了专利。后来人们发现，如果左手小部件的电位被电偏置到 800V 和 1200V 之间，它就能非常有效地消除臭味。可获得上述效果的发明在 2 年前获得了专利权。

最近，您发现，如果左手小部件被电偏置在 500V 和 1000V 之间，它会发出诱导睡眠的非常舒缓的声音，从而能够治疗失眠。此外，您还发现，当偏置在 500 ~ 800V 时，左手小部件在治疗失眠方面特别有效，特别是当偏置在 500

~600V 时尤其有效。您申请了一项专利，要求保护通过将左手小部件偏置在 500~1000V 来达到治疗失眠的效果。

您撰写专利申请时，第一项权利要求（独立权利要求）表述为：

> 一种用于治疗失眠的装置，该装置包含一个左手小部件。

该申请还包括 3 项从属权利要求，其中分别限定对该小部件施加的电压为 500~1000V、500~800V 和 500~600V。

您收到一份审查意见通知书，其中根据 30 年前公开了左手小部件的专利，驳回了您的专利申请。您通过改写独立权利要求进行答复，修改后的独立权利要求为：

> 一种用于治疗失眠的装置，该装置包含一个左手小部件，其电偏置在 500~1000V。

同时修改两项从属权利要求，以适应于修改后的独立权利要求。

您收到一份通知书，告知您的申请被驳回，并且是最终驳回。这种情况意味着什么以及如何解决它，将在本章的下一节中进行讨论。可以说，在本文中使用的"最终"（final）这个词并不是我们大多数人所理解的意思。相反，这个词有一个可以指向的特定含义。具体来说，您必须提交继续审查请求，并支付适当的费用（第一次请求为 1200 美元）。

您提交了继续审查请求书并提交了经修改权利要求的专利申请。您收到一份审查意见通知书，其驳回了您的申请，因为有一项 2 年前的专利，该专利通过将左手小部件电偏置在 800~1200V 来消除气味。为什么会这样？这是因为施加的电压存在范围重叠，特别是在 800~1000V。您的发明权利要求的范围被先前的专利所涵盖。虽然您找到了一个完全不同的、之前没有公开的问题的解决方案，但这并不重要。左手小部件解决问题的能力是左手小部件所固有的。您必须对小部件进行一些处理，以将其与早期专利中所教导的内容区分开来。

因此，您再次进行尝试。这一次，您将独立权利要求限制在 500V 和 750V 之间的电压范围，以规避两年前的专利中规定的 800~1200V 的范围。该专利申请再次被最终驳回。您提交继续审查请求并支付所需费用（现在第二次和后续继续审查请求的费用为 1700 美元）。一段时间后，您的申请被再次驳回。这一次是因为现在权利要求的范围在公开内容中未得到明确支持。您指定了 500~600V 和 500~800V，但没有明确指出：如果施加的电压在 500V 和 750V 之间，能够取得所声称的效果。是的，您确实引用了 500V 和 800V 之间的施加电压范围，并且在研究了附图插值之后，可以在600V和800V范围内对所要设定的上限范围结果进行很容易地比较，并得到750V具有显著的进步的结论。但是，您的目标受众成员不能准确地实施这种插值。此外，没有迹象表明该插值结果能够得到所声称的效果。您只能要求保护已经明确公开的内容，在这种情况下，申请文件中明确公开的范围是500～600V。

为了支持所提交的权利要求，专利申请中应该公开什么样的内容以及专利申请中应该包含什么样的权利要求，这两者之间存在着微妙的平衡。如果您的原始权利要求被驳回，您必须回退到保护范围更小的权利要求上。针对目前的例子来说，这意味着什么呢？您清楚地发现，当偏置在500V和1000V之间时，左手小部件可以治愈失眠。但是，如前所述，您只能要求保护500～600V的窄范围。800～1000V电压的使用范围由属于他人的2年前的专利所保护。能否对人们提供偏置于该电压范围内的产品起到限制作用，这取决于该专利的所有者。您可以在最有效的500～600V的范围内进行限制使用。但是，如果您在申请提交前进行了更全面的现有技术检索，则很可能能够获得更宽的保护范围。就目前的情况而言，您已经教导了世人如何使用您的发现，并使略高于600V和略低于800V的范围无法受到保护。❶

## 驳回、最终驳回和继续审查请求

本章前一节介绍了驳回和最终驳回的概念，以及继续审查请求的使用。下面更详细地探讨这些内容。

当审查员驳回专利申请时，他们通常会给申请人一个审阅和答复驳回理由的机会。如果您的答复需要开展新的现有技术检索，就像您修改权利要求时经常发生的情况时一样，则由此产生的审查意见通知书将很可能是附有最终驳回声明的驳回决定。同样，如果您确定审查员的分析不正确并作出相应的答复，并且审查员不同意您的争辩，您的申请将再次被驳回，并且该驳回很可能是最终驳回。

然而，在目前上下文中使用的"最终"一词并不意味着我们大多数人所理解的这个词的意思。相反，该词意味着审查员不必再进一步考虑该申请。但是，在收到进一步审查请求并缴纳所需费用后，您的申请可能会被再次审查，

---

❶ 由于"等同原则"，作者有意地没有指定601～799V。该法律原则可用于确定某人正在侵犯专利，即使侵权人没有完全实施专利要求保护的内容，但如果其实施内容与该权利要求充分接近，则可以确定其与该权利要求等同。

同时部分审查员可能还需要进行一些新的检索。实质上，您的申请会被视为新的申请对待。没有必要猜测该系统为什么以这种方式运作。可以说，这些是我们必须遵守的游戏规则。

## 与审查员会晤并提出上诉

有时候，无论您和审查员之间进行多少交流，似乎总是存在理解上的鸿沟，而且无法通过书面交流来缩小它。而且，如前所述，所有交流都将成为申请审查档案的一部分，当您决定主张您的专利权时，被告的律师可以对其进行检索。此时，可以采取不同的步骤。

第一步是安排与审查员进行对话，可以是面对面的，但更常见的是电话交谈。这被称为"与审查员会晤"。

与审查员会晤往往是解决双方分歧以便争取获得授权的一种富有成效的方式。这些分歧可以是技术性的，也可以是法律上的。强烈建议您的法律顾问主导安排和开展会晤，而您在场以澄清具体的技术问题。您应该提前与您的律师就会晤进行讨论，并应将您的意见限制在所考虑的特定事项上。还请您记住，与所有交流一样，会晤将成为申请审查档案的一部分。而且，当您可能正在寻求获得包含多项发明的宽范围专利覆盖时，请加倍小心，不要谈论或披露任何可能损害其他申请的内容——无论是现在还是将来。

## 对决定提起上诉和放弃申请

在用尽了与审查员沟通的所有合理前行路径、确信主管或主审查员必定是与审查员提出的审查意见通知书意见一致，并且未能获得有意义的专利覆盖范围之后，您将面临下一步该做什么的决定。您有两种选择：①决定放弃该申请；②提交上诉请求。

放弃申请有一定的好处，特别是如果该专利申请只是专利组合中的一件。具体来说，随着您进行上诉过程中产生的申请审查档案的增加，就越有可能危及您可能拥有或随后获得的其他专利的价值。此外，每次您要求继续审查时，都会产生更多费用。

期待您申请的每件专利申请都获得授权是不现实的。如果您和您的律师起草的权利要求没有过于宽泛、只是客观恰当地反映了发明，并且您已经对现有技术进行了全面深入的研究，并明确了所解决的问题以规避这些现有技术，那么可以合理地期待您的审查成功率为 70%～90%。更高的成功率也可能表示您起草的权利要求范围过窄，或者您在所谓的"空白领域"（那些几乎没有技术价值或吸引力的领域）中提交了申请。当然，也有可能您是某个即将兴起的领域第一人，因而轻松击败了其他向专利局提交专利申请的人。然而，由于技术发展通常建立在现有技术进步的基础上，因此这种情况是相对比较少见的。在某些时候，您可能必须很现实地判定，对您的专利组合的潜在危害以及专利申请不断增加的审查费用远远超过可能获得该专利的价值。这时候就应该放弃该申请了。

另外，如果您认为获得该专利非常重要，并且您和您的律师完全相信，从法律上讲，审查员和主审查员是错误的，您可以提交上诉请求。有时，审查员在收到上诉请求后，会重新审查专利申请并授予您一定的保护范围。毕竟，如果审查员被上诉委员会否决的话，看起来并不是太好。但是，请注意，如果没有这种反转的话，上诉就是一个昂贵的且至多是不确定的提议，且必定徒增申请审查档案。上诉应该是一个审慎行使的选择。

## 最后的评论

专利申请的审查是一个复杂的法律程序，通常需要几年时间才能完成。由于这是一个法律程序，您的律师应该作为主导，并在需要时得到您提供的技术支持。非常重要的是，您的律师不仅要了解正在斟酌的该项发明，还要了解您正在试图建立的专利组合的技术进展。当然，除了处于审查过程中的申请，有关的技术仍在继续开发，因此还包括由此正在产生的专利申请。

### 参考文献

［1］ R. Schindler, private communication.

［2］ https://www.uspto.gov/patents – application – process/checking – application – status/check – filing – status – your – patent – application.

［3］ https://www.supremecourt.gov/opinions/06pdf/04 – 1350.pdf.

［4］ https://www.law.cornell.edu/supct/html/04 – 1350.ZO.html.

［5］ https://www.uspto.gov/learning – and – resources/fees – and – payment/uspto – fee – schedule#Patent%20Search%20Fee.

［6］ D. S. Rimai, T. H. Morse, J. R. Locke, R. C. Bowen, and J. C. Maher, U. S. Patent #5, 772, 779 (1998).

# 第14章
## 接下来是什么

## 引　言

您已经作出了很多努力。您和团队成员在技术上取得了显著的进步并决定通过提交专利申请来保护自己的知识产权。您已经认识到，仅仅为特定问题的单一解决方案提供保护的单件专利的价值是有限的。您还认识到，让团队成员为他们各自的发明提交不相关的专利申请，其价值也是有限的。更糟糕的是，这种做法不但实施成本很高，还可能会对您获得有价值的专利覆盖范围造成不利影响。而且，基于您在专利申请或审查过程中所作的陈述，将建立一个申请审查档案或书面记录，而这可能会妨碍您将来获得专利，甚至会妨碍您成功地主张已经拥有的专利权。

您已经对自己的发明和潜在的专利申请进行了优先级排序，并确定了一套实施方案，以便能够获得保护您的知识产权所必需的专利。在这个过程中，您寻求"拥有问题"[1]，而并非仅仅针对特定问题的特定技术解决方案来寻求专利。\* 您已经对专利工作进行了统筹安排，以便在尽可能争取拓宽专利覆盖范围的同时不过早披露信息，以免对未来获得专利造成阻碍。

您提出的权利要求完整地描述了您的每一项发明，并确保没有两件专利申请要求保护相同的发明。您经过深思熟虑，确保每件申请都保护了一项发明。

---

\* 需要提醒的是，发明人往往会为他们针对解决特定技术问题产生的新的解决方案提交专利申请，而忽视为全面保护他们的知识产权而努力。"拥有问题"指的是创建一个专利组合，阻止其他人在没有获得您的许可的情况下使用您的技术和侵入您的市场空间。为了"拥有问题"，您寻求获得能够覆盖您所设想产品的相关替代方式的专利权，包括使能技术，以及那些您将重点关注的、您的竞争对手增强他们的产品所需的专利。——译者注

您进行了全面的现有技术检索，也许还修改了权利要求书和关于所解决问题的描述，从而规避现有技术的教导。然后，您撰写了支持权利要求的公开内容，包括对发明的优选实施方式的描述。

您检查了整个专利申请文件，以确保您确实处于"拥有问题"的道路上。在检查过程中，您已经认识到哪些技术需要进一步开发，使其为未来的专利保护提供合适的素材，并小心地避免在您当前的专利申请中披露这些信息。毕竟，您不希望自己的研发成果成为用于驳回您未来专利申请的现有技术。

而且，在整个过程中，您总是记得谁是专利申请的目标受众。您描述了如何清楚地确定侵犯您专利权的行为，并设想自己如何向陪审团成员解释您的发明。

您与法律顾问会面，而且可能是多次会面，并向他们介绍了您的发明。在他们的指导下，在您准备提交专利申请时，您对权利要求和公开内容进行了修改，甚至可能对关于所解决问题的描述也进行了修改。根据每件申请中公开的具体材料，有些申请是同时提交的，有些申请是循序提交的。是的，为了走到这一步，迄今为止，您已经做了很多工作。

而您做的工作不止于此。重要的日子到了，您提交了专利申请，现在处于专利审查阶段。有些专利申请可能获得了授权。甚至有些专利申请可能收到了作出授权的第一次审查意见通知书（first office action allowances）。其他的专利申请可能会被驳回。有些驳回意见需要您选择想要继续审查的权利要求，因此需要进行分案。对于有些专利申请，您试图反驳审查员关于现有技术的组合使得这些发明显而易见的审查意见。还有一些专利申请，您必须重新撰写权利要求或对您的权利要求进行限制。

针对您的多件专利申请，在答复审查员的意见但没有获得成功并确认你们之间在某些地方存在误解后，您和律师选择与审查员进行会晤。总的来说，您已经并将继续忙于这些专利申请。但是，至少它正在逐步推进。是吧？

毋庸置疑，您已经做了很多工作。然而，未来仍然存在着很多机会，同时也伴随着应当加以考虑的风险。本章将对这些机会和风险进行讨论，并介绍如何将它们纳入您的专利战略。

## 分案申请、继续申请和部分继续申请

分案申请、继续申请和部分继续申请[2-6]三者有一定的相似性，因为它们都与原始专利申请有密切的联系。此外，三者中的每一种都能增强与您的发明有关的专利保护。然而，它们之间又存在着显著的差异。下面从分案申请开始，逐一进行讨论。

正如第 13 章所简要讨论的那样，如果审查员发现您提交的权利要求涵盖了不止一项发明，很可能会要求您选择希望首先审查哪些权利要求。而您其余的权利要求可能还会有机会在晚一些的时候得到审查。"分案申请"❶（将多个权利要求拆分为若干件专利申请）的优点是，随后的专利申请将被赋予原始的优先权日，从而确立更早的申请日。但其缺点是，较早的优先权日也意味着您的专利权届满的期限也更早。

分案申请审查的另一个缺点是会增加申请审查档案的内容。具体来说，分案申请必须作为单独的专利申请进行审查。因此，首次审查时选择的权利要求能够获得授权并不能保证甚至无法增加在后提出的权利要求获得授权的机会。审查员将对分案申请进行单独的检索，并对在后的专利申请发出审查意见通知书，对此您将进行答复。而且，尽管这些发明是截然不同的，但如果您选择以先前审查的权利要求主张专利权，则围绕在后申请的讨论也需要遵守法庭的调查取证程序。

接下来，用一个假设的例子来说明分案申请。假设您正在开发一种新型汽车轮胎，其胎面和橡胶配方可以使轮胎在潮湿的路面上更快地摆脱水分，同时还能提高车胎的附着力。

在您的专利申请中，描述了胎面花纹如何让水分更快地从轮胎和路面之间排出，从而提高车胎的附着力。您还描述了这种新型橡胶配方是如何增加摩擦力的。此外，您还描述了如何将胎面花纹和橡胶配方进行组合，从而显著改善汽车的操控性。

您在专利申请中提出了两项独立的权利要求———一项关于胎面花纹，另一项关于橡胶配方。您还基于这两项独立权利要求提出了多项从属权利要求。您没有请求保护胎面花纹和橡胶配方的组合。

审查员理所当然地驳回了您的专利申请，因为胎面花纹和橡胶配方可以相互独立地实施，上述权利要求将构成两项独立的发明。您被要求选择此次希望被审查的一组权利要求。根据这一要求，您选择对胎面花纹的权利要求进行审查，并从专利申请中删除了与橡胶配方有关的独立权利要求及其从属权利要求。实际上，您已经将该专利申请分成了两件专利申请。这就是分案申请。在

---

❶ 术语"分案"是指将一件专利申请分为两件或两件以上专利申请，在不改变公开内容的情况下，选择在每件申请中要求审查哪些权利要求。该术语也经常用来指由分案申请产生的一件或多件专利申请。

这个例子中，原始专利申请现在只涉及胎面花纹的技术方案，而分案申请将涉及橡胶配方的技术方案。

应该指出的是，分案申请并不一定局限于将专利申请拆分为两件申请。更确切地说，按照审查员认为构成独立发明的数量，您可能会被要求将专利申请拆分为多件专利申请。当然，如果您有充分的理由，说明这些发明不能相互独立地实施，因此仅构成一项单独的发明，那么您可以尝试进行答复。然而，通常更有利的做法是接受审查员的观点，并据此对专利申请进行拆分。当然，拆分后的权利要求随后可以获得审查。

继续申请与分案申请的区别在于：分案申请发生在审查员认为提出的权利要求构成了多项不同且可拆分的发明时，而继续申请则发生在专利申请已经公开了一项单独的发明且发明人希望通过增加权利要求来提高专利价值时。作为一个例子，下面继续讨论上面提及的假设的轮胎专利申请。此外，假设原始申请和分案申请都已获得授权。

在所有请求保护的内容都已在原始专利申请中恰当地公开的前提下，您现在可以通过提交继续申请寻求扩大您的知识产权的保护范围。就像分案申请的情况一样，继续申请具有原始优先权日的优点和缺点。继续申请还使专利所有者生成另一个申请审查档案，在专利所有者主张权利时，这些申请审查档案可以通过检索获得。

然而，如果成功通过审查，继续申请可以增强您的专利组合。这一点之所以重要，有两个原因。第一，如果原始专利或其中包含的权利要求最终被法院裁定无效，您仍然可以退回到继续申请。第二，如果发现被告侵犯了您的专利权，您可以主张的权利要求越多，那么可能获得的损害赔偿金就越高。

下面用前面提到的轮胎专利来说明这一点。像之前一样，假设胎面花纹和橡胶化合物的专利都已经获得授权，您的继续申请是为了获得这两者组合后的权利要求。在原始申请所包含的发明说明书中，已经公开了这些技术组合所获得的效果，您提出的继续申请正在寻求获得关于该主题的附加权利要求。在该继续申请成功通过审查后，将原始技术组合起来的人现在会侵犯第三件专利，前两件专利为原始专利和分案专利。这增加了您获得专利许可费用或损害赔偿金的潜在可能。此外，如果法院裁决胎面花纹是本领域公知技术的明显延伸，因此胎面花纹相关的权利要求是无效的，那么胎面花纹和橡胶配方的组合可能仍然有效。

部分继续申请与继续申请在某些方面存在相似性，因为它们很大程度上依赖于相同的公开内容来支持请求保护的发明。然而，部分继续申请与继续申请的不同之处在于，部分继续申请还依赖于新主题的引入。因此，对于那些与最初的专利申请密切相关，但在那些专利申请之后作出的技术改进，要寻求获得专利保护，部分继续申请通常是一种理想的手段。

确定部分继续申请的优先权日比确定继续申请或者分案申请的优先权日更加复杂。继续申请和分案申请被指定获得与原始专利申请相同的优先权日。而部分继续申请的优先权日期则更为复杂，其取决于特定权利要求是否在很大程度上依赖于新引入的材料，或者原始的专利申请中是否记载有支持该特定权利要求的信息。

与继续申请和分案申请一样，提交部分继续申请也是有利有弊。它们肯定可以增强您的专利组合。但是，由于它们与原始专利申请有关，它们的审查过程增加了审前调查取证程序中可供检索的申请审查档案的内容。为了在提交分案申请、继续申请或部分继续申请方面平衡好收益和风险，对每一件专利申请您都应当在法律顾问的指导下作出处理。

## 维持费

《美国宪法》（*United States Constitution*）第 1 条第 8 款第 8 项规定，国会有权"为促进科学和实用技艺的进步，对作家和发明家的著作和发明，在一定期限内给予专有权的保障"。

很明显，美国开国元勋们的意图是鼓励技术和科学创新。不幸的是，政府通常将专利局视为营利机构，这就会使发明者增加额外的成本，可能会打击其创新的积极性，导致与宪法规定的初衷相违背。尽管如此，美国专利商标局在三个不同的时机要求缴纳维持费（maintenance fees）——有时也被称为"续展费"（renewals）。不缴纳维持费将导致您的专利进入公有领域。*

第一次缴纳维持费的期限为授权公告日后的 3 年至 3 年 6 个月。第二次的缴纳期限为 7 年至 7 年 6 个月，第三次的缴纳期限为 11 年至 11 年 6 个月。每笔到期的应付款都有半年的宽限期（附有附加费）。

第一次、第二次和第三次的维持费分别为 1600 美元、3600 美元和 7400 美元。❶ 这些费用与您的专利组合中的专利数量相乘，您将面临一大笔开支。因此，要确保您的钱花得值，这是非常重要的。对于独立发明人和企业家来说尤

---

\* 不缴纳维持费将导致专利失效，从而使该专利进入公有领域，任何人都可以实施该失效专利而无须向该专利权人支付专利费用。——译者注

❶ 对于所谓的"小型实体"（small entities）和"微型实体"（micro entities）来说，需要的费用较低。请咨询您的法律顾问，看看您是否有资格享受这些较低的费用金额。

其如此，因为他们都试图将自己的创造力转化为收益。然而，对于在大公司和小公司工作的科学家和工程师来说，维持费的影响也是不容忽视的。

除了对是否缴纳某些费用作决定（这在公司里通常是一个管理决策）之外，发明人为什么还要关心维持费呢？答案是要确保您或您的雇主的支出是有价值的。毕竟，您是技术专家，从第一次提交专利申请开始，您就知道技术和市场的发展方向。您应该知道自己的竞争对手正在提供什么产品以及可能正在研发什么产品。您也应该了解客户对您和竞争对手产品的喜好。换句话说，对于您的专利组合，您是最清楚其持续价值的人。

具有创新精神的人往往会为自己创造的技术进步感到自豪，并认为自己拥有这些技术进步的所有权。总的来说，这是好事，因为其能够使人们克服固有的挑战，并推动这些进步向前发展。然而，是否缴纳维持费并不能由这样的信念和自豪感来决定，因为这会导致过度和不必要的费用。相反，决定是否缴纳维持费需要结合如下情况进行分析：自专利申请首次提交以来这些年技术发展的情况，以及哪些专利仍然有维持的价值，而哪些专利可以允许其失效进入公有领域。有一些考虑因素可以帮助您作出这些决定。这些因素包括：

① 这是第一次续展吗？在第一次维持费用的缴费期限届满前的较短时间内，完成对一件特定专利或一组专利的市场价值的评估，通常是非常困难的。所幸第一次的维持费用是最低的，并且在没有具体信息显示该专利缺乏价值的情况下，通常建议您缴纳该费用。要确定技术的发展方向，花费 3 年半的时间并不算长。

② 另一个极端情况是第三次续展。到了第 11 年，您应该能够确定哪些专利是有价值的，而哪些专利不太可能增强您的专利组合。这次的维持费用也是最高的。您还应注意到的是，到本次费用缴纳期限时，专利有效期已经超过一半时间。您必须基于自己所掌握的信息，来确定是否还有足够的必要性维持该专利组合，不管是维持专利组合的一部分还是全部。

③ 第二次续展时作决定通常最复杂。专利已经存在了 7 年到 7 年半，对于要确定该专利是否有价值，这个时间通常够了，但也不总是如此。

需要提醒读者的是，一项发明是基础性的并不一定表示保护该发明的专利价值高。作为提醒，让我们回顾一下宝丽来对柯达提起的专利侵权诉讼的历史。

众所周知，埃德温·兰德开发了一项技术，让消费者可以在几分钟内拍摄并获得成品照片。宝丽来由此而诞生。这项技术是基于非常具有创新性的照相化学技术，并结合了一些使能技术。这些使能技术可以在照片曝光后，通过将一个含有相纸和显影化学试剂容器的产品包拉动通过对辊，使对辊划破容器并将其中的化学试剂涂布在相纸表面，从而使照片显影。然而，兰德不具有实际制造该产品包的能力，因此他与柯达签署合同，委托柯达进行产品包的生产。

一段时间后，柯达的管理层成员决定，柯达也应该进军即时照相业务，并与宝丽来展开竞争。他们授权开发自己的、与宝丽来的工艺不同的即时照相化学工艺，并为这项技术申请了专利。柯达还就其是否会侵犯宝丽来的专利寻求法律意见，这些专利涵盖了宝丽来拥有的化学和使能技术，例如使用对辊来涂布显影化学试剂。

作为回应，宝丽来提起了一项专利侵权诉讼，并最终获得了超过9亿美元的赔偿金，迫使柯达放弃了即时照相市场，并回购了出售给消费者的所有相机。很明显，柯达付出了相当高昂的代价，而宝丽来却获得了相当高的收益。值得注意的是，在它们的诉讼中，宝丽来主张了9件专利，这些专利保护其使能技术，而不涉及其基础性的化学发明，因为这些化学发明专利与柯达使用的发明并不相同。上述9件专利中，2件被裁定无效，柯达被认定侵犯了另外7件专利。❶

重要的信息是，通常不可能预先确定哪些专利是有价值的，哪些是没有价值的。"基础性的"并不一定等同于"有价值的"。而"简单的"或者"使能的"也不一定等同于"没有价值的"。在决定是否值得为某件专利缴纳维持费时，建议您谨慎行事。请记住，所需缴纳的维持费并不是对您的技术创新性的评估。您关于是否缴纳维持费的决定，仅仅表示您对于相关专利在影响市场地位方面重要性的一种衡量结果。

于是，接下来重点讨论可能影响您选择是否缴纳维持费的因素。这些因素包括：

① 该专利目前是否正在实施许可或包含在交叉许可协议中？如果是这种情况，另一家公司认为您的专利有价值。

② 该专利目前是否正在被主张权利？除了您因为自己的专利涉嫌被侵权而向另一家公司主张损害赔偿的明显情形外，如果您选择不缴纳费用并允许专利进入公有领域，这可能会对您产生不利的法律后果。

---

❶　在推出即时照相产品之前，柯达确实就使能技术专利是否有效寻求过法律意见。根据获得的法律建议，柯达错误地得出结论，认为这些专利技术是显而易见的，因此专利应该是无效的。值得注意的是，宝丽来要求对故意侵权行为取得3倍赔偿，因为柯达知道这些专利的存在，但却有意地侵犯了它们。但是，由于柯达已就其无效性获得了法律意见，因此判决认为，尽管柯达确实侵犯了这些权利，但其侵权行为并非是故意的。

③ 专利是否被其他公司引用？这表明这些公司对该专利技术感兴趣。

④ 该专利是保护范围更大的专利组合的一部分吗？如前所述，得益于所覆盖的技术的广度和深度，保护范围大的专利组合通常比单件专利更有价值。然而，专利组合中可能存在一些不值得付出维持费的专利。您需要仔细研究所考虑的特定专利保护的实际知识产权。

⑤ 贵公司是否正在生产或即将生产受到知识产权保护的产品？如果您的产品成功了，其他公司很可能会试图渗透您的市场空间。

⑥ 竞争对手是否能轻易地规避您的技术？这个问题主要是询问您所构建的知识产权围栏是否牢固。在开发过程中，您是拥有整个问题，还是只拥有针对特定问题的特定解决方案？

⑦ 专利的权利要求保护范围有多大，或者，即使权利要求保护范围不大，竞争对手是否难以开发规避方案？如果要求保护的发明的替代方案能够很容易地实施，而且成本较低、易用性方面缺点不大，那么该专利的价值可能是极小的。另外，如果权利要求对另一家公司销售竞争性产品造成了重大障碍，那么该专利可能就是非常有价值的。

⑧ 最近的技术发展方向是否与您的创新背道而驰？软盘被压缩磁盘所取代。它们又被 U 盘、CD 和 DVD 所取代。您的技术专长应该能够解决这个问题。

正如本章所讨论的，在首次续展时解决这些问题可能还为时过早。但是，当到了该第三次专利续展的时候，一般应当有外部公司对该专利表现出明显的兴趣，才能保证其维持费是值得的。第二次续展通常是最棘手的，您需要运用良好的技术判断力和直觉来作出决定。如果您拥有一个可靠的专利组合，那么对某一件专利不进行续展的错误决定导致的损失，有可能通过组合中其他专利的覆盖范围来弥补。

## 协商交叉许可协议和许可费用

正如本书所讨论的，只有在他人需要实施请求保护的发明时，专利才具有价值。这个问题无关乎发明是基础性的技术改进，还是使更基础性的改进能够在产品中实际发挥作用的使能技术。因此，重要的是要记住，如果竞争对手已经就您的基础性改进商业化所需的使能技术申请了专利，那么可能会对您进入市场构成阻碍。就像宝丽来能够阻止柯达销售即时照相产品一样，尽管该产品使用的是柯达自己的基础性化学技术。

　　建立专利组合的最终目标是拥有问题，从而除非获得您的授权许可，其他人无法进入您的市场。然而，在竞争激烈的社会中，这是不太可能发生的，而且即使您可以做到，实施起来成本也会很高昂。您需要做的是拥有竞争对手所需要的专利，这样您就拥有了交换使用彼此技术的权利，而免于诉讼带来的费用和时间延误。换句话说，您需要能够签订交叉许可协议，根据该协议，您的公司将权利扩展到另一家公司来实施您的技术，以换取在交叉许可协议规定的范围内实施竞争对手的技术的权利。但是，这难道不是商业和法律问题，最好留给管理层和律师来安排吗？是的，部分情况是这样，但也有些情况并非如此。接下来考虑几个方面，在这些方面，发明人的参与对于交叉许可协议谈判的成功至关重要。

　　首先，如果您是一名企业家或独立发明人，您可能会是决定交叉许可协议条款的最终管理者。然而，其中还有许多技术方面的内容也必须考虑到，而发明人在这些方面的参与是非常有价值的。具体来说，您对自己的技术以及其他公司的技术的了解，都延伸到了正在与您协商交叉许可协议的特定公司之外。这种了解是非常重要的，因为最终达成的协议是为了让您使用所需要的技术，而不仅仅是让您的竞争对手使用您的技术却对您几乎没有什么益处。

　　首先记住，专利并不赋予任何人实施一项发明的权利。相反，它赋予专利的所有者排除他人使用该请求保护的发明的权利。因此，假如还存在其他专利阻碍您实施该技术的话，获得一项专利的使用权并不会自动赋予您实施该技术的权利。这些专利可以由不属于交叉许可协议的第三方公司所有，也可以由正在与您谈判的公司所有，前提是该公司已将这些专利排除在草拟的协议之外。此外，该公司本身可能依赖与其他公司签订的交叉许可协议，以使其产品商业化。它们是否会转让这些权利取决于协议的具体细节。这是一个法律问题，应该留给您的律师来厘清。

　　作为一名技术专家，您的职权范围是：了解协议拟赋予两家公司哪些权利，以及两家公司获得这些权利的必要性。换句话说，就是根据您的专业进行判断：①基于您正在开发的技术，为了销售相关产品，您的公司是否需要使用竞争对手拥有的专利；②如果您的公司获得了这些权利，那么其他公司拥有的专利是否仍然会阻碍您实施已经获得许可的发明。

　　在这些考虑因素中，都牵涉一个问题，即有多少技术问题由您的竞争对手所拥有。您能否简单地实施规避方案从而轻松地绕过这些专利？您所拥有的专利以及您将要授权竞争对手实施的专利具有多大价值？

　　这些都是技术问题。判断您所提出的技术是否被其他人专利的权利要求所涵盖是一个法律问题，应该留给您的律师来处理。决定您是否需要一项特定的发明来生产您的产品则是一个技术问题，而您是解决这个问题的理想人选。

现在考虑这样一个情况，您分析了竞争对手所拥有的专利，并确定竞争对手需要您的专利权的程度远远超过您需要竞争对手的专利权。如果您像本书前面的章节所讨论的那样，恰当地制定一个全面的专利战略来拥有问题，而您的竞争对手只是狭隘地为特定问题的特定解决方案申请了专利，那么这是很有可能出现的一种情况。您应该记住，专利组合是您的产品流的一部分。如果设计和实施得当，其可以成为您的公司的一个重要收入来源。在这种情况下，对于您的公司来说，更有利的做法是将您的技术授权给竞争对手以换取适当的费用，而不是与其签订交叉许可协议。

在评估一组专利重要性（从而评估其价值）的工作中，您的加入对于达成适当的行动方案可能是非常重要的。具体来说，对于评估为了生产有竞争力的产品而使用您的知识产权的必要性而言，您是最理想的人选。再次强调，不要将"基础的"和"必要的"相混淆。这7件宝丽来的使能技术专利是柯达在实施即时照相时所必需的，而保护兰德化学技术的基础性专利却并不是必需的。

同样地，您在评估专利交叉许可和专利许可时应该是客观的，就像本章前面在关于决定是否缴纳专利维持费的方面所讨论的那样，不要因为您是发明人，对该发明有感情，而让其左右您的决定。相反，该评估要求对专利的货币价值进行批判性分析。它并不能反映出一项发明对您的公司的重要性，而是反映了另一家公司使用您的技术的必要性。

## 在主张权利前证明侵权行为

如果另一家公司的产品似乎被您的专利所涵盖，在别无他法的情况下，您的公司可能会决定对该公司主张专利权。对于正在主张权利的一件或多件专利，您作为发明人，可能会发现自己再次站在火线上。在本书的前面已经讨论了，如果您正在主张专利权，您将有可能站在证人席上向陪审团解释您的发明。现在是时候考虑该主张的第二部分了，即在您向陪审团成员解释了您的发明之后，说服陪审团相信被告的产品被您的专利中的一项或多项权利要求所涵盖。而且，您很有可能需要展示被告的产品是如何被多件专利的权利要求所涵盖的。毕竟，专利的数量越多越有优势，主张多件专利将会使侵权案件更有优势。❶

---

❶ 根据经验法则，您应该尝试至少主张5件专利，因为可能会有1件或2件专利被宣布无效，但很难有5件专利被宣布无效。这种情况下，您仍然可以获得大量损害赔偿。

您处于这种情况有两个原因。第一，如前所述，您是发明人，比任何人都更了解您的专利。第二，您了解该技术，了解您的产品和那些涉嫌侵犯您的专利权的竞争对手的产品。因此，您自己必须证明竞争对手正在实施您要求保护的技术。您应该怎么做呢？

要证明侵权，首先要确定这些产品的技术被您的权利要求所涵盖。技术对产品越重要，产品越有价值，则潜在的侵权损害就越大。话虽如此，最好是证明您的权利要求涵盖了多种产品，因为这样一来，该市场对您的竞争对手来说更有价值，侵权行为使您遭受的损失更大。

现在您需要比较权利要求中的每一个短语。记住，要构成侵权，则相关产品必须实施了权利要求中的每一个组成部分。因此，您应该首先证明该产品至少被一项独立权利要求所涵盖。一旦证明了这一点，增加被侵权的从属权利要求就很有价值了。对于竞争对手销售的所有侵犯您的权利要求的产品，您都应该这样做。

下面讨论一下使用以下假设的专利权利要求来证明侵权时所涉及的内容：

1. 一种电子照相设备，包括：

A. 一种感光元件，处理速度为 $V$；

B. 一种用于为感光元件充电的装置；

C. 一种在感光元件上创建静电潜像的装置；

D. 一种以图像方式将碳粉沉积到感光元件上的装置，从而将所述静电潜像转换为所述感光元件上的碳粉图像；

E. 一种将所述碳粉图像转印到接收器的装置；

F. 一种去除未能从感光元件转印到接收器的碳粉的装置；

G. 其中所述去除未能从感光元件转印的碳粉的装置包括毛刷，该毛刷沿着与感光元件的处理方向相反的方向旋转，并且表面速度在感光元件的处理速度的 1/4 和 1/2 之间。

首先要注意的是，审查员在审查专利申请时一般不会考虑介绍性短语"一种电子照相打印机，包含"。对于审查员来说，预期的用途是无关紧要的，重要的是对发明的描述。因此，在前序部分中"包括"这个词以及之前的任何措辞对审查员来说都是无关紧要的。然而，在判断侵权是否成立时，该部分内容是非常重要的。

现在让我们假设范茜设备公司（Fancy Equipment Company）生产并销售一种可以下载卫星图像的设备，且根据使用者的选择，还可以打印这些图像。如上所述，您怀疑该公司的产品可能被您的权利要求所涵盖。您要怎么做才能证明侵权成立？

虽然可以从用户或服务手册等来源获得很多有用的信息，但一般来说，您必须获得涉嫌侵权的设备。

在检查其产品时，您发现范茜设备公司实际上是使用电子照相技术来打印下载的数据。该公司的设备包含一个看起来像是刚性感光鼓的东西、一个电晕充电器、一个似乎能够曝光已充电的感光器并可能产生静电潜像的激光扫描仪、一个容纳纸张的料斗、一个可以将纸张送入辊和感光鼓之间辊隙的组件、刮擦感光器的刮板，以及位于刮板后面的毛刷。现在，仔细地检查一下您的权利要求应该如何解读，以及其是否涵盖了范茜设备公司的产品。应该记住的是，如果某人侵犯一项权利要求，其产品必须被权利要求的每一个组成部分所涵盖。因此，让我们仔细分析一下这个权利要求，看看它与实际产品的对比，并从以下短语开始：

"一种电子照相设备，包括……"该产品是一种电子照相设备。

短语A："一种感光元件……"。您必须证明这个组件是感光元件。换句话说，您必须要证明，在正常状态下，它是电介质。然而，在外加电场和适当的照明下，它就会导电。因为权利要求没有规定照明的电磁辐射的频率，所以只要设备中的一个元件是光电导的，它就被权利要求的这一方面所涵盖。

"……处理速度为$V$"。您必须证明组件以处理速度$V$运行，只要处理速度不受公开内容本身的限制，任何处理速度都是满足条件的。

短语B："一种用于为感光元件充电的装置"。在本书前面的部分，曾经警告过不要撰写包含所谓的"组成加功能"的权利要求。这就是"组成加功能"权利要求引起复杂问题的一个例子。如果该权利要求仅仅声明该设备包含充电器，那么在该公司的产品中只要存在充电器就足以表明该设备被该权利要求的这一部分所涵盖。然而，由于组成（充电器）及其功能（为感光元件充电）都包含在短语中，因此必须证明存在充电器并且充电器是用于为感光器充电的。由于权利要求的撰写方式，您可能必须同时证明两者。请记住，举证责任在于原告（也就是您）。

短语C："一种在感光元件上创建静电潜像的装置"。再次，因为组成加功能的限定，证明侵权变得更加复杂了。如果权利要求只是简单地声明了诸如"光化源"或"照明源"之类的内容，则激光扫描仪的存在足以表明该产品被该短语所涵盖。然而，因为权利要求中的组成加功能的表述，您必须证明激光扫描仪在感光器上产生了静电潜像。

短语D："一种以图像方式将碳粉沉积到感光元件上的装置"。也许权利要求中可以仅声明"一种碳粉沉积装置"，但它没有采用这样的表述。您必须证明该公司的产品包含一个子系统，这个子系统可以以图像方式沉积碳粉。作为相反的例子，该公司的设备可能只是以在感光器上沉积一层均匀的碳粉的方式进行电偏置。如果是这种情况，其产品将不会被这一权利要求所涵盖，进而也不会构成专利侵权。

"……从而将所述静电潜像转换成感光元件上的碳粉图像"。您必须证明正在沉积的碳粉将感光器上的静电潜像转换成与静电潜像相对应的碳粉图像。它不必具有与静电潜像的高电荷区域相对应的碳粉图像上的暗区，反之亦然。但潜影图像和碳粉图像之间必须存在一定的对应关系。

短语 E："一种将所述碳粉图像转印到接收器的装置"。您必须证明该公司的设备包含某种可以将碳粉图像从感光器转印到接收器的方式。您可能会争辩说，碳粉可以转印到前述的辊上，因此辊将作为一个接收器。然而，除非您在公开内容中像这样定义了一个接收器，否则仅能假定接收器具有常规用途，这意味着其应该是用户可以持有并带走的东西，比如带有碳粉图像的纸张。为了证明这一点，您需要证明纸张以一定的时间和方式被送入辊隙中，以使碳粉转印到纸张上。转印是如何发生的并不重要，只要它确实发生了就可以。然而，如果您能展示转印是如何发生的，例如通过电偏压辊，从而将碳粉吸附到纸张上，您会提出更为强有力的事实。请记住，您的目标受众是由外行的陪审员组成的，如果他们了解处理过程的工作原理，那么它就会变得更加可信。

短语 F 声明"一种去除未能从感光元件转印到接收器的碳粉的装置"。范茜设备公司的产品包含这种装置——清洁刮板。

现在是权利要求最后一个，也是最有问题的一个句子。短语 G 是这样描述的："其中所述去除未能从感光元件转印的碳粉的装置包括毛刷……"。这样的描述是有问题的，因为您必须证明您描述的刷子以及该公司销售的产品中的刷子能够去除无法转印的碳粉。然而，在感光器接触刷子之前，它首先遇到一个刮板，刮板的功能是去除残留的碳粉。刷子可以用于任何其他目的，包括从感光器表面去除离子或抛光感光器。因为您将组成和功能进行了关联，所以需要证明这两者。在这一点上，您很难证明范茜设备公司的产品正在侵犯您的专利。简单地说，其没有实施您的权利要求的每一个组成部分。

现在，假设您没有将毛刷的组成和功能进行结合，并将 F 部分和 G 部分重新撰写为：

F. 一种毛刷，其与感光元件接触；

G. 其中所述毛刷沿着与感光元件的处理方向相反的方向旋转，并且表面速度在感光元件的处理速度的 1/4 和 1/2 之间。

这样重新撰写的方式消除了权利要求这一部分组成加功能的要求。现在，产品在转印子系统和毛刷之间有一个刮板清洁器并不重要。即使产品中包含额外要素，也不能否定它包含您的专利中特定要素的事实。但是，这里仍然存在一些问题，希望您能在撰写发明详述部分时就解决这些问题。

修改后的短语 F 要求毛刷接触感光元件的含义，应该在本发明详述部分进行描述。该含义是指纤维应该几乎不接触感光器？或者纤维在接触区应该被完全压紧？或者接触应该处于这两个极限情况之间的某个地方？而且，如果指定了这一点，您将如何确定接触的量？请记住，不同的接触方式下纤维的高度会有所不同。您在对"接触"进行定义以及确定接触方式时必须考虑该因素。如果不能确定这个细节，您的专利可能会因模糊不清被判定无效，或者至少陪审团可能会认定无法确定该产品是否侵犯了您的专利。您还应该注意到，毛刷并不一定要持续与感光器接触。例如，毛刷只要在此过程中的某个时间与感光器接触，就是说明清楚了。

修改后的短语 G 现在是："其中所述毛刷沿着与感光元件的处理方向相反的方向旋转……"。相关产品中的毛刷的旋转方向是否与光感受器的方向相反？这应该是相对直接可以确定的，并且，与毛刷只需要在过程中的某个时间接触的情况类似，毛刷也仅需在必要时向相反的方向旋转。因此，如果能够对毛刷进入和离开的位置说明清楚，那么就不必说明在离开位置时旋转。

修改后的权利要求短语 G 的最后部分现在是"……并且表面速度在感光器的处理速度的 1/4 和 1/2 之间"。首先需要对刷子的表面以一种可以确定的方式进行定义。刷子的表面是假定的硬核的外表面还是内表面，或者是在毛刷纤维绒部的某个地方？刷子的表面是指绒部的外部范围（不管它意味着什么）还是指别的什么地方，例如绒部与感光器接触的区域所处的高度？如果是后者，那么当它接触时（例如与一个圆柱形感光器接触），绒部的高度是多少？它可以是任何您想要的含义，只要您在发明详述部分对它进行了定义，并且您明确地描述了您将如何确定该高度。请记住，您是在向陪审团成员描述发明，并试图展示有关产品是如何被您的权利要求所涵盖的。如果您没有定义您的术语，并且不能说明如何测量指定的参数，那么就很难让陪审团成员相信有人侵犯了您的专利权。

总而言之，对于侵犯您的专利权的产品来说，它必须实施至少一项权利要求（可能是独立权利要求）的每个方面或每个组成部分。该产品还可能被从属权利要求所涵盖，这将增加您的案件的损害赔偿。只要该产品正在实施权利要求中每个请求保护的特征，即使竞争对手的产品还具有额外的组件，也并不能否定其侵权行为。但是，如果以手段加功能的方式撰写了权利要求书，而有关产品没有实施所要求保护的功能，即使其具有所述的手段，也不构成专利侵权。最后，至关重要的是，您能够明确地证明有关产品是如何实施您的技术的。这就要求对请求保护的特征的所有方面进行明确定义，而且，通常需要在您的专利中描述确定侵权的方法。

一旦您证明由范茜设备公司销售的该产品被您的第一项权利要求所涵盖，就应该确定该产品是否也侵犯了您的其他权利要求。另外，范茜设备公司是否还有其他产品侵犯了您的专利权？此外，这家公司的产品是否侵犯了您的专利组合中的其他专利权？既然您已经完成了针对一种产品和一件专利的练习，那么是时候针对该公司的其他产品和您的其他专利重复这个练习了。您能够证明的侵权行为越多，您可能获得的损害赔偿或和解金额就越高。

## 在国际范围内提交专利申请

您已经制定了一项专利战略，并向美国专利商标局提交了恰当的专利申请。您进行了全面的现有技术检索，并仔细描述了为什么不能根据现有技术预见到您的发明。在您与法律顾问一起全面周到地完成全部工作后，您预计70%~90%的专利申请最终将走向授权，这将为您的知识产权和市场提供保护。这一实施过程是否为您提供了足够的保护？也许是的，然而也许并非如此。具体来说，如果您的专利已经在一个国家/地区获得授权，例如美国，那么您的知识产权和主张权利的范围仅限于该国家。如果您的业务扩展到该国家/地区之外，您可能需要在其他国家/地区提交专利申请。

是否在国际范围内提交专利申请是一个商业决策，作出该决策以及制定专利战略所涉及的因素已经在《专利工程》[1]一书中进行了论述。然而，由于您可能会参与在国际范围内提交专利申请的过程，接下来讨论一下所涉及的内容。

在过去，为了在多个国家/地区提交专利申请，申请人必须针对需要获得专利保护的每个国家/地区准备和提交不同的专利申请。这将涉及撰写符合每个国家/地区要求的专利申请，包括将专利申请翻译成合适的语言。由于《专利合作条约》（PCT）[7]的出现，这种情况在很大程度上发生了改变。该条约允许在 152 个缔约国\*中的每个国家使用一份共同的申请文件进行申请。

决定是否在国际范围内提出专利申请，以及如果决定提出申请，应在哪些

---

\* 萨摩亚、牙买加、伊拉克、佛得角分别于 2019 年 10 月 2 日、2021 年 11 月 10 日、2022 年 1 月 31 日、2022 年 4 月 6 日加入 PCT。截至 2022 年 8 月 14 日，PCT 已有 156 个缔约国。——译者注

国家提出申请，取决于使用该发明技术的产品是否在特定的国家销售、生产或流通。若上述问题中没有一个是肯定答案，则似乎没有理由在这些国家进行申请进而建立申请审查档案，也没有理由承担申请产生的额外费用。

如果您认为在国际范围内提交专利申请有助于增强您的专利组合，您首先需要对您希望获得专利保护的发明进行选择。然后，假设您的首次申请是在美国提交的，那么您必须在优先权日后的 12 个月内提交 PCT 申请。一旦您的 PCT 申请被提交给签发国*，或直接提交给世界知识产权组织，您的 PCT 申请将被转送给国际检索单位（ISA），该单位将评估您的专利申请的新颖性和创造性（非显而易见性）。它们将进行现有技术检索，并出具一份关于其发现的书面报告，并附有将相关技术分类为"A"、"B"或"X"的分析。"A"表示技术本身可以预见您的发明。"B"表示被引用的特定技术与其他被引用的技术相结合时，可以预见您的发明。"X"涉及一般相关的现有技术。**

您将有机会根据 ISA 的检索结果对您的权利要求进行修改。上述检索报告将会予以公布。一份有利的报告会增加您获得专利的机会，但并不能完全保证。相反，一份不利的报告几乎注定了您的机会比较渺茫。

一旦 ISA 报告予以发布，并且您有机会克服权利要求书的明显缺陷，您将选择希望专利申请覆盖的国家。每个国家将独立决定您的申请是否符合它们的专利性要求。此外，它们还可以自行开展现有技术检索和分析。

如果基础战略合理，那么获得国际性专利是有好处的。这些好处包括增强和增加您的专利组合的价值，并进一步限制竞争对手进入您的市场布局点。拥有外国专利也会阻碍您的竞争对手生产具有竞争性的产品并将其运输到所要销售的地方。对您来说，这些专利可能是有价值的工具。然而，不利因素也随之而来。

首先，可能也是最明显的不利因素是：增加了与 PCT 申请相关的花费。PCT 本身会收取一定的费用***，您最终申请的每个国家也是如此。不幸的是，一旦专利被授权，如果您要保留该技术的专有权益，就必须缴纳维持费。就像美国收取续展费一样，其他国家也是如此，这些国家都有自己的付款要求。

其次，增加了申请审查档案。ISA 报告是全面的，除了您和美国审查员之间交互的文件需要遵守调查取证程序外，ISA 报告的意见和您的答复都将成为

---

\* 原文为 issuing country，翻译为签发国。但根据 PCT 审查程序，此处应为受理局（receiving offices）。——译者注

\*\* 此处应是作者笔误，"A"应为"X"，"B"应为"Y"，"X"应为"A"。——译者注

\*\*\* 此处指 PCT 申请国际阶段会收取一定的费用。——译者注

档案的一部分，并在您主张专利权期间对您产生不利影响。当然，您和所申请专利的特定国家的审查员之间的交互文件也会被披露。而且，不要仅仅因为您的专利在一个国家获得授权，就期望同样的专利会在另一个国家获得授权。每个国家都是独立的，有不同的要求。此外，一个国家的审查员接受的争辩并不意味着在另一个国家也会被接受。

最糟糕的情况是，ISA 或某个国家的审查员找到了您和美国审查员都没有找到的接近的现有技术。像所有其他类似情况一样，这一发现也会成为可被调查取证的记录的一部分，并可能破坏您主张的专利权的有效性。

事实上，拥有国际性的专利组合可能具有巨大价值和重要作用，但也伴随着风险。在决定是否继续进行这些工作之前，应进行仔细的分析。读者可以参考《专利工程》[1]一书，其中针对建立一个包含国际性专利的专利战略进行了更详细的讨论。

## 进一步获得专利权的机会

技术会随着时间的推移而进步，一般来说，您的专利组合也应该随之改进。此外，随着专利的老化和到期，对您的专利组合进行更新以保护您的知识产权的进步是非常重要的。毋庸置疑，在某些情况下，只要产品在商业上仍然可行，单件专利就可以充分保护您的知识产权。波佩尔的 Veg – O – Matic *[8] 和"袖珍渔夫"[9]似乎就是这样的例子。但是，通常情况下，随着新问题的出现，这些问题的解决方案也会被发现，并为您更新专利组合带来了机会和必要性。以扳手为例，这是一个已经存在了几个世纪的设备。其最初是由铁匠锻造而成，但今天扳手的设计是为了应对当今的挑战。实耐宝工具（Snap – On Tools）是 1971 ~ 2016 年授权的 92 件美国专利的受让人，这些专利在权利要求中对"扳手"进行了限定。同样，斯坦利（Stanley）拥有 35 件美国专利。事实上，即使是扳手也是在不断改进的。

一种更高科技的示例性设备是汽车中使用的、用于控制排放并提高燃油经济性的氧气传感器。这种设备最初在 20 世纪 70 年代发明并获得专利，现在仍然是技术改进的主题，并不断有专利被授权。例如，博世在 1976 年获得了该设备的第一件专利[10]，在 40 年之后的 2016 年获得了第 110 件专利[11]！正如在《专利工程》[1]一书中所讨论的，围绕该技术，其他汽车公司也拥有大量不断发展的专利组合。显然，最初的专利早就已经过期了。然而，这项技术对今

---

* Veg – O – Matic 是波佩尔发明的一种食物切碎机。——译者注

天的汽车制造商来说仍然至关重要。

在这段时间里，化油器被燃油喷射所取代。位于排气系统中的氧气传感器最初不参与排放控制，直到它被排出的废气所加热。如今，加热后的氧气传感器反应更快，从而限制了冷发动机产生的有害排放。氧气传感器与当今的中央电子模块的集成，推动了软件和硬件的发展。最初，传感器的预期寿命约为15000英里。这种情况得到了迅速的改进，现在的传感器通常可以持续使用，直到汽车的使用寿命结束。

这些传感器的连接器、软件、材料、结构和操作都随着 CAFE❶ 标准的不断提高而发展。随着技术的发展，新的技术问题出现了，而这些问题的解决方案提供了大量的专利申请机会。这些专利是重要的或者是有价值的吗？如果您是一个汽车制造商，并且无法实施这种技术，您将无法出售您的汽车。要么，您不得不从其他公司购买技术并支付它们要求的任何价格；要么您需要拥有一个覆盖范围足够宽的专利组合，迫使这些公司就交叉许可协议与您进行谈判。

您的技术在40多年后还能在市场上生存吗？只有特别出色的预言家才能准确地预测到这一点。然而，正如伯克（Burke）[12]所讨论的那样，技术很少自己开花结果。相反，技术改进是建立在以前的技术发展基础上的，并且通常是在看似不相关的领域发生的。也许您目前设想的特定产品将会过时并且不再可行。然而，新技术和由此产生的产品很可能会从老的技术中涌现出来，如果您的专利组合设计和实施得当，将持续为您带来收入。

## 参考文献

[1] D. S. Rimai, *Patent Engineering*, Scrivener Publishing, Beverly, MA（2016）.

[2] https：//www. uspto. gov/web/offices/pac/mpep/s1895. html.

[3] https：//en. wikipedia. org/wiki/Continuing_patent_application.

[4] https：//patentlyo. com/patent/2012/09/continuations－in－part－and－priorityclaims. html.

[5] http：//www. bitlaw. com/source/mpep/201_08. html.

[6] http：//www. cambia. org/daisy/patentlens/2645. html.

[7] http：//www. wipo. int/pct/en/faqs/faqs. html.

[8] S. J. Popeil, U. S. Patent #3, 933, 315（1976）.

[9] S. J. Popeil, U. S. Patent #4, 027, 419（1977）.

[10] H. Eisele and G. Stumpp, U. S. Patent #3, 942, 496（1976）.

[11] E. M. Doran, D. J. Cook, J. Oudart, and N. Ravi, U. S. Patent #9, 528, 426（2016）.

[12] J. Burke, *Connections*, Little, Brown, Boston, MA（1978）.

---

❶ 美国联邦政府规定的企业平均燃油经济性要求。

# 第 *15* 章
## 最后的思考

### 在时间期限紧迫的情况下：临时专利申请

到目前为止，您已经看到，构建一个有价值的专利组合，可以帮助您围绕自己的知识产权建立牢固的围栏，以阻止其他人侵占您的市场空间。然而，不幸的是，构建有价值的专利组合是一个漫长且成本高昂的过程。

"漫长"通常是一个关键词\*。在开始撰写申请文件之前，您必须确定自己希望提出专利申请的发明，草拟提出的权利要求，并针对这些权利要求进行现有技术检索。显然，您必须识别不同的、单独的发明，因为根据专利法的要求，不同的发明需要各自提交单独的专利申请。这意味着，您必须花费大量的时间来提出这些权利要求，并且适当地进行现有技术检索。基于对检索结果的分析，您可能需要对权利要求进行修改。一旦完成这些操作后，您就可以开始撰写专利申请文件了。

但是，如果没有足够的时间来实施专利战略的所有必要步骤，您该如何进行下一步工作？在各种情况下，通常都需要在短时间内提出专利申请。下面讨论以下几种情况：

① 您一直在拼命地开发某项技术，而这项技术可能会用于您将于下周在大型贸易展览会上推出的产品中。现在是星期四，到了星期六，您将把自己的产品运出去，这样就可以星期天在贸易展览会上将该产品布置好，以便星期一就能开始展览。

② 您即将开始与另一家公司共同开发必要的技术。虽然您或您的公

---

\* 作者此处意为：专利组合的构建，需要经历漫长的操作过程。——译者注。

司掌握一定的专业开发知识，例如关于您产品中的机械子系统和电子系统的专业知识，但您还需要与另一家公司签订合同，以开发产品所需的软件。在这种情况下，软件公司将获得您产品中的专有技术知识，并可能针对您的问题发明或思考它的创新解决方案。如果它就此提出专利申请，则它将拥有自己申请的专利。当然，您可以与它签订合同，要求该公司只向您的公司提供该技术，但这将妨碍您与其他供应商洽谈比价。顺便说一句，该公司的技术代表将在接下来的两天内出现在您的门前，并开始自己的工作。

③ 您打算邀请首选客户到您的工厂参观，让他们提前了解您即将推出的产品，这些产品中包括您一直致力开发的所有新的创新。这种产品会让您的竞争对手大吃一惊，为您赢得市场的大部分份额。当然，您做事是非常谨慎和全面的，并且已经仔细审查了所有的被邀请者。此外，您还让每一位被邀请者都签署了一份保密协议（nondisclosure agreement，NDA），声明他们自参观之日起两年内不会泄露他们从中所了解的任何信息。每位参观者都充分理解泄露他们即将接收的信息的严重性，并且出于道德考虑，他们也无意泄露任何信息。然而，在将产品功能与竞争对手进行比较时，您的一位客户无意中泄露了一些专有信息。

这种无意的披露也构成了信息公开，自此刻起，提交申请的一年倒计时就开始启动了。更糟糕的是，您的竞争对手急于知道您将如何解决提供类似的功能所必需的问题，或者它们可能已经在努力解决这些问题并加快了申请过程。请记住，专利权将会被授予最先申请的人。当然，您可以起诉您的客户要求赔偿。但是，与您因为这种无意披露而遭受的损失相比，您的客户的赔偿能力就相形见绌了。此外，您真的想获得"起诉客户"这样的名声吗？

④ 我们生活在一个竞争激烈的世界里，您发现另一家公司正在开发与您相似的技术。您不知道它提交专利申请的时间线，但担心它的申请可能比您的申请更早送达专利局。再次提醒您，专利将会被授予最先申请的人。

毫无疑问，还有其他原因使您面临令人不安的紧迫期限，需要快速提交专利申请才能在别人之前获得优先权日期。那么，如何才能做到这一点呢？答案是：提交临时专利申请。

出于所有实际目的，临时专利申请所包含的信息与专利申请包含的信息基本相同，只是缺少权利要求。在临时专利申请文件中，需要包括对发明的详细描述，包括必要的附图、对问题的描述以及对现有技术不能解决该问题的原因的论述。一旦您提交了临时申请，那么有一年的时间来最终完成它，即把临时申请转换成一件或多件实际的专利申请。

本书强调了准备一个全面的专利战略并根据该战略撰写多件申请的重要性。此外还强调，尽管可以撰写涵盖多项发明的共同公开文件，但是这些公开文件中包含的信息应主要用于支持权利要求。本书还论述了，首先撰写权利要求，进行现有技术检索，以及根据检索结果尽可能修改完善权利要求的重要性。通过这样做，能够很好地呈现出发明所解决的一个或多个问题，使得无论是单篇的现有技术，还是现有技术的组合均不能预见到您的发明。在提交申请之前，您还对自己潜在的专利申请进行检查，以确保撰写的专利申请涵盖了所需的技术，并且您没有在多件专利申请中请求保护相同的发明。

然而在撰写临时专利申请时，情况有很大的不同。这个时候，您应该还没有撰写权利要求。由于您很可能会提交一件单独的临时申请，并且随后会将其转化为多件专利申请，因此您需要聚焦于自己如何解决可能存在的多个问题。换句话说，您并不清楚公开内容必须支持哪些权利要求，而且，使情况更加复杂的是，您的公开内容必须能够支持保护多项发明。如果您要提交实际的专利申请而不是临时专利申请，您可能需要披露比必要信息更多的信息。在临时专利申请中，您可能不会像最终的专利申请那样，对于您的发明所解决的问题有一个清晰的定义。显然，在撰写临时申请时，您应该尽可能地结合自己对现有技术的理解。

临时专利申请将不会被检索，也不会被审查。它们必须在一年的时间内转化为最终申请，否则将被视为放弃。当然，在后一种情况下，它们将会被归入现有技术的范畴，并可能会影响您就该主题提出实际的专利申请。这尤其可能出现问题，因为您可能已经在临时申请中披露了自己的所有发明。撰写临时专利申请是一门艺术，因为的确需要您预测权利要求最终会是什么样的，以及预测对现有技术进行更全面的检索可能会发现什么。然而，这是确立优先权日期以防止其他人提交申请的好方法。在最坏的情况下，您可以放弃临时专利申请而选择提交实际申请。然而，这会导致您失去确立优先权日期的机会。基于这些内容，及时提交临时申请可以在您必须披露自己的创新技术之前，例如本节开头所述的那些情况下，将您确定为发明人。

## 建立和维护专利组合的成本超出了承受能力

可惜，建立和维护能够对您的知识产权提供充分保护的专利组合，这件事的成本是相当高的。但是，如果只考虑保护知识产权的费用而不考虑您的产品在市场上的价值，也是不明智的。您希望从产品中获得多少收益？您在研发上投入了多少资金？您花了多少资金购置机械或设备来生产您的产品？与销售、分销和广告相关的成本有多高？

仅仅将您的专利组合视为一项支出也是错误的。相反，您应该将专利组合，包括其自身价值，视为您的产品流的一部分。专利组合的价值反映出通过该专利组合能够在多大程度上确立您在市场上的专有地位，您通过交叉许可协议可以获得多少使用他人技术的机会，以及如果您选择转让或许可您的专利使用权，可以从中获得多少收益。

现在，在充分考虑了上述情况后，您判定自己无法负担一个覆盖范围宽、能够为您的知识产权提供全面保护的专利组合所需的费用。那么，您能做些什么呢？

在回答这个问题之前，可以首先回顾一下为什么您需要一个让自己完全拥有问题的专利组合，而不是仅仅拥有一个由保护不同发明的单件专利组成的组合。这种单件专利的组合几乎不可能在您的知识产权周围建立保护屏障。

需要提醒读者注意的是，专利并不赋予其所有者实施所请求保护的技术的权利。相反，专利权赋予其所有者排除他人实施该技术的权利。理想情况下，您的目标是建立一个专利组合，使您能够完全地拥有问题。拥有问题不仅包括拥有涵盖基础性技术的专利，还包括拥有所有那些使某些人销售竞争性产品的替代方法。拥有问题还包括拥有必要的使能技术，即在实施基础性技术时遇到的那些问题的解决方案。这些使能技术通常是相当简单但极其重要的解决方案，使您的产品能够在用户手中真正发挥预期的作用。

还需要提醒读者注意的是，只有当其他人需要使用所请求保护的技术时，专利才有其价值。此外，通常不可能预先确定哪些专利是有价值的。有时候，基础性专利具有巨大的价值。然而，如果竞争对手提出了一种替代性的基础方法，能够借此生产出具有竞争力的产品，那么您就有可能需要依靠涵盖使能技术的专利来防止竞争对手侵入您的市场空间。正如本书前几章所讨论的，柯达－宝丽来即时照相专利的诉讼案就是这方面的典型例子。

甚至可能更糟糕的情况是，公司为某些核心技术或基础性技术申请了专利，然而后续却未能为使能技术申请专利。这就为竞争对手留下了一个缺口。在最坏的情况下，竞争对手可以完全包围*您的基础专利，并随着您的专利剩余使用年限不断缩短而持续这样做。在某些情况下，竞争对手成功地阻止了技

---

术的发明者销售创新产品，甚至在基础专利到期时，无须支付专利权使用费即可销售自己的产品。正如前面所讨论的，专利制度就是通过公开技术内容、教导公众来换取法律保护，但是如果专利组合没有恰当地保护知识产权，您可能只是放弃了很多信息，而没有获得多少好处。记住，专利并没有赋予您实施自己发明的权利。相反，它们赋予您排除他人实施您的发明的权利。如果您的竞争对手拥有涵盖必要使能技术的专利，则能够很容易地阻止您销售使用您以自己的技术开发的产品。

在现实世界中，完全拥有问题往往是不可能的。相反，您需要的一些技术可能是受其他人拥有的专利权所保护的。在这种情况下，您希望建立一个专利组合，使您能够通过交叉许可协议使用这些技术。在交叉许可协议中，签署协议的双方公司都允许对方根据协议的约定使用己方专利中的技术。

为了避免被他人拥有的专利阻碍而造成无法实施自己的技术，另一个方法可能更有利，即首先防止他人获得这些专利。您可以选择性地挑选某些技术内容，以某种公开方式对其进行披露，使其成为现有技术，从而以较低的成本防止他人获得专利。

不过，在这样做之前，您应该确认自己不打算为选择公开的这部分技术内容申请专利。一旦您确定了这一点，有几个选项可以选择。

一种选择是将您的发现发表在同行评议期刊上。这样不仅可以提高您的声誉，还可以因为该研究成果成为领域专家讨论的话题而使您受益，毕竟您通常没有机会与这些专家互动。这是您拓宽思维过程并提高批判性分析能力的最佳方式之一。

除了向同行评议期刊提交作品以外，发表在行业期刊和会议论文集上也是比较合适的替代方案。由于没有评议程序，这种方式通常比较容易出版。然而，出于同样的原因，您由此获得的声望和反馈信息也会相应地减少。此外，会议材料往往比同行评议期刊的发行量少。这有利有弊。有利是因为尽管您的作品出版确实构成了法律意义上的披露，但可能不会被竞争对手看到，从而使您的技术改进在某种程度上处于保密状态。不利是因为有限的发行量会阻碍您从其他专业人士的反馈中获益。

另一个公开发明的途径是《研究披露》（Research Disclosure）[1]。该出版物被送到各个主要的专利局，并且属于 PCT（《专利合作条约》，在第 14 章中已讨论）规定的最低限度检索文献范围。

当然，您还可以通过付费广告或在贸易展上的书面披露来公开您的发明。然而，还有另一条途径可以公开发表记载有您的发明的披露。您可以考虑在相关的专利申请中描述该发明。毕竟，没有任何法律规定不能在专利申请中包含这些技术内容，即使这些技术内容与考虑中的申请没有直接关系。

可以肯定的是，本书并不鼓励读者在撰写申请文件时在其中包含不支持权利要求的技术内容。总的来说，该策略是正确的。因为，如果将不支持权利要求的技术内容包含在专利申请文件中，会导致这些内容被过早或无意地披露，从而有可能损害未来发明获得专利的可能性。但是，此处情况并非如此。您已经制定了一项专利战略，并得出结论：尽管您目前正在考虑的技术内容可能构成一项发明，但是出于财务上或者其他方面的原因，您无法将其纳入专利组合中。但是，如果另一个实体提出关于这项发明的专利申请并获得了专利权，就可能会对您的技术市场化产生不利影响。因此，最终您打算公开这项发明，以杜绝其他任何人就该发明申请并获得专利的可能性。

在专利申请中披露的上述技术内容，应当视同那些用以支持权利要求的技术内容对待。也就是说，您在发明的背景技术部分中定义要解决的问题，包含现有技术的检索结果，并在发明详述部分论述这项特定的发明如何解决上述问题。当然，其中还应该包括适当的附图。事实上，除了权利要求以外，您还需要在专利申请中包括发明相关的所有内容。

与之前所讨论的几种公开方法相比，这种方法有以下几项优点。如果由于某种原因，您提出的专利申请被驳回，您可以据此对权利要求进行修改（或者可能是限制），将这些附加技术内容纳入新提出的权利要求中。此外，如果在不久的将来情况发生变化，或者您经过反思，认为附加技术内容所对应的发明似乎比最初设想的更有价值，那么您可以选择以原始申请为基础另外提交一件申请，作为该申请的延续。* 为了在法律规定允许的时间内满足您获取专利的需求，将这些附加技术内容纳入申请文件中对您会比较有利。

还有另一种方法可以保护您的技术。您可以考虑不对外披露技术内容，并将其作为商业秘密进行保护。可口可乐糖浆的配方就是关于商业秘密的一个典型的例子。

将技术内容作为商业秘密来保护，最适合于那些无法进行反向工程或分析，而且在专利有效期结束后很长时间内也很可能具有价值的技术领域。然而，在其他情况下，有一些公司错误地试图将知识产权作为商业秘密来处理，这其中包括可以轻易辨别出其发明特征的知识产权。如果任何人都能看出其具有的发明特征，您还怎么保守秘密呢？然而，公司不明智地采取这种做法的情况并不罕见。

另一个经常被错误地视为商业秘密的领域涉及服务业中所使用的制造工艺

---

  * 可参考第 14 章关于"分案申请、继续申请和部分继续申请"的介绍。——译者注

或专有工具的开发，在这些行业中销售的是服务而非设备。在这两种情况下，人们误以为外人无法知悉其中所使用的制造工艺或器械设计。

在保护您的知识产权方面，商业秘密曾经可能是一种适当的方法。然而，情况已不再如此。员工终其一生服务于一家公司并成为公司"大家庭"的一分子的日子早已一去不复返了。如今，员工为同一家雇主工作的平均任期约为五年。然后，这些前员工要么去别的地方就业，要么自己创业。无论是哪种情况，他们在市场上的价值取决于他们所知道的信息，其中通常包含他们在您的公司工作时所收集的知识产权。而且，他们签署的保密或竞业禁止协议对您来说价值有限。您的专有信息已经被前员工带走了，特别是如果该员工是被解雇或者是以其他方式终止雇佣合同的，情况更是如此。这里的教训是，商业秘密只应该用于保护那些真正可以保密的信息，而且您必须采取极端措施，以确保即使在您的公司内部，对这些信息的访问也是受到限制的。

## 结束语

建立和实施专利战略并维护由此产生的专利组合，需要花费大量的时间、精力和金钱。然而，不这样做的代价可能是，您的公司无法销售那些在研发、加工、销售、广告和分销方面花费了大量资金的产品。在最坏的情况下，竞争对手可能会从您的专利中了解到您的技术，并在竞争中超越您，迫使您退出这项生意。不管您喜欢与否，专利就是做生意的一部分。

然而，专利组合不应被视为仅仅是做生意的另一种花费——某种需要最小化的花费。当然，它的成本必须受到限制。然而，将专利组合视为您的产品流的一部分大有益处——该产品流可以通过专利许可费的形式使您获得收益，并有助于您通过专利交叉许可协议来使用您需要的、但被其他人拥有的技术。

构建专利组合还有另一个益处。为提交一组相互补充的专利申请，您必须对自己的技术进行批判式的思考。这迫使您仔细分析自己和竞争对手的技术，并考虑竞争产品为您的客户提供了什么。您不能随随便便就去构建专利组合。您必须仔细考虑并描述其他人在过去如何试图解决这些问题的所有方面，即所谓的现有技术。然后，您必须批判性地分析现有技术的缺点，并描述您所开发的技术是如何解决这些问题的，从而使您能够为客户提供具有显著优点的产品。此外，在构建专利组合时进行的仔细分析有助于您避免刘易斯·卡罗尔（Lewis Carroll）所推崇的情况："'我本来可以用更为复杂的方式做到这一点'，红皇后非常自豪地说。"[2] 在当今全球化、竞争激烈、快速发展的世界中，批判性分析的每一步都极其重要。构建和实施一个完整而全面的专利战略，可以轻松地提高您的专业技能，有助于推动您的公司取得更高水平的成功。

**参考文献**

［1］ http://www. researchdisclosure. com/.

［2］ http://www. azquotes. com/quote/1304466.

# 附录 *1*
# 电子照相：在成熟但不断发展的领域构建专利组合

## 背 景

电子照相方法，通常被称为静电复印术，在本书中被广泛用作示例。为了便于读者理解该技术，有必要对其作一个简要的介绍。如需更详细地了解关于电子照相的设备、材料和技术，读者可参阅有关该主题的几篇文章[1-3]。

本书之所以选择使用电子照相技术作为讨论专利的示例性技术，不仅仅是因为作者具有该领域的技术背景。更确切的原因是，尽管这项技术已经存在了大约80年，在此期间，众多公司开发和销售了使用该技术的打印机和复印机，但电子照相技术仍然是许多技术开发的主题。因此，尽管电子照相技术是具有大量现有技术的成熟领域，但它仍然属于专利活动密集型的产业。本附录说明了如何解决不断发展的技术中所产生的问题，从而解决以前所无法预见的应用问题，并由此产生许多新的专利。

首先，与大多数技术进步不同，电子照相技术源于一个人的发明，这个人叫切斯特·卡尔森（Chester Carlson）[4-5]。他的相关专利分别于1938年和1939年提交申请，并于1940年和1942年获得授权。他所提出的技术具有独特的颠覆性，因为它最终导致其他替代技术被淘汰，例如使用复写纸、染料转印复印机（Verifax copiers）、复印大师（ditto masters）和油印工艺。然而，在他

提出该发明的时代，电子照相技术的未来潜力并没有得到重视。❶

其次，自该发明出现以来的大约 80 年中，电子照相技术已经从没有人想要的发明演变成每年数十亿美元的国际业务，涵盖施乐、柯达、理光（Ricoh）、佳能（Canon）、美能达（Minolta）和许多其他公司。由于相互竞争的公司试图在市场上取得优势，它们在该领域进行长期持续的活动，从而促使大量专利产生。然而，还有另一个原因驱动所有这些专利活动。电子照相技术的使用已经发展为用以应对新的、令人激动的应用和机会，而这些应用和机会在几年前是无法预见的。

最初，电子照相技术主要用于复印文件。这些复印件的质量普遍较差，而主要的要求是复印件必须清晰可辨。对复印件再次复印（通常称之为"第二代"复印件）通常非常困难，因为图像质量退化现象极其严重。在当时，包含图像内容的文件很少，也并不适合采用电子照相技术复印。此外，由于办公文件主要由黑白文本组成，因此关于复印时再现颜色的工艺需求很少。事实上，直到 20 世纪 70 年代，氧化锌才被用于纸质接收器，并用作感光器。那时没有单独的感光器或转印子系统。氧化锌涂层纸的使用会使复印件产生令人不舒服的感觉。

1959 年，施乐推出了 914 型普通纸复印机❷。该新型复印机基于德绍尔（Dessauer）和克拉克（Clark）开发的感光技术[6]，其中引入了将碳粉图像从单独的感光器转印到纸质接收器的概念。

正如授予德绍尔等人的专利[7]所证实的那样，施乐意识到了能够以电子照相方式印制彩色文件的重要性。施乐于 1973 年推出了 6500 型彩色复印机（以下简称"施乐 6500"）。在印制彩色文件时，每种颜色［通常是减法原色（青色、洋红色、黄色和黑色）之一］将分别单独地生成，并可以使用某些自定义颜色进行增强，然后按顺序转印到接收器（如纸张）。❸

---

❶ 卡尔森试图将他的技术出售给众多知名公司，如 IBM 和柯达，这些都是有据可查的。在一再失败之后，卡尔森引起了约瑟夫·威尔逊的兴趣，他是一家名为哈洛伊德的不景气的相纸公司的首席执行官。威尔逊将他的公司押在这项新技术上，并将公司名称改为施乐（Xerox），其源自希腊语，意思是"干式书写"。

❷ 术语"普通纸复印机"（plain paper copier）是一个误称，因为纸张的性能，包括其电阻率、表面形貌、尺寸、水分含量等，都经过精心控制。更恰当的术语是电子照相纸或静电复印纸。一张随机选择的纸张，例如适合用于染料转印、油印机或喷墨打印机的纸张，通常不适合在电子照相打印机中使用。实际上，如果使用的话，可能会损坏打印机。

❸ 在胶印机技术中，先将各分色按顺序配准转印到转印中间部件上，然后通过该中间部件将整个彩色印刷品转印到接收器上。这简化了纸张的处理，因为纸张只需要通过打印机传送一次，而不必绕在用于对分色进行配准转印的辊上进行多次传送。

　　施乐 6500 的商业成功并不那么令人惊叹。当时彩色文档相对较少，限制了对彩色复印机的需求。此外，施乐 6500 的颜色范围（又名色域）、亮度或饱和度的范围并不宽。因此，这款复印机无法充分再现高质量的彩色图片，例如那些在艺术类书籍、医学书籍或高质量杂志（如《国家地理》）上发布的图片。相反，这款复印机最适合于复印包含图表的文档，因为这些文件可以通过在图表中包含颜色标记和线条来增加信息密度。然而，由于印刷成本高昂，出版商不愿意在期刊中包含此类图表，因此即使在学术期刊中，此类原件也很少见。简而言之，施乐 6500 是一款领先于时代的产品，但是等到时代成熟时却又无法满足客户需求。

　　总之，当时电子照相技术的使用仅限于办公复印机，其主要设计标准是对原始文件进行复制，生成主要由黑白色字母和数字组成的文件，确保质量足以达到清晰可辨的程度。然而，由于太空计划的实施，世界发生了改变。

　　由于太空计划需要将设备发射到太空并收集所需信息，这对电子设备的性能提出了要求，要求比当时的设备重量更轻，计算能力更强并且响应速度更快。基于晶体管的电子设备虽然比早期基于真空管的电子设备有较大改进，但重量和速度仍然不理想，而且耗电量大。虽然 IBM 360/370 此类计算机的计算能力强大，但它们体积庞大，而且速度较慢，使用起来相当不友好。关于这一点，想必每一位经历过对霍勒里斯卡（Hollerith cards）打孔并等待程序运行的人都印象深刻。即使是 IBM 1620 等小型化一些的计算机，仍然体积偏大，且耗电量高，无法满足太空时代的要求。

　　集成电路（IC）的出现，大大减小了计算机的尺寸、重量和功耗，因为在集成电路中，成百上千个过去单独分设的电子元件被集成到一个芯片中。这项技术的出现，直接使得一些公司，如坦迪无线电器材公司（Tandy Radio Shack）和雅达利（Atari），能够在 20 世纪 80 年代初向消费者提供所谓的"家用电脑"。几年之内，惠普等公司将重点从生产实验室电子产品转向制造家用电脑和打印机。其他一些初创公司如微软和苹果，也迅速成长为家喻户晓的品牌。

　　除了电子行业，太空计划还影响了其他研究领域，如材料科学。特别是聚合物和陶瓷科学等领域取得了显著进步。例如，激光器从体积大、价格昂贵、可用光频率有限，发展成为小型化、价格便宜、颜色更丰富的设备。发光二极管（LEDs）的功能越来越强大，也越来越普及。而且，聚合物的可控电性能提高了它们的实用性。这些进步直接影响了大多数人的生活。例如，由于材料科学和电子科学方面的进步和融合，汽车的安全性和动力更强，并且能以更少的排放获得更长的里程。通信技术发生了革命性的变化，从固定线路电话发展到移动电话，进而发展到智能手机。如今，已经很少有家庭会不配备接入互联网的电脑，而且早期所使用的打字机几乎完全被淘汰了。此外，电荷耦合器件（CCD）的发明和陶瓷技术的进步推动更好的硅晶体得以生长，进而使得数码相机［最初由劳埃德（Lloyd）和萨松（Sasson）[8]发明］成为家用产品，基本上完全取代了传统的卤化银摄影技术。如今，不具有数字图像拍摄功能的手机已经很少见了。原本仅限于口头通信使用的设备变成了能够拍摄并传输图像的设备。

事实上，这些进步也使现代医学成像和检测技术成为可能，包括超声波成像、CT 扫描和核磁共振成像（MRI）的使用。

电子设备的数量和性能的增长，导致全世界每年打印量随之增长，特别是使用电子照相打印机的打印量。根据国际数据公司（International Data Corporation）在 2011 年进行的研究[9]，2010 年数字化生产的页面数量增加到 3.1 万亿个，其中发展中国家比 2009 年增长了 7.3%。大部分增长发生在彩色打印领域。

随着生产高质量彩色电子元件能力不断提高，人们对这些原件进行高质量彩色打印的需求也随之增加。打印机必须具有高可靠性，并且为了与传统的印刷技术，如平版印刷技术[10-11]相比更具竞争力，还必须能够高速地生产印刷品。

这些要求改变了人们对电子照相打印机应用范围的认识，从仅用于黑白字母数字文件的办公复印机，变成了全彩色、高质量的数字打印设备。因此，尽管该领域在约 80 年前就已经首次实现了商业化，但是，现在仍然是进行创新的大好时机。正是由于以上这些原因，本书中选择了一些例子来说明各种观点。而且，尽管在部分章节中对该技术进行了一些讨论，但为了便于读者理解，本附录进行了更全面的总结。

## 电子照相方法

如图 A1 所示，在电子照相引擎［通常被称为静电复印引擎（xerographic engine），源自于希腊语，意思是"干式书写"］中，首先由充电设备（150）为感光器（100）均匀充电。然后，将该感光器以图像方式曝光于电磁辐射（175）（通常是在光谱的红外或可见光部分）中，从而在感光器上产生静电潜像。当感光器转动，并与显影站（400）形成有效接触时，碳粉会沉积到该感光器上，从而将静电潜像转变成可见图像。

接下来，将接收器（600）（例如，纸张）夹在携带图像的感光器和转印引导构件（500）之间，从而实现将碳粉图像转印到该接收器（600）。最常见的转印过程是通过对接收器施加压力来实现的，其中将接收器按压在携带碳粉图像的感光器上，同时施加静电场，从而促使带静电的碳粉颗粒转移到接收器上。

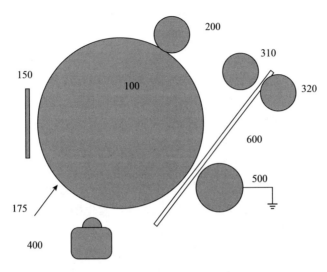

**图 A1　一种典型的电子照相打印机**

此时，图像尚未固定到接收器上，很容易被刷掉。为了实现图像的永久固定，接下来将携带图像的接收器与感光器分离，并将其传送通过定影子系统。定影子系统通常包括两个辊（310 和 320），其中至少一个被加热到足以软化碳粉的高温，同时对碳粉施加足够的压力，以使其流动并黏合到接收器上。

然后将感光器转动至与清洁子系统（200）接触，清洁子系统可去除感光器上任何未经转印的碳粉及其他污染物，包括充电过程中的离子、纸尘等，从而使感光器为下一个要打印的图像做好准备。

在某些情况下，需要在感光器上生成多个碳粉图像，并将这些碳粉图像配准转印到接收器上。例如，在制作全彩色印刷品时，通常会这样做。在这种情况下，必须在保持数微米的色对色配准的前提下，转印与每个减法原色❶（青色、洋红色和黄色）相对应的、包含产生特定颜色信息的分色。此外，黑色碳粉通常被添加到原色中。因此一个印刷品中至少包含四种着色剂，所有这些着色剂都必须配准转印。

制作需要多种碳粉颜色的印刷品有两种可选的方法。第一种方法是在同一

---

❶　减法原色是指那些从白光中减去后会产生黑色的颜色。它们通常用于印刷和摄影，以制作彩色印刷品。相反，加法原色（红色、绿色、蓝色）在混合时会产生白光。加法原色用来在电视上生成图像。

感光器上按顺序产生每种颜色。在这种情况下，在生成第二个碳粉图像之前，必须将第一个碳粉图像转印到接收器。为了做到这一点，如果转印到最终的接收器（例如一张纸），则必须以某种特定的方式拾取纸张，例如将纸张缠绕在转印辊上，以便按顺序将各个碳粉图像配准转印到纸张上。另一种方法是，首先将碳粉图像配准转印到作为转印中间部件的另一个辊上，然后，在仅传送一次接收器的情况下，实现将整个印刷品转印到最终的接收器。

尽管上述配置对于彩色印刷品的生产效果相当不错，但所需的多次转印会显著降低生产效率。例如，如果要制作需要四种颜色的印刷品，就需要四个打印机周期，而简单的黑白打印则只需要一个周期。

为了保持生产效率，高容量/高速电子照相引擎经常将各个模块组合在一起，每个模块都能够以类似于胶印平版印刷机的方式生产单色印刷品。

最后，在讨论具体的子系统之前，不妨先探究一下影响图像质量观感的几个因素。随着电子照相技术应用的变化，这些因素也随之发展。这些因素包括但不限于颗粒度、分辨率、色域和对比度。

颗粒度是衡量印刷品颗粒性观感的量化指标。颗粒性是指小尺度上密度的变化，通常被称为噪声。从数学意义上讲，颗粒度本质上是相对较小区域内平均图像密度的标准差。影响颗粒度的因素包括碳粉尺寸、碳粉颗粒的聚集以及所谓的"点状爆炸"（高电荷的颗粒相互排斥，导致本应沉积到黑暗或高密度区域的碳粉颗粒飞散或分离，并沉积到印刷品中期望区域以外的区域）。过去，通常使用直径达 $20\mu m$ 的碳粉颗粒。如今，电子照相引擎通常使用直径在 $6 \sim 8\mu m$ 范围内的碳粉颗粒。为了匹配卤化银照片的颗粒度，需要使用直径小于 $3.5\mu m$ 的碳粉。正如本附录后面将讨论的那样，减小可用碳粉的直径带来了许多必须克服的技术挑战。

分辨率和与之密切相关的斑点问题，与颗粒度相似，不过在尺度上更大。颗粒作为噪声被感知的波长在 $0.1mm$ 或更短，而分辨率作为能够辨别的特征，其范围 $0.1 \sim 1.0mm$。斑点则是指在波长大于 $1.0mm$ 的印刷密度上的随机不规则现象。

虽然当电子照相主要用作办公复印机来复制字母数字文档时，噪声因素并不算太重要，但是当打印包含重要图形内容的图像时，该因素则是至关重要的。

色域是指一组着色剂可以产生的颜色范围。在理想情况下，从白光中减去每个减法原色（青色、洋红色和黄色）将得到黑色。此外，通过减少选定原色的量，能够获得光谱中的所有颜色。然而，在我们生活的现实世界中，并没有理想的减法原色的碳粉。通常情况下，仅使用减法原色进行打印会产生非常浑浊的黑色，而不是饱和的黑色，并且需要使用大量碳粉才能实现这样的效果。因此，通常将黑色作为额外的减法原色，并且在实际打印之前通常会执行图像分析，以便去除那些仅用于形成黑色的颜色组合，代之以黑色碳粉，从而使用更便宜的碳粉来产生更纯净的黑色。

即使如此，有些颜色还是无法准确打印出来，例如 IBM 商标的蓝色、可口可乐商标的红色和柯达商标的黄色等。在这些情况下，通常需要添加自定义专色，以准确打印所需的颜色。一般是在胶印平版印刷机中进行，其中有 8 个或 8 个以上打印站，每个打印站包含一种单独的颜色。

最后，再来讨论下对比度。每一幅印刷品中，都有一些称为最大密度区域的暗区，其中入射光线被吸收得最多。而还有一些区域称为最小密度区域，其中入射光吸收很少或没有吸收。印刷处理中，将在最大密度区域和最小密度区域之间产生可识别的灰度级别的数目称为对比度。产生多个灰度级别的系统被称为"低对比度"，而仅产生少量灰度级别的系统被称为"高对比度"。根据应用的不同，优选使用低对比度或高对比度处理。

办公复印机是能够发挥高对比度系统优势的例子，其中复制的文件绝大多数由字母数字内容组成。这种情况下，需要清晰地复制原始文件中的线条，但不显示可能存在于原始文件上的背景——其可能是指纹的污迹或者是原始纸张的背景。也许有些人还记得，以前市场上所售卖的方格纸，其中浅色的划线是不会显示在复印件中的。这样做的目的是既能够准确地绘制图表，同时又能够使得复印件清晰。

而低对比度系统则更适合于打印图形内容。在这种情况下，重要的是不仅要能够产生高密度部分，还要能够产生中间色调密度区域，以避免丢失信息，从而获得令人满意的印刷效果。例如，设想要打印一张照片，其中在阳光明媚的日子，一个人站在树旁。高对比度系统将捕获占主导地位的高密度区域——也许是头部和身体以及树木的轮廓。而较低密度的区域，例如阳光照射在人身上的区域，信息将会丢失。阴影区域，比如树投射在人或地面上的阴影信息，要么会丢失，要么会被打印为最大密度区域。因此，在使用高对比度系统打印带有图片内容的文件时，会丢失很多至关重要的信息。接下来，看一下如何通过各种打印方法获得灰度。

在平版印刷中，油墨或者以最大密度区域的形式沉积在特定的区域，或者不进行沉积，而用半色调来获得灰度。其具体解释如下：假设要打印图像的纸张由一个类似于方格纸的虚拟网格组成。对于高质量的印刷，例如在高级期刊上，每英寸可能有 200 行或更多。而对于较低质量的印刷，如报纸所用的印刷，可能使用每英寸只有 80 行的网格。

在每一对网格线的交点上沉积一小滴墨水。墨滴的大小决定了感知密度，感知密度是墨滴的最大密度区域和网格线限定的单元格内纸张剩余面积的平均值。这种产生灰度的方法称为"半色调"。

重要的是，印在纸张上的墨滴的形状和大小要均匀，因为不规则会产生可见颗粒或斑点等噪声。同样重要的是，在制作彩色印刷品时，每种颜色都要精确地印在纸张上，其位置与先前颜色位置完全相同，因为如果未能准确地套印不同颜色的墨滴，将导致印刷品颜色失真和图像模糊。很明显，如果要制作高质量的印刷品，准确地控制纸张从一个墨站运动到下一个墨站是至关重要的。

与使用半色调印刷不同，传统的卤化银摄影印刷术等技术使用连续色调工艺产生灰度。在卤化银摄影中，染料是由显影过程中光敏材料包含的称为"染色结合剂"的物质所产生的。曝光越多，产生的染料就越多，颜色也就越深。与平版印刷不同的是，在网格图案上沉积油墨或染料时，不存在最大密度区域。相反，在印刷的区域内，染料的产生量是连续变化的，因此被称为"连续色调"。

根据静电潜像产生的方式，电子照相中的灰度可以产生半色调、连续色调或两者的组合。这使得电子照相技术比其他任何一种技术都能更精确地控制灰度。然而，是否能从此性能中获益，取决于许多要素。这些要素包括通过被称为"写入器"的器件产生静电潜像的方式、感光器和充电子系统的特性、显影子系统沉积碳粉的方式、碳粉特性本身以及转印和定影子系统。

为了更充分地了解电子照相技术如何持续发展以满足消费者的需求，接下来讨论其中所使用的一些子系统。

## 感光器

感光器被认为是电子照相打印机的核心部件。因为大多数其他子系统都会与它接触。

感光器可以是柔性的网，也可以是刚性的鼓。感光器是这样一种材料，当没有可吸收的、特定频率的光照和施加的电场的情况下，它是绝缘体或者电介质；然而，当处于适当的光照下并施加足够大的电场时，感光器就会变成导电材料。

为什么感光器必须同时在光照和施加电场的情况下才能导电？光照可以激发感光分子内的电子。激发后，产生一个自由电子，留下一个带正电的空穴。然而，根据库仑定律（Coulomb's law），带负电荷的电子被吸引到空穴中，并会立即通过一种被称为"孪生对复合"（geminate recombination）的过程重新组合，除非两者在物理上分离。而分离就需要施加电场。

在过去普通纸复印机的年代，用作感光器的首选材料是非晶硒（被称为 $\alpha - Se$），这是一种无机材料❶。然而，目前，有机感光器则更受青睐。

电子照相引擎包含至少一个感光器。当然，根据其配置和应用目的，也可能包含多个感光器。例如，在印制需要使用减法原色的彩色文件时，或者在包含自定义颜色或透明碳粉的情况下，可包含多个感光器。需要一个还是多个感光器取决于引擎的具体配置，这将在本附录的转印工艺部分进行讨论。

有机感光器比非晶硒更具有优势。首先，它们是无毒的。然而，也许对它们的实际性能更为重要的是，它们具有较低的介电常数。这使得它们能够在给定的沉积电荷量下经受更强的外加电场。它们也可能是柔性的，因此除了传统的感光鼓之外，它们还可以用于网状或带状配置。然而，有机感光器通常比无机感光器复杂得多。为了说明这一点，下面介绍一种典型的有机感光器的结构。

首先，有机感光器需要某种载体。当感光器采用刚性鼓的形式时，载体可以是铝制圆柱体。或者，当特定引擎需要以网状形式提供感光器时，载体可以是坚固但柔韧的聚合物带。合适的聚合物带包括麦拉膜（Mylar）、艾斯塔聚酯（Estar）和卡普坦－H（Kaptan－H）＊。

为了对感光器进行充电和成像放电，必须具有导电接地层。如果感光器是一个刚性辊的形式，载体可以是金属的，就像前面提到的铝制圆柱体。因此，该载体可以提供两种功能＊＊。然而，如果使用聚合物载体或绝缘辊，则必须在载体上涂覆一层导电体，使其位于载体和感光材料之间。显然，为了用作接地层，还必须有一些方法在感光器移动时将导电层接地。导电层通常由一些材料组成，例如蒸发到聚合物载体上的镍薄膜。

涂覆在导电层上的实际是光导材料或光导体。这是感光器的实际组成部分，当其曝露在光线下时，会产生电子－空穴对。

该光导体通常为聚合体形式，并包含在基质中。涂覆在导电体上的正是这种复合材料，通常被称为"电荷产生层"。

刚才描述的感光器对于 30 年前的办公复印机来说已经足够使用了，但其不能满足当今打印机的要求。具体而言，静电潜像可能会因一种被称为"暗

---

❶ 在化学中，有机分子通常被归类为含碳分子，而无机分子则是不含碳的分子。有机分子的该定义也有例外的情况，比如二氧化碳（$CO_2$）和碳酸钙（$CaCO_3$）等分子，尽管它们含有碳，但仍然被认为是无机分子。然而，反过来说，不含碳的分子被归类为无机分子则总是正确的。

＊ 卡普坦－H 应是杜邦公司生产的一种聚酰亚胺材料的型号。——译者注

＊＊ 金属载体既能够提供支撑功能，又能提供导电功能。——译者注

衰减"的过程而劣化。在该过程中，不仅光照能够产生电子－空穴对，加热也会导致其产生。然后，电荷可以迁移到感光器表面的电荷上，两者组合并相互中和。这显然会导致静电潜像劣化，并降低对潜像调色所形成的可见印刷品的质量。当上述过程仅仅发生在复印由字母和数字组成的办公文档时，可能还是可以容忍的（特别是在过去，图像质量不那么重要）。但是，在如今的应用环境中，高质量的图像文档是由计算机上的电子文件创建的，印刷品质量下降是不可接受的。

为了减少暗衰减，在电荷产生层的外面涂覆一个"电荷传输层"，该层能够传导电子或空穴，但不能同时传导两者。下面介绍一个示例，来说明电荷传输层如何减少暗衰减。

假设电子照相引擎被配置为使用碳粉使其感光器的带电区域显影。通常在复印机中是这样做的。在复印机中，希望将原件上的暗区复制为副本上的最大密度区域。进一步假设碳粉颗粒带负电荷，感光器带正电荷，从而光电导体的带电区域将吸引带电的碳粉颗粒。在成像曝光时，原件的亮区（对应于未印刷的区域）会反射光，使得亮区中的感光器放电。相反，原件的暗区反射的光则很少，使这些区域的感光器带电。

然而，由于加热而产生的电子－空穴对会使得非光照部分的感光器上的电荷减少，从而导致静电潜像发生暗衰减。显然，这将阻碍碳粉吸附到所需区域，因而导致印刷质量下降。

为了减少暗衰减的影响，在上述电荷产生层上涂覆一层电荷传输层（CTL）。在该特定示例中，CTL 被设计为优先传导空穴。沉积在感光器表面上的正电荷由空气中的带电分子组成，这些分子很大，往往不会通过固体材料迁移。然而，电荷产生层中生成的电荷由电子和空穴组成。这些空穴与沉积在感光器上的正电荷相斥。被这些电荷所吸引的电子被 CTL 阻挡，无法迁移到感光器的表面，也不能通过 CTL 传输。因此，该方法改善了暗衰减的影响。

对感光器不断改进的需求不止于此。相反，需要附加涂层来防止感光器的损坏和磨损，在转印和清洁过程中促进碳粉的释放，并减少沉积离子的腐蚀。随着该技术领域需求的不断增加，需要持续改进和开展创新，以上这些只是其中的部分问题。

## 显影、显影剂和碳粉

如前所述，为了将静电潜像转换成可见图像，需要将带电的碳粉颗粒沉积到感光器上。该子系统的作用是，以与电子照相引擎速度一致的速度，将碳粉以准确的量和准确的颜色重复沉积到感光器上正确的区域（通常是微小的区域）。

用于将碳粉以图像方式沉积到承载静电潜像的感光器上的机电设备被称为"显影站"或显影子系统。为了便于理解关于显影站的要求，有必要先讨论碳粉，以便了解其正常运行所需但却经常相互对立的因素。

过去，碳粉仅需要以创建可读文件的方式进行沉积，而图像的质量并不是很重要。由于最终的接收器（氧化锌涂层纸）也含有感光材料，因此无须将碳粉从感光器转印到纸张上。当然，图像必须永久定影到纸张上。此时，碳粉颗粒的直径约为20μm，因为颗粒度和分辨率都不是太重要。一份典型的复印文件，可能其纸张表面10%被碳粉覆盖，而其余则是纸张的空白处。

随着普通纸复印机的出现，转印碳粉的性能变得至关重要。与此同时发生的变化是，客户开始打印包含图片内容的文件了。虽然高对比度打印是获得清晰的字母数字字符的理想之选，但对于要获得打印效果好的图片来说，灰度是必要的。与仅打印线条所不同的是，打印实心区域的性能变得非常重要，分辨率和颗粒度也是如此。碳粉的直径减少到约12μm。尽管人们希望使用更小的碳粉颗粒进行打印，但此时控制碳粉与感光器黏附的物理特性发生了变化，因为控制碳粉与感光器黏附的静电力的重要性降低，而范德华力的重要性相对增加了[12]。

转印问题可以通过将纳米尺寸的二氧化硅颗粒簇应用到碳粉颗粒的表面来解决。由于范德华力的范围极短，二氧化硅颗粒会破坏碳粉和感光器之间的接触，从而减少黏附力，并使得直径小至约7μm的碳粉发生转印。然而，由于碳粉颗粒都带有高电荷，因此减少范德华力也会降低颗粒之间的内聚力，从而增加了它们分散而不是紧密聚集的倾向。这将增加颗粒度并降低分辨率和最大密度。此外，二氧化硅往往是亲水性的，而碳粉颗粒表面对水的吸收会影响碳粉正常工作所需的电荷稳定性。

碳粉还必须熔融在一起，才能永久固定在纸张上。这通常要求碳粉颗粒在加热和压力下软化和流动，就像在定影过程中所应用的那样。然而，对碳粉的流变特性必须加以控制，使得既允许熔融，同时又必须加以限制，以防止碳粉颗粒黏结。例如在炎热的气候下，通过卡车和火车进行运输或储存时，碳粉可能会在瓶子中形成结块。并且，为防止文件堆在高温的车中时相互黏附，限制流动性也是很重要的。而且，这一点必须仔细控制，因为随着打印机速度的提高，碳粉更快流动的能力必须增强，才能缩短定影时间。

上述问题的前提是，所述碳粉颗粒能够受控带电，并传送到显影辊隙中。所述辊隙在显影站和承载潜像的感光器之间形成。这就是显影站的作用。

对显影站的一般要求很简单。碳粉必须带电，以便其能被吸附到静电潜像中的适当区域。必须将足够量的碳粉传输到操作性接近图像的位置，以便将潜像正确地转换为可见图像。最后，在带电碳粉颗粒沉积到感光器上后，必须对显影站中剩余的所有反电荷进行中和，以便后续的显影不会受到阻碍。

虽然这些方面看似很简单，而且对于印制图像质量不佳的低生产率机器来说，情况可能确实如此，但要满足如今的需求，则需要尖端技术的发展，才能为消费者提供所需的印刷质量和生产率。

现在的显影站通常由一个圆柱形磁芯和包围该磁芯的、非磁性但导电的圆柱形外壳所组成。在这两个元件的下方是一个容纳显影剂的贮槽，其中包括磁性载体颗粒与碳粉颗粒混合后形成的混合物。

载体颗粒有两个主要用途：①对碳粉颗粒进行精确的摩擦充电（包括电荷的大小和符号）；②传输碳粉颗粒，以使它们操作性接近承载潜像的感光器。需要注意的是，只有碳粉颗粒离开显影站上的感光器，而载体颗粒则被保留下来。

对于小型台式或小容量打印机，碳粉和显影剂在工厂进行混合，在碳粉耗尽后，更换包括显影剂、显影站、感光器和定影器在内的整个墨盒。对于生产率更高的机器，例如商用的机器，碳粉会在耗尽时补充。这需要一种方法来添加规定量的碳粉，并将其与耗尽的显影剂快速混合。高生产率和低生产率的机器都需要一些方法来现场测量碳粉的浓度。

## 充 电

如前所述，感光器首先需要充电到一个统一的、特定的初始电位。从这个电位开始，感光器的电位会因曝光成像而以图像方式减弱。传统工艺中，充电是使用电晕充电器完成的。该电晕充电器从空气中产生离子，这些离子被吸引到感光器中的导电接地层。最近，与感光器接触的电偏压辊被用于产生离子。与电晕充电器相比，偏压辊充电的优点是，单位充电量所产生的有害离子更少。偏压辊充电器的缺点是，由于其接触感光器，因此会使感光器受到污染、磨损和物理损坏。为了说明与感光器充电相关的技术挑战，首先讨论一下电晕充电器的工作原理。

电晕充电器包括一根电极丝，该电极丝被施加了偏置直流电位（通常超过 8000V），该电位高到足以电离周围的空气❶，但不会引起空气被击穿或产

---

❶ 导线周围的电离空气发出一种柔和的辉光，类似于我们观察到的北极光。

生电弧。离子被吸引到包含在感光器中的导电层上，并被沉积和捕获到感光器的最上层。该最上层通常是电荷传输层或保护层，但也可以是其他组件，这取决于感光器的具体结构。

刚才描述的简单的电晕充电器不会产生均匀的电荷沉积。而且，它将以不受控制的方式继续为感光器充电，使其表面电位不断升高，直到击穿感光器材料，造成该部件的损坏。

为了限制电荷沉积量，在电晕电极丝和感光器之间设置了导电偏置栅极。在理想情况下，该栅极被偏置在期望的电位 $V_{photo}$，使得感光器上的电位达到 $V_{photo}$ 时，栅极和感光器之间没有电位差，从而关闭电流并将电位限制到 $V_{photo}$。

遗憾的是，我们并非生活在一个理想的世界。相反，有许多因素限制了这种简单的电晕充电器对感光器进行均匀充电并达到预定电位 $V_{photo}$ 的性能。这些因素包括：电晕电极丝上的污染限制了电荷放射的均匀性；充电速率不能立即达到该电位，而是逐渐接近 $V_{photo}$；栅极线之间间距的影响。这些因素中的每一个因素都是许多研究的主题。特别是随着时间的推移，对更好的图像质量和更高处理速度的需求不断增加，更加需要这些研究。

## 产生静电潜像

在电子照相技术应用于复印机并主要复制字母数字文件的时代，产生静电潜像是一个相对简单的过程。原始文件在有限的时间内曝光，通常是通过闪光曝光。原件的线条吸收了光，而其余的入射光从原件反射，并聚焦到带电的感光器上。这使得感光器在与原始文件中没有文本的部分相对应的区域进行放电。

如今，电子照相打印机的要求和用途与早些年是不同的。电子照相技术通常用于打印机，也就是将存储在计算机中的电子文件转换为打印文件的设备。甚至连复印机的配套技术也发生了变化。现在，要复制的文件首先被输入扫描仪，其中包含的信息被转换成电子文件，然后该电子文件被送入打印机。要打印的文件通常包含多种颜色，并且不像办公复印机那样，只有不到 10% 的打印页面覆盖了碳粉。今天的文件包含完全被碳粉覆盖的区域，并且为了达到期待的颜色或密度，通常具有多层碳粉。

为了便于理解当今如何在感光器上产生静电潜像，先考虑一下本附录前面讨论的半色调网格图案。虽然可以使用任何网格频率，但出于示例性的原因，让我们重点关注 150 行规则。如前所述，这可以被认为是一种虚拟的垂直线的布局，在一英寸的间隔内，有 150 条这样的线。相交的线定义了正方形单元，每个正方形单元的尺寸为 1/150 英寸 × 1/150 英寸。现在，假设可以使用诸如激光扫描器或发光二极管阵列（LED 阵列）的写入器，来选择性地对该单元进行部分放电。具体来说，假设写入器能够以每英寸 600 点的间隔距离产生曝光点。❶ 换句话说，沿着每条线可以有多达 4 个不同的点，每个单元格总共 16 个点。这些可单独寻址的区域被称为"像素"。

像素似乎类似于平版印刷技术中用于产生灰度的半色调点，每个像素填充在单元格的不同区域时，16 个像素总共允许 16 个灰度级别。然而，事实并非如此。在平版印刷中，只有墨点的大小可以改变。产生最大密度点的墨量的墨水要么沉积在纸张上，要么不沉积在纸张上。墨点的形状和墨点内的墨量都不能改变。如前所述，灰度是通过改变纸张中着墨部分和未着墨部分的比例来获得的。

如今，对于电子照相打印机来说，仅仅能够印制勉强才能看清的打印文件副本是不够的。相反，打印机必须能够印制高质量的印刷品，其中包括字母数字和图像内容，并且通常是全彩色的。这是将打印机与计算机驱动的电子照相写入器相结合的结果。毋庸置疑，确实可以通过调整曝光水平以提供最大密度。然而，与平版印刷不同的是，电子照相可以设置每个像素的曝光水平，使得感光器部分放电，从而产生连续色调灰度。同样地，与平版印刷中每个半色调点位置是固定的不同，电子照相中每个像素的曝光可以被调整，以使单元内产生的碳粉区域的形状可以改变。当然，每幅印刷品都可能与之前或之后的印刷品不同，这与平版印刷不同，平版印刷的每幅印刷品都与所有其他印刷品相同。

调整像素的能力取决于驱动写入器的数学算法。它们从输入打印机的电子文件依次获取输入。当然，在打印必须叠加才能产生最终印刷品的分色时，必须调整每个写入器的时间，以便分色被配准打印。

为了补偿激光写入器在扫描感光器长度时的偏离，其他调整也是需要的。LED 阵列必须针对每个 LED 各自的强度变化进行校正。很明显，为了让如今的电子照相打印机达到当前应用所需的质量水平，有必要采取复杂的数学算法和灵敏的过程控制方法。

---

❶ 过去，每英寸 600 点和 150 行规则是高质量的标准。目前，通常使用更高的线规则和点频率。上述讨论中使用的数字仅用于示例的目的。

# 转 印

碳粉图像从感光器转印到纸张，通常是通过将纸张压在感光器上，同时施加静电场将碳粉颗粒从感光器推送到纸张上来实现的。然而，随着对打印质量和数量要求的提高以及对更小的碳粉颗粒的需求，碳粉转印天然的局限性变得更加明显。为了理解这些问题，首先需要讨论在转印过程中作用于碳粉颗粒上的力[13]。首先讨论将碳粉颗粒黏附到感光器上的力。这就是将带电的碳粉颗粒吸引到感光器内的接地导电层的静电力。该静电力通常被称为"图像力"，因为它们是由带电碳粉颗粒在接地导电层[14]内诱发镜像电荷而产生的，并且由于它们会随着距离增加而慢慢衰减而被视为长程力。❶

下一种起相互作用的力是黏附力，例如范德华力相互作用产生的黏附力[10,15,16]。这些力的范围只有几纳米，因此被视为短程力，甚至是"接触"力，因为它们基本上要求材料进行接触才能显现出来。这些力甚至存在于不带静电的粒子上，并且随着颗粒尺寸的减小，这些力会占主导地位。除了将碳粉颗粒黏附到感光器上的表面力外，在这些碳粉颗粒与接收器实际接触时，还存在将碳粉颗粒固定到接收器的表面力。

接下来，还存在施加在碳粉上的静电力，其将碳粉从感光器助推到接收器。这些力是每个碳粉颗粒上的电荷乘以施加的净电场的结果。这里使用术语"净"（net），是因为有带电碳粉颗粒层的存在。这里所称的"碳粉颗粒层"，例如在印制由多个单独部分组成的彩色印刷品时，需要将转印过程分成多次，每次针对一个碳粉颗粒层，多层依次顺序进行。碳粉电荷会产生一个电场，该电场会抵消一部分外加电场，导致施加在碳粉上的转印作用力减少。

当然，在相邻的碳粉颗粒之间还存在静电力和表面力。前者是排斥力，因为所有碳粉颗粒都具有相同符号的电荷，这往往会使碳粉颗粒分散，从而增加颗粒度并降低分辨率和锐度。这些静电力会被相互黏附接触的碳粉颗粒的表面力所抵消。

起初，人们可能认为碳粉颗粒应该是直接被转印的。当时认为，所要做的就是增加施加的静电场，直到转印发生。然而，事实并非如此。相反，正如弗里德里希·帕邢（Friedrich Paschen）[17-18]所发现的那样，空气的介电强度是有限的，达到这个极限时会产生火花。

---

❶ 以 $1/r^2$ 或更低的速率随分离距离 $r$ 衰减的力通常被归类为长程力。衰减更快的力被认为是短程力。

增加碳粉电荷也是个问题，因为这将减少将静电潜像转换为可见图像时沉积的碳粉量，还会增加碳粉对感光器的静电吸引力以及碳粉颗粒之间的库仑斥力。此外，增加碳粉电荷还会加剧已经转印的碳粉层对所施加的转印电场的屏蔽，从而阻碍后续层的转印。

涉及控制碳粉电荷和范德华力的技术讨论将远远超出本附录的范围。可以说，两方面都需要先进的技术和创新，将仍然是未来研究的主题。

## 定　影

本附录中要讨论的最后一个子系统（尽管绝对不是唯一受益于创新的子系统），是将碳粉图像永久地固定到接收器（例如纸张）上的技术。

定影的概念很简单：将碳粉图像置于加热和压力的组合下，以迫使颗粒流动，并建立颗粒间以及颗粒与纸张之间的紧密接触。实际上，当将碳粉温度提高到高于玻璃化转变温度 $T_g$ 时，平时呈玻璃状的碳粉会暂时转化为热熔胶状，并流动形成与接收器结合的黏合团块。

定影过程会受到几个问题的影响。第一，软化后的碳粉仍然具有较高的黏度，因此除非显著地施加压力，否则不会流动。第二，加热步骤必须在短时间（通常是几毫秒）内完成。第三，通常需要控制定影印刷品的光泽度，所需的光泽度级别范围从哑光（通常用于字母数字文件）到高度镜面或高度光泽度（通常用于照片印刷品）。辐射传热根本无法有效解决上述问题中的任何一个。相反，有必要通过一对辊或类似装置形成的辊隙对承载碳粉的印刷品进行挤压式接触。然而，即使是这样，问题也比比皆是。其中一个问题是软化的碳粉容易黏附到定影辊上，从而使纸张粘到定影辊上。为了缓解这种情况，在接触纸张的辊上涂覆了经过严格控制的脱模油。这种方法在对字母数字文件进行定影时有效，因为纸张的大部分区域不含碳粉，所以能非常有效地吸收转印到印刷品上的微量脱模油。但是，这种方法在打印全彩图像时效果则不佳，因为这种情况下纸张的大部分都涂覆有碳粉，脱模油不能被吸收。相反，还会在印刷品上形成一层有斑点的薄膜。

另一个问题是碳粉流动需要时间，因为即使在软化状态下，它仍然是高黏度的。为了确保接收器在定影辊隙中停留足够长的时间，必须至少有一个辊是柔性的，并需要在其表面涂覆一层相对厚的弹性覆盖层。这样做遇到的问题是，弹性体的导热性能不好。所以，完成一件印刷品的定影后，辊表面的热量很快流失，导致其温度太低无法对后续的印刷品进行定影，从而无法满足高速处理的需求，特别是不适用于商业印刷机。而且，将辊加热到更高的温度也会产生问题，因为会导致黏性的碳粉更容易黏附到辊上。

## 在成熟但技术不断发展的领域建立专利组合的机会

本附录中没有试图描述电子照相技术面临的所有挑战，特别是随着技术的进步，该技术的应用范围可从高质量彩色印刷扩展到医疗成像，再到功能性印刷等，并实际生产相应的操作设备。编写本附录的目的，是让读者对本书中所引用的专利实例有更深入的了解，并了解成熟的技术领域为何仍然能够产生出大量的专利机会。事实上，可以推测，如果切斯特·卡尔森充分认识到这一领域遇到的哪怕一小部分技术挑战，他可能就会变得灰心丧气，从而无法发明出电子照相技术。

而且，这样的机会不仅限于电子照相技术。相反，许多领域都发生了技术进步。产生这些进步的部分原因是新的需求和演进变化。现在的汽车与卡尔·本茨（Karl Benz）在1885年发明的汽车没有多少相似之处。如今，为探索性汽车提供动力的燃料电池与德·里瓦斯（de Rivas）于1808年发明的氢动力内燃机更是相去甚远。为探索性太空飞行器提供动力的火箭，或用于现代精确制导武器的火箭，与弗朗西斯·斯科特·基（Francis Scott Key）在其诗歌《星条旗永不落》（*The Star Spangled Banner*）中称颂的火箭并不相同，与13世纪的中国发明家开发的火箭更是大相径庭。

在其他情况下，技术进步的产生是因为有人有洞察力，可以认识到如何将若干个不同而独立的物品（通常在完全不相关的领域）结合起来，从而创造出新颖的产品。肯尼迪总统在其就职演说中宣布的太空计划催生了对用于控制能够将人类送上月球的火箭的小型电子设备的需求。开发包含集成电路的紧凑型电子设备是朝着开发用于汽车的微处理器迈出的一大步，取代了对化油器和分电器的需求，同时能够支持生产可靠性更高的汽车。与过去几十年的汽车相比，使用微处理器技术的汽车性能更好，油耗更低，污染更少。当然，同样的技术已经淘汰了打字机、计算尺、方格纸，因为如今功能强大的小型计算机已经改变了普通人的生活，从支付账单和购买商品的方式到延长生命的医学检验和治疗，以及我们交流、工作和娱乐的方式等方方面面。

上述所称的某个人以一种非显而易见的方式结合技术改进来解决技术问题，并非发明产生的唯一方式。在某些情况下，发明人会在现有的问题解决方案中发现更好的方法或存在的缺点。制作精美的木制家具是这方面的一个例子。为了制作桌子、课桌和其他柜子的台面，通常需要把窄板的边缘互相黏合在一起，以产生足够宽的板面。为了便于板子的对齐，通常会在板子上钻一些用于插入销钉的孔。如果使用多个圆的销钉将板子结合在一起，就需要沿着板子及其厚度对这些孔进行非常精确的定位。然而，有个发明人提出了使用扁平的木榫的想法。这种木榫可以提供比销钉更强的木板黏合力，同时其形状允许对齐并自我校正。由于木榫的发明，随之产生了一种电动工具，它能快速、轻松地在每一块配对板的边缘的精确位置切割插槽。木榫甚至被设计成在涂上胶水后略微膨胀，从而形成牢固、紧密、永久的黏合。

　　贯穿整个讨论的要点是，无论是新的领域还是成熟领域，无论设备是对现有技术的改进，还是开拓性的创新，都无关紧要。如果您正在解决技术问题，并且您的解决方案对于本领域的普通技术人员来说并非显而易见并且具有新颖性，那么您可能拥有可获得专利的发明。您的发明可能非常值钱。您需要保护您的知识产权以便能从中获益。精心设计并实施专利战略将有助于您实现这一目标。

## 参考文献

[1] R. M. Schaffert, Electrophotography, Focal/Hastings House, New York (1975).

[2] E. M. Williams, *The Physics & Technology of the Xerographic Process*, John Wiley and Sons, New York (1984).

[3] L. B. Schein, *Electrophotography and Development Physics*, Laplacian Press, Morgan Hill (1996).

[4] C. F. Carlson, U. S, Patent #2, 221, 776 (1940).

[5] C. F. Carlson, U. S. Patent #2, 297, 691 (1942).

[6] J. H. Dessauer and H. E. Clark, U. S. Patent #2, 901, 348 (1959).

[7] J. H. Dessauer, U. S. Patent #2, 962, 374 (1960).

[8] G. A. Lloyd and S. J. Sasson, U. S. Patent 4, 131, 919 (1978).

[9] http://idc - cema. com/eng/about - idc/press - center/48450 - three - billion - pagesprinted - every - day - in - emea - according - to - idc.

[10] M. H. Bruno (Ed. ) *Pocket Pal: A Graphic Arts Production Handbook*, 16th Edition, International Paper, Memphis, TN (1995).

[11] F. Cost, *Pocket Guide to Digital Printing*, Delmar Publications, Albany, NY (1997).

[12] D. S. Rimai and D. J. Quesnel, *Fundamentals of Particle Adhesion*, Global Press, Moorhead, MN (2001).

[13] G. Wright, T. N. Tombs, A. Chowdry, D. S. Weiss, and D. S. Rimai, "Toner Transfer: Effects of Size Polydispersity", J. Imag. Sci. Technol. , 49, 531 (2005).

[14] P. Lorrain and D. Corson, *Electromagnetic Fields and Waves*, 2nd Ed. , W. H. Freeman and Co. , San Francisco, CA (1970).

[15] J. Israelachvili, *Intermolecular and Surface Forces*, 2nd Ed. , Academic Press, New York, NY (1992).

[16] K. Kendall, *Molecular Adhesion and Its Applications*, Kluwer Academic/Plenum Publishers, New York, NY (2001).

[17] F. Paschen, *Annalen der Physic* 273 (5), pp. 69 – 75 (1889).

[18] J. D. Cobine, Gaseous Conductors: *Theory and Engineering Applications*, Dover, New York City, NY (1958).

# 索 引

（索引页码为原书页码）

---

＊ 原版书中无此短语。——译者注

———————

　　* 此处为原版书笔误，应为 Veg – O – Matic，是波佩尔发明的一种食物切碎机。——译者注